SERRA DA CAPIVARA :
A SURPRESA DO SÉCULO

SERRA DA CAPIVARA

EDNA BUGNI

A SURPRESA DO SÉCULO
A história de um parque

PRIMAVERA
EDITORIAL

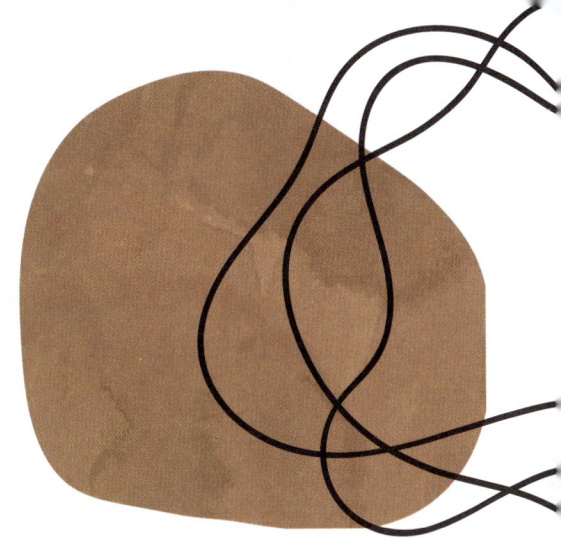

Para Niéde Guidon e Glória Velasco,
duas mulheres admiráveis.

Agradecimentos

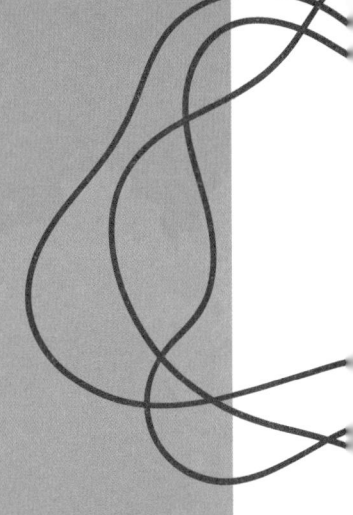

Sem a cooperação, os depoimentos e os documentos encaminhados, teria sido impossível construir esta história.

FUMDHAM, ICMBio – Parna Serra da Capivara, Colégio Santa Cruz, André Pessoa, Andréa Macedo, Bianca Zorzi Tizianel, Conceição Lage, Eric Boëda, Fabio Parenti, Fernando Tizianel, Girleide Oliveira, Gisele Felice, Joana França, Josiene de Jesus Souza, Maira de Souza Silva, Marian Helen G. Rodrigues, Nivaldo Coelho, Raimundo Dias Filho, Rosa Trakalo, Silvia Maranca, Soichi Yamada, Walmir Victor da Silveira.

Agradecimento carinhoso à Maria Aparecida Pereira, primeira guia e enciclopédia capivariana viva, que esteve disponível para consultas durante todo o projeto.

Agradecimento especial à Betânia Lins pela primeira leitura.

Agradecimento à Primavera Editorial, nas pessoas de Lourdes Magalhães e Larissa Caldin, por terem acreditado neste projeto.

A descoberta das pinturas na Serra da Capivara foi a surpresa do século!

Eric Boëda

Sumário

Prefácio 13

Introdução 17

CAPÍTULO 1
Onde tudo começou 24

CAPÍTULO 2
As pinturas rupestres 53

CAPÍTULO 3
O Parque Nacional da Serra da Capivara 81

CAPÍTULO 4
Fundação Museu do Homem Americano (FUMDHAM) 115

CAPÍTULO 5
A missão franco-brasileira no Piauí 151

CAPÍTULO 6
A região do Parque Nacional: geografia e habitantes 164

Referências 179

Cadernos especiais 193

CADERNO 1
As missões franco-brasileiras do século 20 194

Referências 249

CADERNO 2
Diário de uma jornada 255

Bibliografia 331

Siglas e abreviaturas 333

Glossário 337

Prefácio

Senti uma grande alegria quando notei que este livro é fruto dos trabalhos de uma mulher que, sem ser do campo das humanidades, se dispôs a enfrentar o imenso desafio de contar a história de um dos maiores patrimônios naturais, arqueológicos e históricos do Brasil e do mundo. A autora, Edna Bugni, é uma médica paulista que, ao visitar a Serra da Capivara no interior do Piauí em 2012, resolveu narrar a história do parque mais emblemático do país. Em seu relato, o leitor se sente atravessando a Caatinga, percorrendo suas estradas, entrando nos laboratórios do Museu do Homem Americano, mergulhando em cada uma das missões arqueológicas realizadas na região, participando das conversas com os maiores especialistas no campo da arqueologia e conhecendo alguns dos moradores que fazem parte da incrível e sofrida história de formação do Parque Nacional.

A Serra da Capivara é um lugar único no mundo. Único por preservar um bioma exclusivo do Brasil, a Caatinga. Único por sua beleza natural. Único por guardar a maior concentração de pinturas rupestres do planeta. Único por ser uma peça fundamental no quebra-cabeça do processo de chegada do homem à América. Único por colocar a arqueologia brasileira no debate acadêmico e na literatura especializada internacional. No entanto, esse monumento ecológico, humano, cultural e histórico ainda não tinha recebido um estudo reconstituindo a história de sua construção. Uma falta que o livro de Edna Bugni começa a reparar, na expectativa de que muito outros também sejam escritos nos próximos anos.

Chama a atenção na elaboração da obra o acesso fantástico às fontes. A autora teve um fôlego invejável de percorrer todos os cadernos de campo das 22 missões arqueológicas (escritos em português, francês e espanhol) realizadas ao longo de décadas, de acessar os documentos contábeis do Parque

Nacional, suas atas de reuniões, seus estatutos e seus planos de manejo, e de mergulhar nos textos acadêmicos resultantes das pesquisas nos sítios arqueológicos da Capivara. Além disso, realizou diversas entrevistas com seus fundadores, funcionários e principais pesquisadores por e-mail, reuniões on-line ou encontros presenciais em diferentes cidades no Brasil e no exterior. Bugni conversou com Niéde Guidon, figura central e grande idealizadora desse projeto; Silvia Maranca, pesquisadora que enfrentou o sertão, com Niéde, na primeira missão arqueológica à Serra da Capivara em 1973; Eric Boëda, professor da Universidade Paris X, parceiro de pesquisa de Niéde e coordenador das missões arqueológicas no Parque Nacional; e Fábio Parenti, pesquisador brasileiro especialista em líticos e professor da Universidade Federal do Paraná.

Tendo por base esse amplo *corpus* documental, resultado de uma pesquisa de sete anos, a autora constrói sua narrativa com preciosos relatos inéditos, informações consistentes e fatos históricos permeados por seus deslumbramentos e descobertas na Serra da Capivara e por suas angústias originadas do contato com aquela nova realidade com a qual se deparava. De forma elegante, Edna Bugni expõe seus incômodos com as faltas que acometem aquela população sertaneja, com a amargura de Niéde Guidón e com a ausência de reconhecimento, pela maior parte dos brasileiros, do valor desse nosso inestimável patrimônio ambiental e cultural – reconhecido pela UNESCO, desde 1991, como Patrimônio Cultural da Humanidade.

Mesmo sem se propor escrever um livro acadêmico, a autora apresenta uma síntese impressionante das missões arqueológicas – inclusive antes da institucionalização do Parque –; dos dilemas enfrentados nos anos iniciais de sua construção, na década de 1980, com a desapropriação da comunidade Zabelê, que habitava as terras que hoje estão no coração da unidade de conservação; das tradições das pinturas rupestres da Capivara; das formas de datação dos sítios e das pinturas; dos circuitos atuais de visitação; e das formas de financiamento para a formação e manutenção do Parque Nacional. O leitor do livro ainda vai se deparar com uma síntese cuidadosa dos principais trabalhos acadêmicos publicados no seio da discussão sobre a presença humana na América, das linhas de pesquisa atuais da Fundação do Homem Americano (FUNDHAM), dos eventos científicos e culturais promovidos pela Fundação, dos convênios e parcerias de cooperação científica, dos projetos de desenvolvimento social realizados com as comunidades do entorno do Parque e dos convênios assinados com órgãos públicos e instituições privadas.

Para quem já visitou a Serra da Capivara, a obra é um presente para recordar o convívio com a Caatinga e com seus moradores. Para quem ainda não conhece aquele lugar surpreendente, é um convite para visitá-lo. E para todos é uma fonte de conhecimento sobre a história do Parque Nacional e os desafios para mantê-lo. Cabe ao Brasil e a cada um de nós saber guardar, valorizar e difundir dentro e fora do país esse patrimônio que, abrigando os vestígios mais antigos das Américas, pode ser considerado a "surpresa do século".

Fernanda Trindade Luciani

Introdução

Contar a história do parque brasileiro mais emblemático do país – o Parque Nacional da Serra da Capivara – parece extravagante e desafiador. Quando, como uma turista qualquer, cheguei à cidade de São Raimundo Nonato, no Piauí, vinda de Petrolina, Pernambuco, em setembro de 2012, sequer imaginava que tal projeto caberia na minha vida. No entanto, depois de andar por quatro dias por grotões, veredas e trilhas e de conhecer algumas das milhares de pinturas rupestres que se espalham pelo Parque, uma curiosidade infinita se apossou de mim. Olhei alguns dos fósseis dispostos em uma das salas de recepção do Centro de Visitantes, à entrada do Parque, e não consegui encaixar as informações. Como juntar a minha primeira vivência na Caatinga – sob um calor de 40 °C – às pinturas rupestres tão diferentes e tão iguais? Como unir a emoção da descoberta dessas pinturas aos ossos dos mastodontes – tigre-dentes-de-sabre? Tigre no Piauí? O Pleistoceno e o Holoceno?

Arqueologia, Etnologia e Paleontologia nunca foram minhas áreas de interesse. Sou uma profissional da saúde – da saúde pública, mais especificamente. Sabia da incansável tarefa de construir um sistema de saúde acessível para todos e arriscava transitar pela arte e literatura. Esse era o meu limite. Ali, porém, eu queria saber mais... Dei uma passada de olhos pelo material exposto na loja do Centro de Visitantes e só encontrei um livro sobre o assunto. Nada mais. *Um livro apenas?!*, pensei. Então, entendi a profundidade do desconhecimento de cada brasileiro sobre um de nossos patrimônios históricos mais especiais. E, em um surto de prepotência, arrisquei: *Vou contar essa história também!*

Voltei a São Paulo completamente tomada pelo projeto. Fiz alguns contatos com à minha editora da época e, após assegurar uma teórica viabilidade ao livro, coloquei a primeira pedra. No entanto, eu me sentia insegura em fazer um projeto documental, no qual somente poderia falar de fatos reais, sem ficção. Sem inventar nadinha. Mesmo assim, segui em frente. Comprei alguns livros de Arqueologia geral e fui adentrando um novo conhecimento. Fascinante!

Três meses depois, voltei a São Raimundo Nonato pela mesma estrada de Remanso, contornando a represa de Sobradinho no Rio São Francisco – que alagou grandes áreas, desalojou 72 mil pessoas e submergiu quatro cidades e dezenas de povoados para "o sertão virar mar". Fui cantarolando a música de Sá, Zé Rodrix e Guarabyra, dos nossos tempos tão antigos – dos primeiros tempos de vida profissional, da autonomia, do movimento da construção de um país melhor.

> O homem chega, já desfaz a natureza
> Tira gente, põe represa, diz que tudo vai mudar
> O São Francisco lá pra cima da Bahia
> Diz que dia menos dia vai subir bem devagar
> E passo a passo vai cumprindo a profecia do beato que dizia
> que o Sertão ia alagar
> O sertão vai virar mar, dá no coração
> O medo de que algum dia o mar também vire sertão
> Adeus, Remanso, Casa Nova, Sento-Sé
> Adeus, Pilão Arcado, vem o rio te engolir
> Debaixo d'água...
> Adeus...
> O sertão vai virar mar...

São Raimundo Nonato é um município em meio à Caatinga de horizontes amplos e céu limpo, sem nuvens; tem pouco mais de 34 mil habitantes, dos quais cerca de 12 mil estão espalhados pela zona rural. Não chovia fazia dois anos e tudo estava seco, muito seco; as árvores tinham perdido as folhas havia muito – só galhos retorcidos e espinhos em meio a esparsos pés de mandacaru. Na noite de chegada houve um blecaute de energia, e tudo ficou às escuras por horas. Fui apresentada a um céu magnífico: estrelas em puro brilho sem a interferência de luzes, nuvens ou partículas poluentes. Emocionante e belo! No terreno ao lado da pousada, um jegue pastava, semioculto pelas sombras, quase invisível, apenas o ruído das mandíbulas cortando a palha da grama a quebrar o silêncio daquela noite de céu estrelado. Estava excitada e ansiosa; começar um projeto dessa envergadura aos 60 anos me desafiava e me preenchia de vida nova.

A primeira pessoa a ser procurada na manhã seguinte foi Niéde Guidon – pelo inegável protagonismo histórico no parque. Fui a seu encontro em sua casa em São Raimundo Nonato, dentro do Centro Cultural Sérgio Motta, ao lado do Museu do Homem Americano e de um dos mais bem montados laboratórios de Arqueologia do país.

O caminho até a Fundação Museu do Homem Americano (FUMDHAM) é inóspito: uma lâmina de asfalto foi colocada sobre o solo quando o presidente Fernando Henrique Cardoso esteve no local, em 2000, em uma das celebrações dos 500 anos do Brasil. Doze anos depois, restavam somente algumas placas em meio aos buracos e sacos plásticos. Céus, como há sacos plásticos espetados nos espinhos da Caatinga! Ar de abandono e descuido. Vontade de catar um a um...

Continuei mais algumas centenas de metros pela estrada esburacada, suja e poeirenta até chegar a um conjunto de prédios em cor de terracota, quase no tom da terra do chão. Propositalmente, não se faz nada para esconder a aridez do ambiente: terra vermelha, árvores secas e retorcidas e sol inclemente. Eram suor e poeira nos pés quando cheguei à casa de Niéde Guidon. Com 81 anos, cabelos brancos e fartos, óculos grandes meio caídos, pele branca machucada pelo sol de tantas escavações, ela me recebeu formalmente, dando um quase sorriso, e me indicou uma mesa retangular – a mesma mesa na qual recebe todos que a procuram: jornalistas, fotógrafos, pesquisadores, embaixadores, ministros, políticos; enfim, toda pessoa que demonstre interesse pelo seu trabalho no Parque Nacional da Serra da Capivara. Ela está sempre disponível a quem amplia a divulgação do parque ou apoie financeiramente os projetos.

Niéde estava doente naquele dia. Uma infecção respiratória a deixou febril e um pouco ofegante, complicando a diabetes. Falou da doença como um lamento: a perda da energia, das forças para enfrentar os desafios do parque; falou do nódulo pulmonar ainda não diagnosticado, adquirido talvez ao respirar o ar de tantas cavernas e tocas. E, pacientemente, foi contando as histórias, suas histórias. Algo que só fui perceber muito depois é que ela, com mais de oito décadas de vida, permite-se relatar os fatos à sua maneira, como lhe convém. Sobre as peças que não se encaixam na história, ela diz:

> **Faz tanto tempo! Nem me lembro mais... Não sou boa com datas históricas, sou boa com datas pré-históricas.**[1]

Claro que o gravador não funcionou e eu me esqueci de fazer fotos. Anotei pouca coisa confiando na minha memória.

Foi tão estranho percorrer "os mais bens montados laboratórios de Arqueologia do país"! Meus olhos não treinados olhavam para as centenas de pedras no Laboratório de Líticos e todas pareciam iguais. Só admirava a refinada organização, cada uma em gavetas específicas, com números de identificação. Ah, demorou para eu compreender o que significavam e – devo confessar – ainda não consigo identificar uma pedra lascada pelo homem de outra, quebrada espontaneamente. Esse sentimento persistiu nos laboratórios de Cerâmicas e de Paleontologia.

A sala do Banco de Dados foi mais acolhedora: não apenas pelo ar-condicionado como pela imensidão de dados à disposição. Papéis e arquivos digitais me eram muito mais familiares que pedras e ossos gigantes! Até hoje – quando relembro esse momento –, meu respeito por Niéde Guidon reverbera. Sem me conhecer, ela disponibilizou todos os documentos da fundação: Cadernos de Campo, contabilidade, atas, estatutos, pesquisas... Confiança e transparência foram os valores ali contratados.

Niéde colocou Bianca Tizianel, coordenadora de campo do parque, para nos mostrar a área no dia seguinte. E havia tanta gente para conhecer e conversar, meu entusiasmo só crescia. Entre as idas à FUMDHAM e ao Parque da Serra da Capivara naquela semana, eu me abasteci de documentos, conversas com novas pessoas, paisagens, tocas, árvores secas da Caatinga e muita, muita pintura rupestre.

Voltei a São Paulo e iniciei uma intensa correspondência por e-mail com Niéde Guidon. Preciosos depoimentos de rico valor histórico. E, por todo o ano, fui me abastecendo de informações, leituras, entrevistas. Escrevia algumas páginas, achava que já tinha uma estrutura de texto.

Paulatinamente, fui abrindo os arquivos e decidi dissecar os relatórios dos cadernos de campo de 22 missões: ora escritas em português, ora em francês, ora em espanhol com pinceladas de italiano! E a emoção ao ler a descrição do encontro do primeiro esqueleto na Toca do Paraguaio? Retirar com um pincel as sucessivas camadas de sedimentos que encobrem um esqueleto – e ver os ossos surgindo pouco a pouco – é como criar um quadro pelo avesso; a imagem vai surgindo pela retirada do material! Arte.

E por onde começar?
Qual foi o começo dessa história?

Com a atenção aguçada, vou catando aqui e ali as peças: uma conversa, um desenho, uma entrevista, uma foto, um telefonema, mais uma pintura, uma lasca de cerâmica, uma pedra. Um documento on-line, outro vídeo. Outra pedra. Sabemos que uma peça tem muitas faces, muitas verdades, e precisamos encontrar aquela de melhor encaixe. Desafio.

Voltei à Serra da Capivara no ano seguinte (2013) pela terceira vez. Estava mais empoderada, já compreendia melhor o universo capivariano, mas poucas peças se encaixavam num texto. Era necessário um novo mergulho. Passei uma tarde inteira com Gisele Daltrini Felice, uma das figuras mais importantes da FUMDHAM, essa gaúcha que abraçou São Raimundo e lá ficou. Geógrafa de formação, com mestrado e doutorado em História, na área de Pré-História, nos falou de como era a São Raimundo de vinte anos atrás (à época): do pão caseiro que os padres espanhóis ensinaram os fiéis a fazer; do José Bastos; do Joãozinho da Borda; das picadas de abelhas em Niéde, no Serrote do Sansão; das pinturas tão diferentes da Toca do Enoque na Serra das Confusões. E, enquanto ela descrevia os trabalhos de Fátima Luz, a curiosidade pelo local só ia aumentando.

Se o Parque da Serra da Capivara é superestruturado, com trilhas bem demarcadas e sinalizadas, o Parque da Serra das Confusões é terra perdida. Imenso, precário e belíssimo. Rochas arredondadas pelo vento formam a Serra das Confusões; grutas silenciosas por onde a luz se infiltra através do encontro sinuoso das rochas 30 metros acima; a vegetação crescendo nas paredes úmidas. Há a Toca do Enoque, a Toca do Moquém, exibindo de pinturas e grafismos muito diferentes daquelas da Serra da Capivara.

No inicio de novembro de 2014, retornei à São Raimundo e, quando voltei para casa, sabia que tinha todas as informações para a realização do livro. Ainda faltavam algumas entrevistas, muita leitura sobre a formulação teórica a respeito das pinturas rupestres, do entendimento das pedras lascadas pelo homem, mas estava otimista. Fiquei mais um ano trabalhando de maneira intermitente.

No entanto, o destino nos prepara roteiros não planejados. Ao final de 2014, o trabalho travou; outras prioridades entraram na minha vida e a Capivara foi relegada ao futuro. Por mais de um ano, os papéis, os documentos e a disponibilidade ficaram guardados na estante.

Retomei o projeto em 2016. Anteriormente dimensionado para três anos, escorregou para seis! Por vezes mais disciplinada, um pouquinho por dia; noutras, com a fúria de quem possui um tesouro nas mãos e precisa mostrá-lo. Muitas vezes, esquecendo-me dele, perdida nas rotinas do cotidiano. No entanto, sempre por perto, quase atormentando. Era um momento ruim do parque, com recursos muito próximos a zero, a sobrevivência por um triz. Quase todos os funcionários foram demitidos; a cada dia uma nova notícia ruim...

Com a inauguração do Museu da Natureza, em dezembro de 2018, acredito que acordei da letargia. *Agora é hora de acabar*, decidi!

Sabia que precisava de uma imersão em São Raimundo, distante do meu cotidiano e completamente próxima do parque. Ali estavam as respostas às perguntas ainda não respondidas, aos espaços vazios do texto.

Aluguei uma casa em São Raimundo Nonato, bem no centrinho, onde do terraço via a Catedral e apreciava as vozes cantando em oração às sete da noite. *Aqui estou por quatro semanas.* Imersa. Desafiada. Entusiasmada. Era o inverno, o tempo das chuvas. No intervalo das pesquisas, para romper o movimento mental, cozinhava. Cabrito, cordeiro, porco, vegetais orgânicos, ovos caipiras, farinha branca, amarela, feijão-de-corda, castanha-de-caju, tapioca. Com os ingredientes que o sudeste do Piauí apresentava, recriava as minhas receitas. Não há pesticidas nem adubos químicos. Não há dinheiro para isso. Apenas o que a natureza consegue produzir.

Quando caminho pelo Parque Nacional da Serra da Capivara nesse tempo chuvoso, com a Caatinga toda verde e carregada de flores – vendo toda essa lindeza, ele tão arrumadinho, tudo no lugar –, eu me lembro de todas as notícias pessimistas na mídia, das entrevistas de Niéde Guidon anunciando o fim dele, e sinto certa desarmonia. A realidade não bate com o imaginário que eu havia construído por meio do que foi veiculado pela imprensa no tempo em que estive ausente do Parque. Havia imaginado encontrá-lo decadente, esvaziado, ameaçado por caçadores, mas está tudo verde, tudo muito arrumado, como se a natureza não se importasse com a complexidade dos problemas que envolvem a manutenção dele.

Voltei mais uma vez em novembro de 2019 atrás de melhor compreensão de alguns detalhes. E se voltasse mais dez vezes, mais informações eu teria. Mas há um momento de parar, de sair do texto ideal para o livro real.

CAPÍTULO 1
Onde tudo começou

O dia 1º de novembro de 2012 foi um dia inesquecível: choveu no Parque, pondo fim à maior seca dos últimos quarenta anos no sertão do Piauí!

Os olhos de Bianca Zorzi, bióloga e, naquele tempo, coordenadora de campo responsável pelo Parque Nacional da Serra da Capivara, brilhavam enquanto contava sua emoção:

A gente parou o carro para tomar chuva. Essa primeira chuva foi meio inesperada, o céu não estava nublado nem tinha previsão de chuva. O dia estava muito, muito quente. Eu, paulista, passando por minha primeira seca no sertão, nunca imaginei que seria tão emocionante ver uma simples chuva. Era vida caindo do céu! A Caatinga e seus animais não aguentariam mais um mês de seca.

Nunca tinha dado valor a esse evento da natureza. E aí comecei a entender um pouco sobre a relação do sertanejo com água, o cuidado com os reservatórios, o racionamento na hora da utilização... Me deu até vontade de chorar, emocionada.[2]

Bianca Zorzi

A chuva não é algo corriqueiro no semiárido do sudeste do Piauí; parcimoniosa e rara, faz da sua chegada um acontecimento. Ela é esperada a cada ano a partir de novembro, quando começa o inverno na Caatinga. As nuvens vão, pouco a pouco, cobrindo o céu e parando o vento; nenhuma brisa sopra nos dias que antecedem a primeira chuva. Os dias quentes e ensolarados são substituídos por dias cinzentos e extremamente abafados, quando até para o sertanejo o calor se torna desconfortável.

Então ela começa a cair fininha, mais parecendo uma névoa, ou então em pancadas fortes e bem localizadas, formando grandes enxurradas que levam tudo que está à sua frente. E a essa primeira chuva se prestam rituais seja pelas pessoas, seja pelos animais, mas é muito mais que isso.

No entanto, essa escassez de chuva, que torna tão dramática a existência do homem na região, é a responsável pela preservação dos mais antigos vestígios de vida nas Américas: as pinturas rupestres na Serra da Capivara e seu entorno (Serra das Confusões e Corredor Ecológico)! Elas estão presentes em 1.357 sítios arqueológicos catalogados até 2018, sendo 204 abertos à visitação e mais outros tantos ainda desconhecidos, a fazer dessa região um ambiente único tanto do ponto de vista cultural quanto arqueológico ou ambiental. Motivos estes mais que suficientes para a criação do Parque Nacional da Serra da Capivara, em 1979, por meio de um decreto do governo federal (Decreto n. 83.548 de 05/06/1979).

Isso, porém, já é o meio da história: o ato administrativo e concreto.

A faísca que desencadearia todas as ações que culminaram nesse decreto aconteceu muitos anos antes, precisamente em junho de 1963 – em São Paulo, no Museu Paulista (Museu do Ipiranga) –, quando Niéde Guidon foi ao encontro de Luiz Augusto Fernandes, então prefeito de Petrolina. A visita dele ao Museu tinha o objetivo de mostrar algumas fotos que portava consigo.

> A pessoa que me mostrou fotos das pinturas daqui foi Luiz Augusto Fernandes, que foi prefeito de Petrolina. Eu trabalhava no Museu do Ipiranga e organizei uma exposição com as pinturas de Minas Gerais, as únicas então conhecidas no Brasil. Ele foi visitar a exposição, pediu para falar com a responsável; fui falar com ele, e ele me mostrou as fotos.
> Não me lembro exatamente do tamanho, acho que as fotos eram branco e preto; talvez de 10 × 8 centímetros. Eram fotos de um abrigo do Desfiladeiro da Capivara; naquele tempo a BR-020 passava pelo desfiladeiro, na frente

de vários sítios. Vi que eram pinturas completamente desconhecidas, diferentes.[3]

Niéde Guidon

Niéde Guidon havia chegado ao Museu Paulista em 1961, aos 28 anos – depois de curta e polêmica passagem pela rede pública paulista na cidade de Itápolis, juntamente com Luciana Pallestrini –, como docente de Ciências Naturais.

Paulo Duarte, um influente intelectual e humanista paulista com passagem pelo Musée de l'Homme (Paris) e que, à época, pesquisava sambaquis no litoral de São Paulo, interferiu ativamente para o comissionamento das duas professoras de Itápolis no Museu Paulista. Assim, pôde integrá-las à sua equipe, em um movimento de fortalecimento de suas pesquisas. O museu, dirigido por Herbert Baldus, um etnólogo alemão refugiado no Brasil, continha um departamento de Arqueologia acéfalo e anêmico, para o qual Niéde foi designada, mesmo sem ter nenhuma formação específica. Ela, então, integrou-se à equipe de Paulo Duarte na pesquisa de sambaquis no litoral paulista. A esse mesmo grupo, no ano seguinte, juntou-se uma jovem geógrafa, Silvia Maranca, filha de italianos, cujo pai foi um importante executivo nas Indústrias Matarazzo[4].

Desconfortável com o próprio desconhecimento de Arqueologia, Niéde Guidon foi em busca de especialização na área. Por indicação de Paulo Duarte, optou pelo curso da Universidade de Paris-Sorbonne e conseguiu uma bolsa do Consulado da França no valor de US$ 300,00 mensais – que, somado ao salário do Museu Paulista, permitiu-lhe iniciar o curso de especialização em Arqueologia Pré-Histórica no mesmo ano.

Filha de pai francês, Niéde Guidon sempre teve familiaridade com a língua e a cultura. Nessa viagem, ela se vinculou mais estreitamente às próprias origens francesas, laço que permanece intenso até hoje.

Um ano depois, em 1962, retornou ao Museu Paulista como especialista em Arqueologia e continuou a participar das escavações do sambaqui do Mar Casado, no Guarujá.

Foi nesse contexto e momento que as pinturas da Serra da Capivara ganharam um significado histórico e transcendental; naquela tarde de inverno

– talvez ainda fosse outono – do ano de 1963, no Museu Paulista. Ali acontecia uma exposição arqueológica sob a responsabilidade de Niéde Guidon, recém-chegada do curso de especialização francês. Conforme mencionado anteriormente, Luiz Augusto Fernandes, prefeito de Petrolina, em viagem a São Paulo, procurou-a para mostrar algumas fotos. Ao ver aquele material, Niéde precisou segurar a respiração. O instante era definitivo. Não eram simples fotos, mas imagens de algo único e intrigante. Luiz Augusto, engenheiro e explorador por natureza, fazia incursões regulares pela região da Capivara e da Serra das Confusões, por estradas precárias e quase desertas. Em uma delas, soube das inscrições na Serra da Capivara; curioso, foi até lá e as fotografou. A mais importante era a imagem de um veado da Toca do Paraguaio.

Veado pintado na Toca do Paraguaio, mostrado a Niéde Guidon por Luiz Augusto Fernandes. Acervo FUMDHAM

Naquele tempo, a estrada federal BR-020 cortava as terras do futuro parque, e a Toca do Paraguaio localizava-se muito próximo à rodovia. De fácil acesso, portanto.

Indago se Niéde tinha a dimensão daquele momento; se imaginava que seu destino se atrelaria definitivamente àquelas fotos. Será que seu coração bateu mais forte? Quase afirmo que sim. Ela intuiu que ali estava a oportunidade de sua vida: o diferente, o inédito, o desconhecido... Tanto é que foi atrás. Em dezembro do mesmo ano, ela organizou a primeira viagem exploradora à Serra da Capivara. Não deu em nada! Uma ponte de madeira sobre o Rio São Francisco em Lagoa Grande, Bahia (onde hoje a Miolo tem um complexo produtor de 4 milhões de litros de vinho por ano, sendo um deles premiado, o Testardi[5]) havia ruído com as enchentes, impossibilitando que a viagem prosseguisse. Fizeram parte dessa empreitada Niéde Guidon, Silvia Maranca, Beth Bitmann e Guglielmo Rossi, fotógrafo e arqueólogo amador.

> Isso [o conhecimento das fotos] aconteceu por volta de junho de 1963. Em dezembro, nas minhas férias, peguei meu carro – um Volkswagen, ainda alemão, importado, cuja cor não lembro – e com duas amigas vim para ver essa arte. Viemos pelo litoral, por Salvador, e chegamos até Lagoa Grande, na Bahia. Mas havia chovido e uma ponte do Rio São Francisco havia sido destruída, e eu não consegui passar. Enfrentar as estradas foi fácil, o carro era excelente! E dormíamos onde dava jeito.
> Fiquei chateada [pela viagem interrompida]; falamos muito sobre a falta de infraestrutura do Brasil, essas construções pagas pelo governo que se arrebentam logo, assim os empresários ganham novamente, e os políticos ficam com sua propina! Isso continua até hoje![6]

Niéde leva consigo um pessimismo desconfortável quanto ao ser humano, carregando nas tintas quando se refere aos políticos e senhores do poder. Certa vez, contou uma história que sintetiza essa visão:

> Quem criou o Homo sapiens foi o demônio! Deus criou o Universo, primeiro os elementos que se combinaram, formaram a matéria, as rochas, a água. Aí, começaram a se formar os primeiros seres vivos, unicelulares. Seguindo a evolução descrita por Darwin, esses seres geraram os multicelulares, vegetais, animais. E na linhagem

animal vieram os peixes, anfíbios, répteis, mamíferos e aves. Tudo perfeito; a Terra, um paraíso!

E o demônio, furioso porque a obra divina tinha dado tão certo, pensou e achou como estragar tudo: criou o animal que parece estar na linha evolutiva dos primatas. Homo sapiens! E conseguiu destruir a obra divina![7]

Ainda seriam necessários sete anos para que as pinturas da Serra da Capivara adquirissem consistência e realidade. Em 1966, por causa da opressiva situação política brasileira, Niéde se exilou na França. Além de conhecer bem a língua, tinha amigos e professores lá. Ademais, a política externa da França era acolher todos os refugiados de ditaduras sul-americanas ou africanas. Naquela época, Brasil, Argentina e Chile viviam sob governos dos generais presidentes. No mesmo movimento, a companheira de trabalho e amiga para o resto da vida, Silvia Maranca – sem perspectiva de carreira no Brasil –, aceitou a bolsa de estudos da Organização dos Estados Americanos (OEA) e partiu para a Louisiana, Estados Unidos, a fim de estudar Geomorfologia na Louisiana State University.

Já em Paris, Niéde Guidon procurou apoio na professora de Arqueologia Pré-Histórica da Sorbonne Annette Laming-Emperaire, uma russa de 47 anos com um passado de ativismo na resistência francesa durante a Segunda Guerra Mundial. Sensibilizada com a ameaça à ex-aluna, a docente a acolheu. Annette era arqueóloga e, em 1955, como membro da Missão francesa de Arqueologia, trabalhara no Brasil com o marido, escavando nos sambaquis do sul brasileiro. À época, o casal criou a primeira escola de escavação do país, no estado do Paraná; também escavou o sambaqui Maratuá no Guarujá.

Annette tinha três motivos para acolher Niéde em sua casa: ela era sua ex-aluna e uma exilada política (história que conhecia na pele), além de ser do Brasil, país pelo qual tinha um carinho especial. Mais que acolhê-la, Annette a tomou sob proteção, contratando-a como estagiária para catalogar peças de uma escavação na Patagônia.

> E entre a data de minha chegada até o primeiro contrato com o CNRS [Centre National de la Recherche Scientifique], ela me pagava como estagiária; eu analisava a coleção

de material lítico proveniente das escavações que ela havia feito na Patagônia.⁸

Meses depois, Niéde foi contratada formalmente pelo Centre National de la Recherche Scientifique (CNRS) como pesquisadora. Nesse momento, sua carreira como arqueóloga se consolidou, e a Serra da Capivara – com suas fotos instigantes – voltou a fazer parte dos sonhos dela. Do outro lado, na América do Norte, Silvia Maranca recebeu um convite para trabalhar no Smithsonian Institute, em Washington, especializando-se em cerâmica pré-histórica. Depois de um ano, foi para pesquisas em campo no México, especificamente em Oaxaca. É da responsabilidade de Silvia a interpretação das cerâmicas encontradas no Parque Nacional da Serra da Capivara, além do treinamento dos técnicos do laboratório de cerâmicas da FUMDHAM.

A volta

Em 1970, quatro anos após a partida tumultuada do país, Niéde retornou ao Brasil com o objetivo de chegar à Serra da Capivara. As pinturas singulares e exclusivas ainda mereciam toda a sua atenção. Sabia que teria de desvendá-las. O que ainda não sabia, porém, é que vincularia toda a vida pessoal e profissional a elas. Veio com passaporte francês, disfarçada de francesa! A ditadura, sob o governo de General Médici, prendia, torturava e matava nos porões, então desafiar os militares entrando como brasileira não era seguro. Talvez fosse presa ainda no aeroporto! Por isso a cautela, o passaporte francês.

> Era a única maneira de poder vir ao Brasil sem problemas.
> Meu pai era francês; minha mãe, filha de uma índia que
> meu avô, militar, roubou em uma aldeia perto de Jaú!⁹

Niéde chegou acompanhada de Vilma Chiara, socióloga e amiga desde os tempos do Museu Paulista. Foi uma viagem de aventuras: constava do roteiro uma passagem de dois meses pela aldeia de índios Krahô, nordeste do atual estado do Tocantins (esse era um projeto de Vilma); depois, chegaram ao sudeste do Piauí, onde havia milênios dormiam desenhos de uma civilização desconhecida.

> Vim em uma Missão aos índios de Goiás e resolvi passar pelo Piauí, pela Serra da Capivara, e ver essas pinturas que tinham ficado em minha cabeça. Cheguei até o povoado Várzea Grande, hoje Coronel José Dias; aí, em um hotel que ficava na estrada Fortaleza-Brasília, falei com o proprietário, que sabia onde ficavam esses sítios. Fui até o desfiladeiro da Capivara, e lá me mostraram cinco sítios com pinturas. Fotografei e levei para a França, onde consegui, então, que fosse criada a Missão para pesquisar essa região.[10]

Se chegar a Várzea Grande havia sido um périplo, olhar as pinturas de perto exigiu um esforço ainda maior. Não havia estradas, só algumas picadas antigas, reabertas a facão pelos guias contratados. Durante uma semana, perambularam pelos vales ao pé dos paredões da Serra da Capivara. O primeiro sítio visitado foi a Toca do Paraguaio, o mais perto, que ganhou importância histórica mais tarde pelo conteúdo de sua escavação.

O Parque Nacional da Serra da Capivara e a FUMDHAM não existiriam – ou não teriam a importância que têm – não fossem o trabalho e a dedicação de duas mulheres: Niéde Guidon e Silvia Maranca. Trabalham juntas desde 1963! Niéde é mais conhecida porque vive em São Raimundo Nonato, morou dentro do Parque grande parte de sua vida e tem um espírito combativo e polêmico. Sua capacidade de lidar com a mídia a fez construir uma imagem popular e colada à Serra da Capivara. Silvia, por sua vez, fez carreira como professora da Universidade de São Paulo e ficou um pouco mais distante. Para ambas, porém, o parque é o centro de suas vidas.

"Se para Niéde o parque é como um filho, para mim é como um sobrinho", disse Silvia em uma entrevista concedida à autora, em 2013, em seu apartamento na Vila Madalena, em São Paulo, em uma sala cheia de objetos étnicos – lembranças de sua vida de escavações.

Mas como essa história continuou? Conseguir recursos para pesquisar as pinturas rupestres era possível para Niéde Guidon. Vivendo na França e em contato com pesquisadores daquele país, ela sabia da possibilidade de financiamento via Ministério de Relações Exteriores de uma Missão específica para a Serra da Capivara. Assim, tão logo retornou à França, em 1970, com as fotografias das pinturas da Toca do Paraguaio e dos outros quatro sítios, Niéde escreveu o documento "O homem no sudeste do Piauí: da Pré-História aos dias atuais. A relação homem-meio" e o apresentou ao órgão, embasando o seu pedido de criação de uma missão arqueológica.

> Eu apresentei o pedido para a criação da Missão no Piauí ao Ministério de Relações Exteriores. O responsável pelas missões no exterior era Philippe Guillemin, que veio até aqui, fez a avaliação e aprovou a missão. Os pesquisadores são sempre de universidades ou do CNRS ou de Museus. O Ministério somente fornece a verba para as missões anuais de pesquisa. O que eu pedia ao ministério francês era dinheiro para as passagens aéreas, para alugar um carro, combustível, despesas locais, pagamento dos mateiros. O equipamento científico era pago pelo CNRS e pertencia ao meu laboratório de Paris.[11]

As Missões Franco-Brasileiras do Brasil se iniciaram oficialmente em 1973. As primeiras – as do Piauí, em 1973, 1974 e 1975 – foram exclusivamente de pesquisadoras brasileiras. Na seguinte, em 1978, um primeiro grupo de cientistas franceses e seus alunos aportaram em São Raimundo Nonato e lá permaneceram por seis meses. As missões sempre foram coordenadas por Niéde Guidon, até a aposentadoria, em 1998. A partir daí, as pesquisas arqueológicas foram realizadas exclusivamente pela FUMDHAM, por meio de fundos de pesquisas brasileiros como o Conselho Nacional de Desenvolvimento Científico e Tecnológico (CNPq) e a Fundação de Desenvolvimento da Pesquisa (Fundep), até o ano de 2008 – quando as Missões Franco-Brasileiras foram retomadas, persistindo até hoje. O coordenador atual é o professor Eric Boëda, responsável pela equipe do departamento Anthropologie des Techniques, des Espaces et des Territoires au Pliocène et au Pléistocène (AnTET) da Universidade Paris X – Nanterre e presidente da sub-comissão "Amériques" Pôle SHS, de arqueologia e do patrimônio do Ministério da Europa e dos Assuntos Estrangeiros, França, desde janeiro de 2019.

A Missão francesa no Piauí não foi a única financiada pela França no Brasil. A partir de 1974, Annette Laming-Emperaire liderou uma Missão franco-brasileira em Minas Gerais. Depois de informações de datações de 9.000 AP nas escavações de Lagoa Santa, apresentou um pedido de Missão para continuar a escavação. Ela escavou a Gruta da Lapa Vermelha II, em Pedra Vermelha, próximo a Lagoa Santa, encontrando o crânio mais antigo e conhecido do Brasil, o de Luzia.

A peça de grande valor histórico e arqueológico estava sob responsabilidade do Museu Nacional do Rio de Janeiro e foi preservada (passível de restauração) no incêndio em 2 de setembro de 2018.

Pesquisadores do Museu Nacional, no Rio de Janeiro, afirmaram na sexta-feira 19 que encontraram o crânio de Luzia, o fóssil humano mais antigo descoberto na América e que revolucionou os estudos sobre o povoamento do continente americano.

Segundo a equipe de pesquisa do museu, os ossos foram encontrados há alguns dias nos escombros do edifício, que foi atingido por um incêndio de grandes proporções em 2 de setembro e teve grande parte de seu acervo de mais de 20 milhões de peças e documentos destruída.

Os técnicos informaram que 80% dos ossos de Luzia encontrados já foram identificados. O crânio está em fragmentos, porque a cola que os mantinha unidos derreteu com o calor das chamas. Na entrevista, contudo, a direção do museu celebrou as boas condições do fóssil.

"Hoje é um dia feliz, conseguimos recuperar o crânio da Luzia, e o dano foi menor do que esperávamos. Os pedaços foram achados há alguns dias, eles sofreram alterações, danos, mas estamos muito otimistas com o achado e tudo que ele representa", afirmou Cláudia Rodrigues, que faz parte da equipe de escavamento do Museu Nacional.

Ela contou que os ossos encontrados estavam em uma caixa de metal dentro de um armário, em um local estratégico do museu, justamente para preservar o fóssil de eventuais acidentes.

Segundo os pesquisadores, foram encontrados a parte frontal do crânio (testa e nariz), a parte lateral e o fragmento de um fêmur que também pertencia ao esqueleto. Os demais ossos de Luzia estavam expostos ao público do museu e ainda não foram localizados.

Os técnicos planejam agora trabalhar para a reconstrução do fóssil, mas antes precisam encontrar um laboratório apropriado para analisar os fragmentos e remontá-los.

[...]

Fonte: CRÂNIO de Luiza é encontrado nos escombros do Museu Nacional. *Carta Capital*, 20 out. 2018. Disponível em: https://www.cartacapital.com.br/cultura/cranio-de-luzia-e-encontrado-nos-escombros-do-museu-nacional/. Acesso em: 26 jul. 2022.

As primeiras Missões

Niéde recebeu do governo francês CR$ 15 mil, a moeda vigente em 1973, o que equivalem nos dias atuais a R$ 86 mil[12] – valor suficiente para montar sua viagem. Organizou tudo sozinha, em Paris, com a estratégia de envolver brasileiros no projeto.

> Nos anos 1970, mais precisamente em 1973, Niéde Guidon, então professora da École des Hautes Études en Sciences Sociales em Paris, chegou a São Paulo e nos visitou no Museu Paulista da USP (mais conhecido como Museu do Ipiranga) com um convite no mínimo tentador: realizar uma missão arqueológica no sudeste do Piauí, onde tínhamos informações desde os anos 1960 sobre pinturas em paredões rochosos na serra Bom Jesus da Gurgueia, que praticamente divide o estado do Piauí em dois, na direção Norte-Sul. A Missão seria no município de São Raimundo Nonato, na Serra da Capivara.
> Águeda Vilhena de Morais e eu aceitamos o convite. Partimos de São Paulo em minha Rural Willys, o único carro que poderia enfrentar a região, na época totalmente isolada do resto do país. Niéde, eu me lembro muito bem, tinha conseguido no CNRS da França o equivalente a CR$ 15 mil, e algo mais de um empresário paulista amigo. Fora isso, partimos com a cara e a coragem, eu mais com a cara do que a coragem, porque sequer imaginava o que me esperava.[13]
> **Silvia Maranca**

Nos anos subsequentes, sempre nas férias, Niéde vinha da França para explorar com Silvia Maranca o sudeste do Piauí. O foco das três primeiras expedições foram as figuras rupestres: analisar sítios, catalogar, fotografar, filmar e copiar todas as figuras de cada toca. Não havia como planejar muito, tudo era desconhecido, à exceção das cinco localidades visitadas em 1970.

Na primeira Missão, em 1973, chegaram ao povoado de Vargem Grande, no município de São Raimundo Nonato, e se hospedaram no Hotel Rodovia Fortaleza-Brasília – um casarão de barro pintado em rosa, sem forro, água encanada ou luz elétrica. Não havia banheiros nem chuveiros, apenas uma latrina externa; a cozinha era um cômodo escuro, sem janelas e com piso de terra batida.

Fachada do Hotel Fortaleza, em Vargem Grande. Acervo FUMDHAM.

Nela reinava dona Delphina, a cozinheira. Dormiam em redes e, na maioria das vezes, do lado de fora da casa, enroladas em sacos de dormir, nos quais só os olhos ficavam de fora. A diária? CR$ 15,00, o equivalente a R$ 87,00. Não, não era barato, considerando os padrões oferecidos.

> Em Várzea Grande, o quarto dava para as nossas três redes; as roupas ficavam na mala ou penduradas em pregos nas paredes. A comida era arroz, feijão, carne de bode e farinha. Com muita sorte, ovos; com mais sorte, algum tomate, que regávamos com uma latinha de óleo de oliva – acho que de 100 mililitros – minúscula, que achamos não sei como (e era a única) no supermercado de São Raimundo Nonato

em um dia de compras! Nunca mais apreciei tanto o óleo de oliva com aquele pão Pullman torrado que havíamos levado de São Paulo, sabendo que aqui não haveria nada (e não havia mesmo). Que delícia que era![14]

Silvia Maranca

A primeira providência foi a contratação de guias, os mateiros e caçadores que mais conheciam a região. Contrataram três: João Batista Dias, o Joãozinho da Borda, José e Nilson Parente Alves. Além de guiar, eles tinham a função de carregar os equipamentos, abrir as picadas e montar o acampamento, o que significava limpar o terreno; estaquear e esticar as redes; fazer a fogueira e o girau onde se guardavam os alimentos e equipamentos e providenciar a comida. Muitas vezes pernoitavam. Eram apenas três mulheres urbanas, na casa dos 35 a 40 anos, que, na Caatinga, tornavam-se personagens de si mesmas. Nessa missão, que durou onze semanas, elas mapearam e catalogaram mais de uma centena de sítios.

Na realidade, nessas primeiras missões íamos aonde os mateiros diziam que havia sítios. Não havia estrada para lugar nenhum, tínhamos sempre que ir a pé.[15]

Em um bairro chamado Barreirinho, tiveram a informação de que ali, no fim do século 19, houvera uma aldeia indígena – índios bravos, como os mateiros os chamavam – dizimada em luta com os brancos, confronto contado ainda nas histórias dos atuais habitantes do local. As roças haviam alterado o terreno e foi impossível identificar o aldeamento. Foram recolhidos cacos cerâmicos e material lítico, pedras comuns ou não, mas a mistura de telha e potes dos homens contemporâneos atrapalharam a avaliação.

Aos poucos, conforme conheciam novos sítios – e foram 58 nessa missão –, iam percebendo semelhanças e diferenças entre as gravuras de cada sítio, identificando cenas humanas (dança, caça), animais em movimento e animais estáticos: aves, macacos, capivaras, tamanduás, antas, pássaros, veados, tatus, emas, catetos, onças... Além do mapeamento geológico e arqueológico, elas também anotavam os sinais atuais da civilização: as roças de mandioca, feijão, fumo, algodão, milho, abóbora e mamona; uma fábrica de telhas; gado, cabras e jegues – fundamentais para o transporte e a economia local. Mapeavam a flora, tal como lhes descreviam: umbuzeiro, juazeiro, alecrim-do-campo, angico, canafístula, marmeleiro. Era comum encontrarem armadilhas preparadas pelos caçadores, específicas para cada animal: onças, catetos, tatus. Foi nessa época que ouviram, pela primeira vez, a palavra *maniçobeiro*, que descrevia os homens que trabalharam em dois ciclos – fim do século 19 até 1920 e, depois, entre as décadas de 1940 e 1960 – na extração do látex da maniçoba (*Manihot piauhyensis*), árvore nativa e abundante na região.

A Serra Branca, na divisa dos municípios de São Raimundo Nonato e São João do Piauí – distante 53 quilômetros de Vargem Grande –, foi um dos maiores desafios. Hoje se alcança essa rota facilmente pela PI-144. É uma das trilhas mais belas do Parque Nacional ao unir formações de arenitos esculpidas pelo vento, sítios arqueológicos e o testemunho real da vida dos maniçobeiros que lá trabalharam e viveram. Em 1973, porém, a história era outra: foi preciso planejar e se preparar; agregaram quatro mateiros à equipe, além de dois jumentos para a carga e dois para montar. No primeiro dia, caminharam 23 quilômetros até o povoado do Zabelê; lá pernoitaram e, às cinco da manhã, iniciaram a caminhada até a Serra Branca, 30 quilômetros depois.

> [...] Também não dava para se medir cansaço! Chegando ao local, era iniciar imediatamente o trabalho (fotos, anotações, montagem do acampamento) até as cinco da tarde, quando nos preparávamos para jantar e dormir. Isso era necessário, pois quanto mais se trabalhava rápido ("e bem", ça *va sans dire*), mais cedo se voltava ao arroz, feijão e bode – que, na volta do campo, parecia banquete.[16]
> **Silvia Maranca**

O outro desafio: a escavação do sítio da Aldeia de Queimada Nova. Três semanas de trabalho! Em um dos dias, foram proibidas pelo proprietário de continuar escavando, um tal de Manu. Silvia Maranca, no seu diário, descreve de maneira saborosa os acontecimentos:

> [...] Estávamos escavando um sítio lito-cerâmico na localidade denominada Queimada Nova. O sítio era riquíssimo em vestígios; belíssimos machados tipo âncora polidos, tembetás em jadeíte, discos finos – com ou sem furo no centro –, muitos cacos cerâmicos, urnas, vestígios de cabanas (quinze ao todo). Um dia veio ordem do Manu, dono da fazenda, de suspender imediatamente toda a pesquisa. Foi o que fizemos – e fomos a São Raimundo Nonato saber as razões. Manu estava preso, quer dizer, morava na cadeia, porque havia matado um homem lá no Limoeiro, em Várzea Grande. Digo "morava" porque, apesar de preso, saía livremente pela cidade, buscava água e jantava na nossa mesa no restaurante do Pernambuco, de terno e gravata. Soubemos que havia mandado suspender as escavações devido aos tembetás, por serem confeccionados em jadeíte – e, sendo a jadeíte verde, passaram-lhe a informação de que estávamos encontrando preciosas esmeraldas.

O Gongo, a última área pesquisada nessa missão, é um sítio arqueológico dos mais importantes do Parque Nacional, porque doze enterramentos foram encontrados no local ao longo dos anos. Ele era bem conhecido, mas de difícil acesso, distante 5 léguas (35 quilômetros) – o que significava quase dez horas em cima de um jumento.

A segunda missão, em 1974, aconteceu sob a chefia de Silvia Maranca com a participação de Águeda Vilhena e Lina Kneip. Niéde Guidon, ocupada com suas aulas e sua tese de doutorado, permanecera em Paris. Foi uma missão mais curta, porém emblemática, pois foi uma iniciativa do Museu Paulista, e não do Ministério de Assuntos Estrangeiros da França.

Mapearam a Serra das Confusões e, no povoado de São Braz e no Serrote Limpo Grande, encontraram urnas funerárias. São Braz do Piauí, hoje município, tem toda a sua área urbana assentada em um sítio arqueológico. É comum encontrarem-se urnas funerárias e ossos humanos durante a realização da fundação de uma casa. Muito desse material se perde, mas alguns habitantes procuram o escritório local do Instituto do Patrimônio Histórico e Artístico Nacional (IPHAN) para realizar o resgate arqueológico. Todo o material coletado nessa missão foi embalado em caixas e levado para São Paulo no carro de Lina Kneip. Claro, era carga demais para um pequeno fusca e, em um trecho da estrada, o bagageiro se desprendeu do carro, espalhando todo o conteúdo.

> [...] A estrada era sem asfalto, predominantemente de areia fina. Andando a uma velocidade razoável – a pressa de chegar a Petrolina era muita – levantava-se um pó que impedia vermos atrás qualquer coisa. Eu, que estava ao volante, em dado momento, percebi uma maior leveza do carro, mas francamente nunca poderia ter imaginado que havíamos perdido o bagageiro. Achei que era a alegria. Naturalmente, voltamos boa parte do caminho percorrido até encontrar bagageiro e bagagem espalhados na estrada.[17]

A terceira Missão aconteceu no período entre 10 de maio e 4 de julho de 1975. Niéde Guidon e Silvia Maranca partiram de São Paulo em um roteiro de cerca de 2 mil quilômetros percorridos em cinco dias. Niéde tinha 42 anos, e Silvia... bem, nunca consegui saber. A Missão durou cinquenta e seis dias, em que foram documentados sessenta sítios, e mais quatro – descritos anteriormente – foram refeitos.

Estabeleceram-se em Vargem Grande, no mesmo hotel de dona Delphina, e – nessa primeira etapa – trabalharam nos sítios arqueológicos da estrada de Vargem Grande a São João do Piauí. Tinham como guias José Santinho de Souza e Durval Paes Dias. Concentraram esforços, principalmente, nos abrigos de Serra Branca, Serra do Tenente, Serra da Escada, Serra do Bojo, lugares com "grande" quantidade de fontes d'água. Niéde e Silvia, aproveitando as notícias de tocas no distrito de Curral Novo (desde 1988, município de Dom Inocêncio), foram conhecer a Fundação Ruralista Padre Lira, que desde 1963 iniciara um trabalho social na região. Gostaram do projeto com escolas de qualidade e uma maternidade em locais esquecidos pelo Estado, financiados em grande parte por Muriel Heading Mitchell, uma benfeitora de Winchester (Inglaterra), cujo contato foi articulado por freiras do Convento Filippini, em São Paulo, com as quais Padre Lira mantinha contato. No entanto, não demoram muito em conversas; munidas das informações fornecidas por Padre Lira, partiram para a exploração da Gameleirinha, a 33 quilômetros da sede da fundação, às margens de um rio de água perene, o Gameleirinha, onde catalogam a Toca do Riacho da Gameleirinha.

Neste ponto ocorreu o fato decisivo para a história do Parque Nacional da Serra da Capivara. Niéde Guidon, em 12 de junho (logo depois do trabalho em Curral Novo), rascunhou uma carta de próprio punho, em letra azul e firme, ao governador do estado do Piauí à época, Dirceu Mendes Arcoverde – da Aliança Renovadora Nacional (ARENA), nomeado pelo governo militar do período –, solicitando a criação de um parque estadual para proteger o patrimônio cultural. Na verdade, a carta enviada posteriormente ao governador é datilografada, mas o fac-símile em letra cursiva se encontra nos arquivos da FUMDHAM.

Com três missões realizadas e mais de 130 sítios mapeados, descritos, fotografados e filmados, Niéde e Silvia tinham material mais que suficiente para lutar pela criação de um parque e proteger o material tanto precioso quanto frágil.

Após as primeiras missões, ficou claro que, além de documentar as pinturas rupestres, era preciso contextualizá-las: quais povos as fizeram; quando e sob que condições de clima e relevo essas populações viveram. Era preciso ampliar os olhares sobre os paredões da serra. Nesse momento histórico se inicia a cooperação com os franceses; alunos, amigos, colegas de trabalho de diferentes especialidades – museólogos, fotógrafos, geomorfólogos, biólogos, botânicos –, além de outros arqueólogos e estudantes de Arqueologia em diferentes níveis de graduação e pós-graduação, desembarcaram no Piauí em 1978 para a primeira missão conjunta franco-brasileira em busca das perguntas que as primeiras explorações tinham suscitado.

Naquela época, quando a importância das descobertas das três Missões Franco-Brasileiras já realizadas era palpável, Niéde Guidon traçou um projeto a longo prazo para a região, visando: promover o desenvolvimento social das comunidades no entorno do parque como o melhor meio para afastar a depredação; criar um projeto educacional de qualidade para as crianças dessas comunidades, como pilar do desenvolvimento regional; atrair o turismo nacional e internacional, o que garantiria prestígio, recursos e desenvolvimento para a região – isso implicaria a construção de um aeroporto internacional, um hotel seis (sim, seis!) estrelas, semelhante aos dos parques da África do Sul, e a formação de guias especializados, multilíngues –; vincular-se à Universidade Federal do Piauí, criando um forte departamento de Arqueologia a dar sustentabilidade às pesquisas multidisciplinares necessárias a responder tantas perguntas que cada missão levantava. Era um trabalho científico de longa duração. Cada um desses objetivos norteou a natureza dos projetos e ações que se desenvolveram ao longo do tempo.

Vínculo com a Universidade Federal do Piauí

A primeira iniciativa era capacitar pessoal local para apoiar o trabalho e dar continuidade a ele após as escavações, quando o grupo retornasse à França. O espaço por excelência, pelo caráter científico do projeto, era a Universidade Federal do Piauí (UFPI)[18]. O reitor na época, José Camillo da Silveira Filho – advogado por formação, mas com uma visão de vanguarda –, acolheu o projeto e viabilizou a criação do Núcleo de Antropologia Pré-Histórica (NAP), ligado diretamente à Pró-Reitoria de Pesquisa e Pós-Graduação da UFPI. Decorrente disso, em 1978, foi realizado o I Curso de Especialização em Arqueologia, com uma carga de trezentas horas. Entre os alunos, posteriormente se destacaram na Arqueologia do Piauí Jacionara Coelho Silva e Fátima Luz. O NAP, além de cuidar da formação em Arqueologia, era a maneira jurídica legal para a assinatura de convênios e contratos com instituições de pesquisa e financiamento, tanto nacionais quanto internacionais.[19]

As escavações, o catálogo dos novos sítios descobertos e mais uma infinidade de tarefas exigiam mais pessoal local preparado. Dos remanescentes do I Curso de Especialização em Arqueologia, apenas três pessoas haviam se integrado à equipe. Faltava mão de obra especializada. O II Curso de Especialização em Arqueologia, ligado ao NAP-UFPI, foi muito concorrido: duzentos candidatos para quarenta vagas entre os anos de 1983 e 1984[20]. Nessa turma estavam Conceição Lage, Sonia Campelo Magalhães, Fátima Luz e Ana Clélia Barradas Correia – que, nos anos futuros, tornar-se-iam figuras destacadas da Arqueologia brasileira.

Com a mudança do reitor da Universidade Federal do Piauí, em 1981, as relações entre os membros do NAP e a Universidade começaram a esfriar. Com o passar do tempo, os objetivos – e, principalmente, o ritmo – da reitoria e de Niéde Guidon não eram coincidentes. O novo reitor diminuiu gradualmente o apoio às atividades do Núcleo, e as dificuldades, em especial sobre os recursos que Niéde captava fora e não compartilhava com a Universidade (e nem podia, pois eram específicos para projetos), tornaram a convivência difícil, razão pela qual, apesar da aparência de boa vizinhança, ocorreu um distanciamento e a necessidade estratégica de criar uma fundação autônoma.

A polêmica arqueológica

Vinte e duas missões científicas aconteceram regularmente entre os anos de 1973 e 1998 sob a chefia de Niéde Guidon; Silvia Maranca esteve presente em quase todas. Nesse período teve início a mais polêmica fase da Arqueologia brasileira. Com a datação de alguns carvões de fogueiras – encontrados em camadas profundas das escavações, especialmente no Boqueirão da Pedra Furada, entre 25 e 32 mil anos AP, pelo método do Carbono-14 –, pode-se, com muita segurança, propor-se uma nova Teoria da Chegada do Homem à América e contestar a Teoria Clóvis.

A Teoria Clóvis foi elaborada na América do Norte, nos anos 1930, a partir de achado de machadinhas de pedra ao lado de esqueletos de mamutes, nas cidades de Folsom e, depois, em Clóvis, no Novo México, no ano de 1927. Propõe que o povoamento das Américas se deu pela migração de povos asiáticos que, ao fim da última Era do Gelo, atravessaram o Estreito de Bering – faixa de 90 quilômetros entre o Alasca e a Sibéria – há 12 mil anos, quando, pelo congelamento do mar, havia uma passagem (Beríngia) entre os dois continentes. Essa teoria foi durante cinquenta anos imbatível para explicar a chegada do homem ao continente americano. Paradoxalmente, tornou-se limitadora à escola americana de Arqueologia: a partir dessa certeza, todas as escavações feitas pelos americanos se limitavam à linha geológica dos 12 mil anos.

Eles nunca escavavam até a base da rocha.[21]
Niéde Guidon

Quando Niéde anunciou ao mundo – em 1981, na *Revista Clio* (n. IV, da Universidade Federal de Pernambuco) e posteriormente, em 1984, na *Revista L'Anthropologie* (de Paris) – as provas da ocupação humana anteriores a 12 mil anos no Piauí, foi recebida com muitas críticas pela comunidade científica internacional, liderada pela desconfiança americana.

> Há 30 mil anos, o Oceano Atlântico era diferente: 150 metros mais baixo, tinha muitas ilhas entre a África e o Brasil. E o homem não veio de uma vez só. Veio de ilha em ilha, levando milhares de anos para chegar aqui. Os ventos oriundos da África são favoráveis, chegando primeiro ao litoral do Ceará. O homem chegou à Serra da Capivara pelo delta do Parnaíba, descendo o rio, depois pela foz do rio Piauí até aqui. E, se havia tecnologia para atravessar o frio, caminhar sobre o gelo, por que não haveria para navegar?[22]

Não é da rota proposta que vem a contestação científica, mas da datação de rochas e carvões. Os cientistas americanos argumentaram que as rochas se quebraram espontaneamente ao cair do alto do rochedo – as escavações foram feitas ao pé da formação rochosa –, e os carvões são resultado de queima de madeiras por ação natural: raios e fogos. Essa polêmica rendeu anos.

Para dirimir as dúvidas, o italiano Fabio Parenti – orientando de doutorado de Niéde Guidon na École des Hautes Études en Sciences Sociales (EHESS), em Paris –, a partir de 1987, escavou o sítio do Boqueirão da Pedra Furada, separando todos os pedaços de rocha encontrados. Por mais dois anos, 1988 e 1989, ele classificou 1.005 peças escavadas em dois locais, distantes poucos metros entre si, no Boqueirão da Pedra Furada, em três grupos: seixos fraturados por eventos naturais; seixos claramente lascados pelo homem (foram 418); e seixos com característica ambígua ou inconclusivos. Além do trabalho de análise de seixos – em parceria com o geomorfólogo francês Joel Pellerin, que estudava as camadas estratigráficas desde a primeira Missão em 1973 –, desenhou a geomorfologia do terreno do Boqueirão da Pedra Furada.[23] Como conclusão desse trabalho, obtiveram-se as mais antigas datações para a América do Sul. E as mais polêmicas também!!! Observe a tabela a seguir.

SÍTIO	LOCAL DE ESCAVAÇÃO	DATA	DATA CALIBRADA	AMOSTRA
Toca do Sítio do BPF	Setor Oeste Camadas de 187 a 192	17.000 ± 400 BP	21.732 - 19.565	GIF 5397
Toca do Sítio do BPF	Setor Oeste Camadas de 192 a 203	>/=25.000 BP		GIF 5648
Toca do Sítio do BPF	Setor Oeste Camadas de 203 a 210	>/=25.000 BP		GIF 5398

Datações obtidas no Boqueirão da Pedra Furada em 1981. FUMDHAM.

Os esqueletos

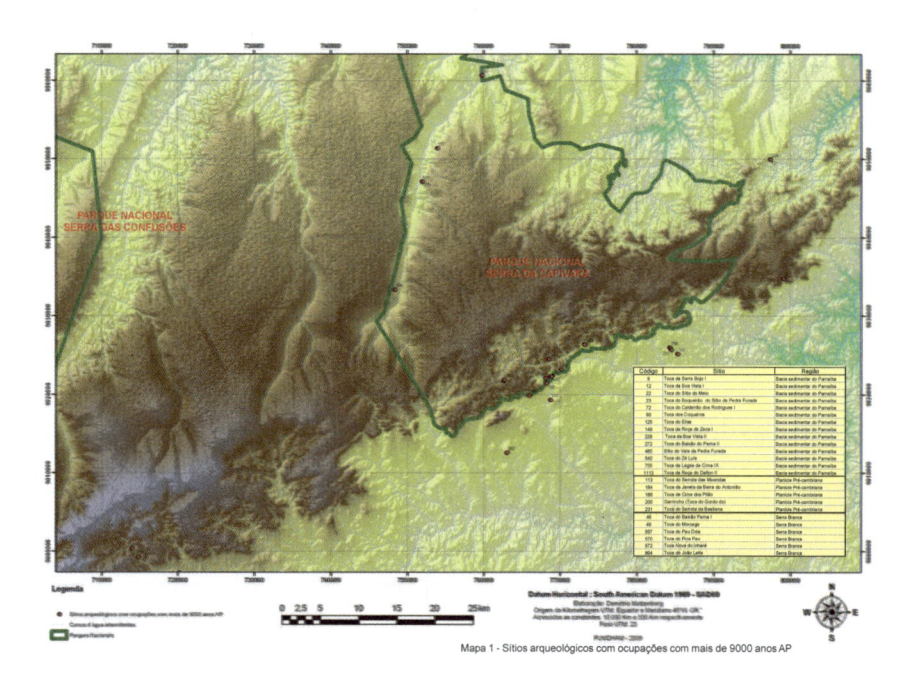

Sitios arqueológicos com mais de 9 mil anos AP.
Fonte: Revista FUMDHAmentos – vol 8, 2018 pág. 63.

Encontrar um esqueleto durante uma escavação é padrão ouro de qualquer trabalho, pois sintetiza as respostas às perguntas que levaram ao trabalho: A que grupo pertencia? Como viviam? Há quanto tempo? Em lugares úmidos, a decomposição da massa orgânica é rápida, e esqueletos são raros. Nesse cenário, são as pedras a cumprir a função de responderem às questões, mas conversar com as pedras é coisa difícil; poucos conseguem.

No Parque Nacional da Serra da Capivara, no auge da polêmica das datações dos artefatos encontrados, muitos jornalistas especulavam sobre o achado de um esqueleto de dirimisse todas as dúvidas. Não há esse esqueleto redentor, mas existem outros – símbolos de vida humana pregressa, que nos intriga e sobre a qual só podemos especular.

Toca do Paraguaio

Os primeiros esqueletos encontrados foram os da Toca do Paraguaio, em 1978, escavados por Niéde Guidon e Suzana Monzon, arqueóloga argentina e colega de trabalho de Niéde em Paris. Quando iniciaram o trabalho, pedaços de quartzo lascados por fogo apareceram de maneira abundante já no primeiro dia. No oitavo dia, foram fragmentos de ossos. Em sequência, conforme prosseguiam a escavação, outro osso e duas vértebras, abundante material lítico e uma mancha escura no terreno cheio de folhas junto a pequenos vestígios de ossos.

A escavação prosseguiu ainda mais cuidadosa; por fim, um crânio humano com alguns cabelos. Quando toda a sepultura foi limpa, supuseram – pela posição dos ramos vegetais – que o sepultamento fora intencionalmente coberto por ramos. Dois dias depois, descobriram um segundo crânio e então todo o esqueleto.

> Ocupando uma fossa retangular, ele estava deitado com a cabeça apoiada sobre uma pedra achatada; seu crânio fraturado, sem maxilar inferior e os dentes em má conservação. Dos braços estendidos ao longo do corpo, falta-lhe a parte inferior do braço esquerdo e as mãos; permanece com seu lado direito completo, do cóccix e da perna; da esquerda resta-lhe a metade da parte superior, e os pés, em bom estado, estão cruzados, o direito sob o esquerdo.[24]
>
> **Glória Velasco**

Nesse momento da leitura dos Cadernos de Campo da FUMDHAM, uma emoção tomou conta de mim! Tentei imaginar os sentimentos de cada um dos arqueólogos! Porque um esqueleto é tudo o que se procura em uma escavação. Ele é a testemunha da civilização que ali viveu em tempos remotos! É por meio da posição – e do modo como foi enterrado – que os rituais de sua cultura são interpretados; nos seus ossos estão inscritos a idade, a era, o povo.

As escavações prosseguiram. Outra sepultura, agora em formato de fossa circular, foi descoberta com um indivíduo em posição fetal com os joelhos contra o queixo. Seriam esses indivíduos os autores de algumas das pinturas daquele imenso painel? Seriam os habitantes ancestrais do abrigo? Nesse momento, quando é impossível qualquer resposta, aos arqueólogos cabe o diálogo com o desconhecido. A datação posterior pelo Carbono-14 mostrou 7.000 e 8.670 AP. Na toca está assinalado o local da descoberta – hoje, exposto no Museu do Homem Americano, em São Raimundo Nonato.

Toca da Boa Vista

Ainda em 1978, a região da Boa Vista, ao norte de Vargem Grande, foi explorada. Longe, muito longe: foram horas de viagem nas precárias estradas em um veículo com tração e, depois, em jegues ou a pé. Nove dias de acampamento na Fazenda do Barreiro. Já informados pelos moradores locais, os cientistas buscam por uma sepultura na Toca da Boa Vista I. Encontram material lítico em quartzo e calcedônia: um raspador duplo e raspadores carenados; junto à abundante quantidade de carvão, apareceram ossos, possivelmente humanos; na sequência, um fragmento de crânio. Frustrante, nenhuma sepultura foi encontrada! No entanto, se não havia um ritual de sepultamento, houve morte. Assim assinalavam os numerosos fragmentos de ossos humanos encontrados durante a escavação. Seriam estes testemunhos de uma desventura fatal e solitária do indivíduo quando buscou abrigo na Toca da Boa Vista? Talvez de um caçador? Ou resultado do embate humano perdido para a fome dos animais com os quais compartilhava territórios? Ou teria sucumbido ao ataque de grupos humanos adversos, similar aos representados em diversas cenas nas pinturas rupestres na Serra da Capivara? Ninguém sabe...

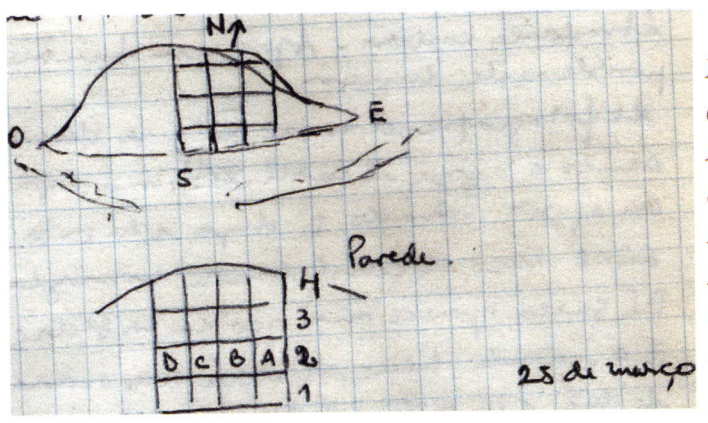

Esquema de Suzana Monzon para a Toca da Boa Vista. FUMDHAM, Cadernos de Campo de 1978.

O Gongo

A região do Gongo é considerada um sítio arqueológico-cemitério. Na missão de 1981, os pesquisadores encontram duas sepulturas com vestígios de fogueira e carvão: a primeira muito danificada e a segunda em melhores condições. Em 2013, durante a escavação do sítio, as pesquisadoras Tania Santana e Adriana Almeida encontram, em março, na Toca do Gongo 3, um cemitério com doze ossadas humanas de 3.500 anos, enterradas em urnas funerárias simples. Todos esses esqueletos ganharam uma sala especial no Museu do Homem Americano.

> A viagem à Toca do Gongo para escavações de cinco sepulturas foi muito particular. O acesso era muito difícil. Havíamos levado água e comida para poucos dias. Nossa surpresa foi a evidenciação de uma sepultura em terra, outra em urna e mais outra etc. Não havia condições de deixar o material ao tempo e tivemos que estender a permanência por bem quinze dias. Água só para beber e com parcimônia; comida nem com parcimônia dava.[25]
>
> **Silvia Maranca**

Sítio Barra do Antonião

Em 1990, no Sítio da Barra do Antonião – situado na planície, a alguns quilômetros do *front da cuesta* –, foi encontrado o esqueleto de uma jovem. Pelo estudo dos ossos, tinha a idade entre 20 e 25 anos e media 1,55 metro. Sua datação é de 9.670 ± 140 AP (amostra GIF-8712), e o ótimo estado de conservação de seus ossos faz dele um dos três esqueletos mais antigos encontrados na América do Sul.[26] Transcrevemos do diário de campo (FUMDHAM; missão de 1990) o relato da arqueóloga que fez a escavação:

> Trata-se de uma sepultura, cujo esqueleto encontra-se completamente contorcido, sob um pó escuro e sob pequenos

blocos de calcário. O esqueleto tem os ossos numa distância máxima de 40 centímetros entre si; é o caso da distância entre o maxilar inferior e o osso da pelve [ilíaco?]. A perna do indivíduo está completamente dobrada, estando o fêmur paralelo à tíbia. O sedimento entre o maxilar inferior e a pelve é duro, escuro e guarda as marcas das placas de calcário que caíram sobre o indivíduo. O "pélvico" está fragmentado em um dos lados. A oeste foi encontrado um pedaço da calota craniana com restos de cinzas. Há um osso sobre um pedaço de arenito completamente queimado. Aparece mais carvão no centro da estrutura. Muitos pedaços bem pequenos desse vestígio entre os ossos encontrados sobre a placa de arenito e os ossos da perna. O osso que está sobre a placa de arenito é a epífise distal do fêmur. Outros fragmentos da calota craniana foram encontrados a +/- 50 centímetros de distância do fragmento encontrado anteriormente. O indivíduo é jovem e o maxilar inferior apresenta-se com os dentes muito gastos. As outras partes do crânio foram encontradas bastante fragmentadas, parecendo terem sido removidas. Acima dos fragmentos do crânio, há uma pequena mancha acinzentada; começam a aparecer as falanges. Do lado noroeste da sepultura há ossos da megafauna.[27]
Patrícia Pinheiro – arqueóloga

Toca dos Coqueiros - Zuzu

Esse sítio foi escavado em 1997 sob a coordenação de Cleonice Vergne, orientanda de Niéde Guidon no curso de mestrado da Universidade Federal de Pernambuco.

No terceiro dia de escavação, surgiu o início de um crânio que não está bem conservado. Houve um desgaste na superfície do osso, porém podemos observar em algumas partes restos de pigmento de cor vermelha. Evidenciado o esqueleto que se encontrava em posição fetal, depositado sobre o sedimento. Do lado esquerdo os ossos estão bastante friáveis, mas completos.

Na altura do [palavra não compreendida na digitalização] inferior tem a presença de uma ponta de flecha em quartzo. O esqueleto está depositado sobre um sedimento escurecido, talvez resultado de fogueira. No limite das falanges do esqueleto foram recolhidos carvão, líticos, ossos (restos de alimentos); todo o sedimento foi recolhido para posterior análise. O fato interessante foi o surgimento de uma lesma. Continuamos a decapagem da área ampliada, e no setor 2 evidenciou-se uma ponta de flecha. É um sítio bastante questionador que deve ser cuidadosamente trabalhado.

Fizemos a impregnação de cola nos ossos, após a secagem iniciamos o engessamento com "bandagens" e começaram a escorrer no entorno do esqueleto, e ficou que o crânio e a costela estão diretamente sobre os blocos.

O esqueleto está rodeado de blocos que foram todos desenhados e levados para o laboratório para posterior reconstituição para exposição, e iniciamos descida da área para realizar o engessamento do esqueleto a partir dos membros inferiores até atingir as costelas e o crânio e finalizar o engessamento do esqueleto.

Apareceu outra lesma.

Ontem evidenciamos uma ponta de flecha fragmentada e muito, muito bonita.[28]

Cleonice Vergne

Em 1998, esse primeiro ciclo de trabalho contínuo financiado pelo governo francês se encerrou com o desligamento de Niéde Guidon da chefia das Missões Franco-Brasileiras, por sua aposentadoria. Foram 22 missões e um sem-número de pesquisas, as quais produziram um vasto conhecimento, em múltiplas áreas, sobre uma região que vinte e cinco anos atrás era completamente desconhecida.

CAPÍTULO 2

As pinturas rupestres

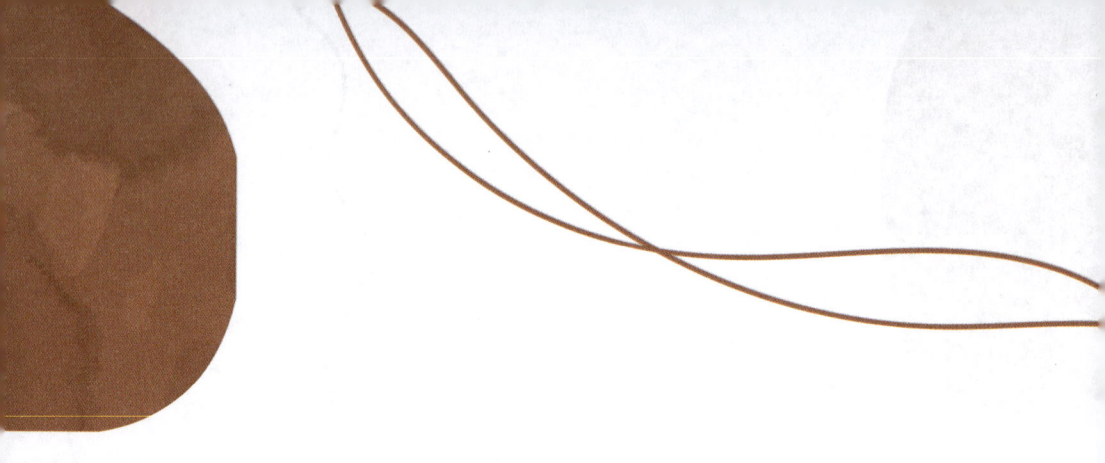

> As pinturas rupestres devem
> ser observadas com um olhar fundamentado
> que permita ir além do mostrado.
>
> Anne-Marie Pessis (FUMDHAMentos, 2018)

Coisas de índios. Dessa maneira corriqueira, banal e desconectada da realidade, as pessoas do sudeste do Piauí entendiam o acervo rupestre local até os anos 1970. Faziam piquenique nos boqueirões durante as férias, pois o local era mais fresco; subiam nas rochas, brincavam de esconde-esconde nas tocas, namoravam pelos grotões, criavam gado quando havia água, faziam roças de feijão e milho – e não se importavam com as figuras que não compreendiam. Também não se importavam os caçadores esfomeados, os maniçobeiros fazendo fogueira nos abrigos, escurecendo as pinturas. Não se importavam nem os fabricantes de cal, quebrando os blocos de pedra para queimá-los nos fornos. A natureza estava ali, como sempre, à disposição da saga extrativista do homem a um custo ambiental nunca antes valorizado.

Com a chegada dos primeiros pesquisadores na década de 1970 a São Raimundo Nonato, essa percepção começou a mudar. Não foi fácil para ambos os lados. No princípio houve um estranhamento coletivo naquela sociedade perdida nos confins da Caatinga; tudo era novo: a língua que falavam, a marca dos carros, os equipamentos, o comportamento. Para tudo isso, contribuía a descontinuidade do trabalho: por algumas semanas, ou meses, os "franceses" vinham, enfiavam-se nos grotões e chapadas acompanhados de alguns mateiros; depois, partiam e tudo voltava ao ritmo lento da seca e miséria no sertão nordestino. No entanto, no período em que estavam na região, havia dinheiro novo circulando: no pagamento dos mateiros e guias; nos alimentos que compravam no acanhado comércio; nos aluguéis e combustíveis. Era estranho, mas era bom.

Sabiam que estavam interessados nas pinturas. O que eles queriam? Aos poucos foram compreendendo que os "franceses" tinham poucas perguntas importantes e todo aquele movimento de pessoas de língua estranha procurava responder a estas perguntas:

- Quem as desenhou?
- Quando?
- O que significam?

A busca pelas resposta dessas três questões atravessou cinquenta anos e continua. No início, a ação era direcionada a encontrar os sítios mais próximos e acessíveis, sempre informados pelos mateiros, e a documentar todas as gravuras de uma maneira ansiosa e obsessiva, com medo de que a ação da natureza como o sol, as chuvas e os ventos, a ação do homem com suas fogueiras, seus facões e sua curiosidade – ou, ainda, ação da fauna com seus cupins, formigas, abelhas e mocós – as fizessem desaparecer. Era e ainda é uma luta de titãs. As pinturas estão a céu aberto – por isso são únicas no mundo – e se esparramam aos milhares pela Serra da Capivara (onde começaram a ser pintadas) e por todo o Nordeste brasileiro. Como protegê-las? Se, por um lado, hoje existe tecnologia e pessoal treinado, por outro, não há dinheiro nem vontade política do Estado para tal.

Nos idos de 1970, foram utilizadas as técnicas clássicas de documentação dos registros rupestres, puramente a cópia com canetas sobre material transparente, os decalques ou *relevés*, como citam os primeiros diários de campo das missões francesas. E não imagine o leitor uma atividade fácil: para as pinturas altas se construíam jiraus com paus da mata amarrados entre si com cordas ou apenas escadas rústicas sob um calor, na maioria das vezes, acima de 35 °C durante horas... Havia as fotografias também, os filmes de 8 milímetros. E foram dias e anos debruçados sobre elas para compreendê-las, buscando a estruturação lógica daquela linguagem. Estendiam-se por um vasto território de 18 mil quilômetros quadrados e se contavam aos milhares![29] E cada uma delas foi copiada, catalogada, etiquetada e arquivada como um tesouro; um patrimônio histórico incalculável.

Não foi uma compreensão imediata. O grande nome em arte rupestre ao lado de Niéde Guidon é Anne-Marie Pessis. Com doutorado em Antropologia Visual (Cinematografia), concluído em 1980 pela Universidade Paris I – Panthéon-Sorbonne, e doutorado de Estado em Letras e Ciências Humanas, finalizado em 1987 pela Universidade de Paris X – Nanterre, com a tese *L'Art Rupestre préhistorique: premièrs registres de la mise em scene,* a pesquisadora da FUMDHAM constitui, com Niéde Guidon e Gabriela Martin, o trio de poder da fundação. A partir de 2019, é eleita Diretora Presidente da FUMDHAM como sucessora de Niéde Guidon. Além disso, é dela a responsabilidade de buscar as novas tecnologias para que os laboratórios da fundação continuem sendo "os mais bem-montados do país".

Anne-Marie Pessis, em parceria com Niéde Guidon, criou a partir dos anos 1990 a formulação teórica a embasar todas as pesquisas sobre arte rupestre na Serra da Capivara e, depois, em todo o Nordeste. Ela chegou à Serra da Capivara em 1982, convidada por Niéde Guidon, sua colega na EHESS, para integrar a equipe do Curso de Especialização em Arqueologia na Universidade Federal em Teresina, com o objetivo de formação de pessoal especializado para o parque.

> Niéde Guidon sugeriu que nós todos, membros da equipe francesa, viéssemos para ajudar a formar uma equipe brasileira, que daria continuidade ao nosso trabalho, a partir de um convênio com a Universidade Federal do Piauí. Durante dois anos e meio, moramos em Teresina e trabalhamos no Parque Nacional, formando uma equipe. A questão era estabelecer os mecanismos para uma continuidade efetiva. Nesse sentido, acho que foi um sucesso.[30]
>
> **Anne-Marie Pessis**

Depois de anos de observação e pesquisa – além de decodificar o simbolismo representado no acervo rupestre –, elas propuseram uma classificação primeira, as Tradições. O conceito foi apropriado do estudo da cerâmica estabelecido na metodologia básica à época do Programa Nacional de Pesquisas Arqueológicas (Pronapa), um programa de pesquisas arqueológicas na costa brasileira, que durou de 1965 a 1970. Por definição, uma Tradição é orientada pela temática, pelas formas e o modo como é essa representação – tais como movimento ou estatismo, figuras grandes ou pequenas, cenas ou grafismos isolados.

Os estudos sobre a arte rupestre sempre foram multidisciplinares dentro das Missões francesas: arqueólogos, geógrafos, botânicos, geomorfólogos, etnólogos, biólogos, sociólogos – cada um contribuindo com a sua visão científica para interpretar o grande mosaico espalhado pela Serra da Capivara. Era necessária também a compreensão ambiental e climática, entendendo qual era o meio que acolhia esses povos coletores-caçadores, seus caminhos e destinos. Aos poucos, juntando todas essas conversas (imagino as especulações entre o grupo em torno da fogueira, à noite, depois de um árduo dia de trabalho!), foram surgindo algumas sínteses e conclusões, e certos consensos foram se acumulando à medida que os resultados do trabalho iam – pouco a pouco – aparecendo.

Os grafismos começaram a ser pintados há 12 mil anos, coincidindo com as mudanças climáticas que ocorreram na região pelo fim da última Era Glacial. No Pleistoceno Superior (o tempo antes de 12 mil anos atrás), a região era habitada, conforme mostram as fogueiras e ferramentas líticas encontradas nas escavações, por pequenos grupos de pessoas coletoras-caçadoras que coexistiam com a megafauna, os animais de grande porte. Por estar entre as bacias do Rio São Francisco e as bacias do Nordeste, a região apresentava múltiplos ecossistemas; era uma encruzilhada de caminhos e uma possibilidade de hábitat para diferentes etnias, o que acaba aparecendo nas diferentes tradições de pinturas e grafismos.[31] Os grupos eram pequenos, de mobilidade rápida e fácil e bem adaptados à convivência com a paleofauna. Com o aquecimento da Terra pondo fim à Era Glacial, houve uma lenta transformação do clima da região, da diminuição das chuvas, passando de tropical úmido para semiárido. Foi nesse contexto de mudança climática, de vegetação e de fauna que o homem começou a pintar e gravar. Usou-se um pigmento abundante no local – o óxido de ferro, responsável pelo tom avermelhado dos grafismos, misturado a algum tipo de gordura animal ou de origem vegetal para formar uma pasta. Desse modo obtinham a base pictórica e – tendo o auxílio de lascas finas de pau, pelos de animais ou alguma pedra pontiaguda como ferramenta – pintavam na pedra. Assim, passaram a contar a sua história. Não eram desenhos lúdicos, mas um código de comunicação que ali se escrevia.

O patrimônio cultural e as regras sociais que ordenavam a convivência desses grupos passavam de geração a geração pela transmissão oral de histórias, lendas, mitos, rotinas de sobrevivência, técnicas de caça, extração de alimentos da natureza, processos de cura das doenças. Para que isso não se perdesse, elaboraram-se rituais: cerimônias, danças, símbolos de personagens (divindades?). Para reafirmar e manter vivos esses rituais, pintá-los em abrigos onde todos pudessem olhar permitia que a comunicação dessa cultura permeasse as gerações nos 6 mil anos em que as pinturas foram registradas, as quais representavam um código de comunicação entre os indivíduos daquele grupo. Como a oralidade se perdeu, não conhecemos o significado, mas é certo e consensual que ele existia.

A arte rupestre na história

As pinturas rupestres sempre existiram em todas as culturas e em todos os continentes com o mesmo objetivo: transmitir uma herança cultural. A principal característica da espécie humana é sua capacidade de usar várias formas de linguagem. Os símbolos pintados nas paredes de cavernas e abrigos é uma das primeiras formas comunicação: as imagens reforçando a comunicação oral. A pintura rupestre é uma especialização do *Homo sapiens*. Será? Há indícios de uso de pigmentos, gravação e perfuração de ossos e pedras desde muito tempo antes do aparecimento do *Homo sapiens* na Europa, África e Ásia.

Body art made its mark 300,000 years ago, scientists claim

The use of coloured pigments in early forms of body art may have begun many tens of thousands of years earlier than previously thought, according to a study of artefacts found at an ancient archaeological site in Africa.

Scientists working at the Twin Rivers hilltop cave near Lusaka in Zambia have found evidence for the use of colours – possibly for body painting – as early as 300,000 years ago.

This would predate the known use of coloured pigments in cave art by more than 200,000 years and, if confirmed, mark the point when humans began to experiment with paint.

Lawrence Barham, an archaeologist at the University of Liverpool, said an analysis of coloured stains on rock tools found at the site indicated that early humans were grinding ochre pigments long before they were known to be used for cave paintings.

"My work in Zambia is beginning to show that, at least in this one small part of central Africa, the use of mineral pigments or ochres as colours goes back at least 300,000 years," Dr Lawrence said yesterday.

"There is a long period between the appearance of rock art about 32,000 years ago – which is strong evidence of colour symbolism – and this more indirect, ambiguous evidence in the archaeological record of Africa," Dr Barham told the British Association's annual meeting at the University of East Anglia in Norwich.

Fonte: CONNOR, Steve. Body art made its mark 300,000 years ago, scientists claim. *Independent*, 9 set. 2006. Disponível em: https://www.independent.co.uk/news/science/body-art-made-its-mark-300000-years-ago-scientists-claim-6231646.html. Acesso em: 26 jul. 2022.

O uso da arte rupestre como fonte de informação arqueológica e antropológica se deve aos trabalhos de Leroi-Gourhan e Laming-Emperaire na segunda metade do século 20. Toda a alta linhagem dos cientistas da Serra da Capivara estudou com eles – ou foi por eles influenciada. Esses arqueólogos mostraram uma estruturação lógica nas representações rupestres pintadas em Altamira, na Espanha, e em Chabot, na França, ambas descobertas na década de 1960.

Anos depois, Niéde Guidon e Anne-Marie Pessis, dentro da mesma linha, buscaram a estruturação lógica para a arte rupestre da Serra da Capivara e propuseram uma metodologia de ordenamento inicial por meio da observação do tipo das figuras: estilo, forma, movimento, tamanho, preenchimento ou não do corpo, base rochosa onde foi registrada... Assim, nasceram as Tradições **Nordeste**, **Agreste** e **Itacoatiara ou Geométrica**, elaboradas com base nas técnicas clássicas de documentação dos registros rupestres: as cópias em papel transparente, fotos e filmes.

No início da pesquisa, nos anos 1970-1980, as atividades se centraram nos principais vales, vias de acesso e desfiladeiros do *front da cuesta* da Serra da Capivara e no vale da Serra Branca. A parte norte do Parque Nacional, assim como as outras faces da *cuesta*, foram setores postergados pela dificuldade de acesso. Com base nesses primeiros dados, foi proposta uma classificação preliminar: Tradição Nordeste – com presença dominante em toda a região do Parque Nacional, abrangendo uma faixa cronológica que se situa entre 12 mil anos e 6 mil anos AP.[32]

Em 2018, Pessis publicou um novo trabalho no qual levou em conta novas técnicas de análise das pinturas rupestres e refinou seu olhar sobre as tradições. Após registrar em mapa os sítios pintados e as respectivas tradições, ela reconheceu uma disposição geográfico-ambiental dessas tradições e a relacionou ao estudo geológico das formações do parque e da drenagem das suas águas, reformulando os conceitos sobre o estilo Serra Talhada.[33]

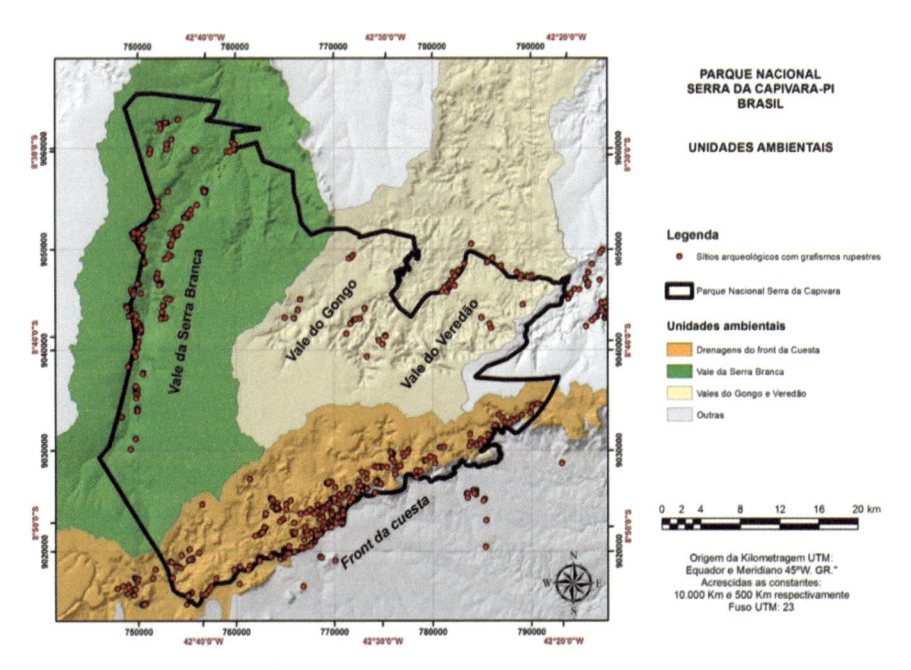

Mapa com a distribuição dos sítios arqueológicos com registros rupestres. Fonte: Revista FUMDHAMentos XV 2018 n2 página 5. l1nq.com/qZAgo

Tradição Nordeste

É a tradição dominante no Nordeste do Brasil. Originou-se na região da Serra da Capivara, no Piauí, para depois alcançar o Vale do São Francisco, a região de Central, na Bahia, e o Seridó, na Paraíba e no Rio Grande do Norte. Durou de 12 mil até 6 mil anos AP; foi, portanto, pintada pelos seis milênios seguintes, até desaparecer na região da Serra da Capivara. Os traços comuns às pinturas dessas diferentes regiões são a identificação fácil das figuras tanto antropomórficas quanto zoomórficas, o movimento, o aprimoramento técnico e o domínio do traço. Têm um caráter narrativo da vida cotidiana, das crenças religiosas, de ritos, ornamentos, instrumentos e armas.

> Um padrão de identificação nas pinturas caracteriza um determinado grupo cultural. Reconhece-se esse padrão primeiro pela técnica utilizada e, depois, por aspectos como identificação das figuras, cenas representadas, temas privilegiados, modos de representar o movimento, além do tratamento do espaço e da representação do tempo.[34]
>
> **Anne-Marie Pessis**

É possível perceber que, desde o início, havia regras gráficas, e que as características básicas permaneceram por todo o período; outras foram evoluindo em estilo e desapareceram. Raramente um estilo apresenta-se isolado; muitas vezes, figuras de outros estilos foram superpostas parcialmente. Em um período tão abrangente, era esperado que esse estilo fosse se modificando ao longo do tempo. Essas modificações permitiram que dois estilos ficassem bem caracterizados na Tradição Nordeste: Estilo Serra da Capivara e Estilo Serra Branca. Pesquisadores recentes acrescentaram um terceiro, o Estilo Serra Talhada.

Estilo Serra da Capivara

Está concentrado sobretudo nos sítios localizados na face de *cuesta*, nos dois lados dos vales e nos boqueirões. São frequentes e numerosos na trilha do Desfiladeiro da Capivara, onde estão as mais antigas pinturas dessa tradição. O Estilo Serra da Capivara caracteriza-se pela identificação fácil das figuras constituídas de desenhos pequenos, traços mínimos e nítidos – tanto nas figuras humanas quanto nos animais –, indicando movimentos, sempre em ponto máximo de tensão (o salto de um animal, por exemplo). Representam cenas do cotidiano ou rituais, crenças religiosas. Há também uma série de pinturas que, sem perder o traço simples do desenho, mostram símbolos de sua cultura: cocares, máscaras; são grafismos de representação cerimonial. Plantas e objetos são raros nessa tradição.

Têm um refinamento da técnica do desenho; dominam a perspectiva e os planos. Percebemos a disposição das figuras sobre os três planos, horizontal, vertical e oblíquo. Nas cenas de ação, percebe-se a definição de papéis e uma intenção de executar; as cenas de caça e de sexo são claras. Agora, sobre a temática, muitas vezes é impossível – com o nosso patrimônio cultural – interpretá-la. Vimos que, na Toca do Baixão da Vaca, uma cena se repete em muitos outros sítios: uma árvore central e várias figuras antropomórficas dispostas ao redor dela. A perspectiva é perfeita, mas e o significado? Seria uma cena de adoração; e a árvore, a representação simbólica de uma divindade? Conjecturas.

Estilo Serra da Capivara. Cena Narrativa. Banco de dados FUMDHAM

A representação humana no estilo Serra da Capivara da Tradição Nordeste

Quanto ao traçado, são figuras simples, apenas com os traços essenciais (cabeça, tronco e membros) e poucos detalhes (falo, pés). Aparecem isoladas, em sua maioria; uma capivara ao lado do tatu, este ao lado do homem – sem uma relação entre eles. Mesmo as figuras com adornos são de traços muito simples. Um cocar é representado por três linhas divergentes no topo da cabeça.

Quanto ao gênero, aparecem figuras com falo (quando é necessário expressar a identidade masculina); aquelas com traços femininos aparecem apenas nas cenas sexuais; a maioria das figuras são assexuadas, isto é, não importa se são homens ou mulheres, indicando que naquela cena a divisão do trabalho ou das atividades do grupo é feita igualmente por ambos os gêneros.

A representação de animais no estilo Serra da Capivara da Tradição Nordeste

Depois da documentação exaustiva de todas as pinturas espalhadas pelo parque, a análise quantitativa mostrou que o veado é a representação mais comum, seguido depois pelas emas. Os veados se apresentam em todos os tamanhos, com traços simples, mas refinados e de movimento bem nítido.

> Considerando os aspectos técnicos nas figuras dos veados, percebe-se que os instrumentos utilizados para pintá-los não são apropriados para o traçado de linhas curvas e detalhes curvilíneos... Assim, um traço suave, representando o ventre de uma figura animal por uma curva elíptica, se realizado com um instrumento rígido, torna-se rígido... A fluidez do traço fica entravada pelas limitações do instrumento técnico.[35]
>
> **Anne-Marie Pessis**

As emas ora se apresentam solitárias, ora em grupos de três ou quatro animais, dispostas horizontalmente. Outros animais representados – tatus, onças, macacos – são comuns. Lagartos, peixes... mais raramente. Aves são raras, como a representada na figura a seguir.

Figura de um pássaro encontrada na Toca do Baixão da Vaca.

A representação de cenas no estilo Serra da Capivara da Tradição Nordeste

Caça

As cenas de caça incluem um foco central em que se desenrola a ação; geralmente, aparece o animal caçado e dois ou três agressores (humanos) com algum tipo de ferramenta nas mãos, além da cena periférica, na qual as figuras têm um contorno mais borrado. Estudos mais recentes – com tecnologia de rastreamento a laser – permitiram a elaboração de modelos tridimensionais digitais híbridos, mostrando as figuras em duas dimensões, a distância entre elas, a posição de cada componente da cena; enfim, funcionam como se, depois de se assistir a um jogo de futebol ao vivo, a tecnologia permitisse ver o gol no vídeo em câmara lenta. Deslumbrante o que essa técnica agrega ao nosso entendimento!

Dança

Nas cenas de dança estão as representações cerimoniais e também as lúdicas. Nas primeiras, além do grande número de figuras componentes há a presença de adereços, como cocares, máscaras e vestimentas. Nas cenas de danças lúdicas existe um número menor de elementos e os traços são mais simples. Como na representação de animais, a figura humana está representada sempre no momento de máxima tensão do movimento.

Sexo

Múltiplas cenas de sexualidade, falos em ereção, vaginas expostas, casais copulando, partos.

Flora

Esparsa representação. Há uma cena recorrente: a de uma árvore central e várias figuras dispostas ao redor.

Outras atividades humanas

Colmeias de abelhas

Aparecem indivíduos extraindo mel com as mãos ou com um pedaço de pau. É a única atividade exploratória representada além da caça.[36]

Dorso contra dorso

Tanto humanas quando de animais, são representações frequentes nesse estilo, cujo significado se desconhece.

O tratamento do espaço

Encontramos representações de conjuntos, geralmente circulares, na horizontal, na vertical e em oblíquas; as distâncias entre as figuras são regulares. Um distanciamento maior pode significar profundidade, desenhos em outros planos – nesse estilo – horizontais.

O tratamento do movimento

O movimento é a maior característica desse estilo: animais em movimento em plano de máxima tensão, no ápice do salto. Nos conjuntos de figuras, cada indivíduo tem um movimento próprio e harmônico em relação aos demais; quando de caça, vemos a lança em pleno disparo ou penetrada no corpo animal.

Estilo Serra Branca

Depois de 3 mil anos, supõe-se que a população da Serra da Capivara – tribos nômades de poucos indivíduos – tenha começado, em razão de um aumento de população, a se reagrupar em grupos autônomos a partir de um mesmo tronco cultural na região do Vale da Serra Branca. Essa autonomia e o novo espaço geográfico trouxeram diferenciações no estilo de vida; embora partilhassem os mesmos valores, crenças e tipo de vida, permanecendo coletores-caçadores, algumas atitudes se diferenciaram nos grupos.

Por volta de 9 mil anos AP, iniciou-se a transformação do estilo Serra da Capivara. Gradativamente, houve aperfeiçoamento técnico, mudança de temas e os já tradicionais passaram a ser representados de uma maneira diferente. Há uma evidente mudança no estilo das figuras, na qual a ornamentação (quer da figura humana, quer da animal) é a característica mais marcante. Permanecem o movimento e os traços finos, mas todo o corpo – agora retangular – é preenchido por grafismos.

Estilo Serra Branca: grafismos na figura humana.

Mesmo nas pinturas de cenas narrativas há um refinamento de cada indivíduo, com desenhos mais complexos e ornamentação como cocares ou fantasias geométricas, muito semelhantes aos usados ainda hoje em rituais por índios brasileiros.

Estilo Serra Branca: cocares.

Evolui, também, a utilização do espaço; os desenhos em planos horizontais são os mais comuns. Para a perspectiva, adota-se a colocação de vários planos horizontais em torno de um eixo oblíquo, conforme visto na figura a seguir.

Estilo Serra Branca: animais com corpo preenchido por grafismos.

Na representação de cenas existe uma mudança temática, privilegiando-se o tema da agressão, tanto individual quanto coletiva. As cenas de luta entre dois grupos aparecem reiteradamente, com uma maior complexidade no uso do espaço. São características as figuras estilizadas, geométricas, preenchidas com grafismos. O traço, que antes era retilíneo, passou a ser curvo. Houve, também, distorções da figura humana, que é pintada com o corpo quase filiforme. Surgem novos temas, como violência, dominação, tortura, e também figuras grávidas. Os novos temas tratando dos conflitos parecem estar relacionados a essa diferenciação grupal e ao surgimento de rivalidades e disputas de poder. São representativas do período de 8 mil a 6 mil anos AP.

Por volta 6 mil anos AP, a Tradição Nordeste deixou de ser pintada na Serra da Capivara, sem que houvesse vestígios do aparecimento de um novo grupo. Não se sabe como esse povo desapareceu.

Estilo Complexo Estilístico Serra Talhada

Em 2018 foi publicada nova proposta classificatória, incluindo uma terceira classe estilística da Tradição Nordeste designada como Complexo Estilístico Serra Talhada.

As figuras de contorno aberto inseridas no Complexo Estilístico Serra Talhada são suficientemente complexas para compor um terceiro estilo: geralmente estão isoladas em um painel, como a compor com uma figura pintada por outra tradição – como é o caso das duas capivaras usadas no símbolo da FUMDHAM. São representações de figuras humanas ou de animais com certo movimento, porém nunca compõem uma cena. Quando se analisa a técnica do desenho, percebe-se um minimalismo sofisticado de traços, como se a figura não necessitasse de mais nada para ser compreendida. Usam recursos estéticos de preenchimento do interior ou de outra cor, conforme observado na figura a seguir.

Complexo Estilístico Serra Talhada.

No Parque Nacional, aparecem em desfiladeiros mais ao sul, na Serra Talhada.

O Boqueirão da Pedra Furada, um grande painel de 60 metros de comprimento – pintado durante seis mil anos –, mostra não só registros no Estilo

Serra da Capivara como também contempla o período de transição até o Estilo Serra Branca. Não há indícios arqueológicos de que tenha chegado um novo grupo cultural, responsável pelo novo estilo. Provavelmente, houve uma fragmentação com consequente autonomia de grupos, mas dentro de um mesmo tronco cultural. Além das figuras de contorno aberto, existem grafismos que não se encaixam nos estilos Serra da Capivara ou Serra Branca – mas também não mostram traços uniformes entre si, o que dificulta o estabelecimento de padrões que identifiquem uma nova classe. É no interior desse complexo estilístico que se realizam as pesquisas atuais, tentando buscar alguns critérios que coloquem sobre um denominador comum essa pluralidade de desenhos.

Tradição Agreste

Aparece nos mesmos sítios da Tradição Nordeste, mas tem um estilo completamente diferente; são grafismos maiores, geralmente isolados e representam figuras reconhecíveis. Dominam figuras humanas totalmente preenchidas com tinta; animais são raros. Têm menor apuro técnico e raramente apresentam cenas. Pesquisas constataram que usavam o óxido de ferro diluído em água provavelmente aquecida, muitas vezes com os sinais de escorrimento e o tom de vermelho muito mais escuro. O contorno é pouco cuidadoso, quase uma mancha. São figuras estáticas, não originárias da Serra da Capivara. Os estudos apontam a região do Rio São Francisco, em Pernambuco, como seu local de origem. Iniciaram-se há 9 mil anos AP e foram pintadas até 2 mil anos AP.

Tradição Agreste.
Toca da Extrema II.

Tradição Itacoatiara ou Tradição Geométrica

São registros em esculturas em baixo-relevo nas rochas (conforme figura a seguir); são próprias da região Nordeste e aparecem em vários locais, próximos a uma fonte de água.

> São registros de difícil interpretação, mas parecem estar relacionados com o culto das águas; possíveis representações de astros são frequentes, assim como o movimento de linhas onduladas que parecem imitar o movimento das águas.[37]
>
> **Gabriela Martin**

Estilo Geométrico. Grafismo em baixo-relevo. Serra Branca.

TRADIÇÃO	ESTILO	PERÍODO DE REGISTRO EM ANOS AP
Nordeste	Serra da Capivara	12 mil a 6 mil
	Serra Branca	9 mil a 6 mil
	Serra Talhada	
Agreste		9 mil a 2 mil
Itacoatiara		

Cronograma dos Registros Gráficos[38]

Miniaturas

São grafismos de pequenas dimensões repetindo as mesmas temáticas dos grafismos em dimensões maiores. Não se restringem apenas à área da Serra da Capivara, aparecendo no Seridó, na Chapada da Diamantina e, mais esparsas, no

Tocantins (Vale do São Francisco). São gravuras de até 10 centímetros.[39] No Parque Nacional da Serra da Capivara, os menores grafismos são do tamanho de 5 centímetros.[40] Essas miniaturas se apresentam em conjunto com figuras de maior porte e muitas vezes estão na mesma cena. Quando colocadas em perspectiva, as mais distantes têm tamanhos menores, conforme observado na figura a seguir.

Grafismos em miniatura.

As técnicas clássicas de documentação dos registros rupestres que foram inicialmente utilizadas evoluíram nas últimas décadas – das cópias feitas em plástico às mais modernas formas de registro gráfico tridimensional informatizado. Novas perspectivas para o registro e a preservação do acervo rupestre são atualmente aplicadas nos sítios de registros rupestres do Parque Nacional da Serra da Capivara, sendo implantada uma base de dados georreferenciada, integrada a um Sistema de Informações Geográficas (SIG) para sítios arqueológicos com pinturas rupestres, por meio da elaboração de modelos tridimensionais digitais híbridos de painéis rupestres.[41]

Datação das pinturas

Talvez obter a datação das pinturas seja o mais importante instrumento para situá-las dentro de um contexto que nos remeta à civilização de origem.

Datar as tintas com que foram realizadas as pinturas rupestres é uma tarefa muito difícil, porque a maior parte delas foi realizada com matérias-primas de origem mineral. Naquelas que foram também feitas com componentes de origem animal ou vegetal, na maior parte dos casos, as quantidades são insuficientes para obter resultados confiáveis, ainda sem contar com os outros fatores da degradação, pátinas, poeira, intrusões de elementos superpostos às pinturas depois de sua manufatura.[42]

Pessis, Cisneiros e Mutzenberg

Formas diretas de datação

Todos os métodos físicos de datação envolvem a mensuração de alguma propriedade do material em estudo que varia com o tempo.

Carbono-14 (C-14)

A datação por Carbono-14 começou a ser usada em 1950 e baseia-se na porcentagem de Carbono-14 encontrado em material arqueológico em relação à porcentagem de Carbono-12.[1] Ela é confiável para objetos até 50 mil anos e com resíduos biológicos, sendo usada para datar objetos ricos em matéria orgânica como ossos, tecidos, madeiras e fibras de plantas que fizeram parte de atividades humanas em um passado relativamente recente. Isso porque a meia-vida do C-14 é de 5.730 anos, e o organismo – no momento de sua morte – interrompe a absorção do C-14, cuja taxa cai pela metade em 5.730 anos, para ¼ em 11.460 anos e assim por diante.

---

1 O Carbono-12 último é o carbono normal das moléculas do organismo e permanece constante mesmo depois da morte. Já o Carbono-14 é um isótopo radioativo (seis prótons e oito nêutrons) formado a partir da colisão de um raio cósmico com um átomo de nitrogênio 14 (sete prótons e sete nêutrons). [N. A.]

Termoluminescência (TL)

Alguns cristais, quando aquecidos após serem expostos à radiação ionizante, apresentam a propriedade de emitir luz. Essa luz tem origem na recombinação de elétrons e "buracos" criados na estrutura de cristais pela radiação ionizante ao interagir com a matéria. Esse fenômeno é conhecido como *radiotermoluminescência*, ou simplesmente termoluminescência, e o material que apresenta tal característica é denominado material termoluminescente.

Uma das maiores vantagens dos dosímetros (aparelho para medir as radiações) de termoluminescência são as suas pequenas dimensões e o fato de não necessitarem de cabos ou equipamentos auxiliares durante a medida da dose. Como consequência disso, eles são adequados para um grande número de aplicações em pesquisa em campo.

A **calcita** ($CaCO_3$), abundante no Parque Nacional da Serra da Capivara, em depósitos naturais sobre as pinturas, é um material termoluminescente. A partir de 2002, essa técnica, a termoluminescência, começou a ser aplicada para datações nas pinturas do parque.

Ressonância Paramagnética Eletrônica (EPR)

Baseia-se na medida da concentração de espécies paramagnéticas ou *spins*, produzidos pela radiação ambiental presente em uma amostra. Medindo a concentração de *spins* atual e irradiando-se a amostra com doses aditivas, pode-se conhecer a dose equivalente depositada na amostra. De posse dessa informação e sabendo a taxa de dose ambiental no local da amostra e a dose interna produzida por átomos radioativos incorporados, é possível obter a idade do material em análise. Quanto mais antiga a amostra, maior será a dose de radiação depositada. Esse método também foi introduzido nos laboratórios da FUMDHAM em 2002 para datação da calcita e entre 2011 e 2012, na escavação da Lagoa dos Porcos, no município de São Lourenço do Piauí, foi utilizado para a datação dos fragmentos da megafauna encontrada.[43]

Formas indiretas de datação

Durante as escavações, a presença de pigmentos ou fragmentos de pinturas ou registros gráficos coexistindo em camadas de sedimento com o carvão permite a datação indireta dos pigmentos. Faz-se a datação a partir do carvão; por consequência, toda a camada é datada, inclusive os pigmentos nela encontrados.

A conservação dos sítios arqueológicos

Os mais de mil sítios arqueológicos do Parque Nacional da Serra da Capivara ficam ao ar livre – e essa é a sua maior especificidade, já que os outros grandes sítios de arte rupestre espalhados pelo mundo estão localizados em cavernas. Todavia, essa singularidade expõe as pinturas a uma degradação maior, quer seja pela natureza – ação de ventos, chuva, entre outros fatores climáticos que provocam o aparecimento de eflorescência salina (depósito mineral), recobrindo os grafismos ou arrastando partículas do pigmento, em um processo de apagamento dos traços originais, com infiltração rochosa e posterior deslocamento –, quer seja pelo homem, com suas fogueiras, fábricas de cal e machadinhas.

No processo de produção deste livro, muitas vezes me pus a pensar como foi a Serra da Capivara não necessariamente nos tempos imemoriais, mas há quinhentos anos. Imagine o leitor a infinidade de pinturas que se perderam... No entanto, ainda temos um patrimônio considerável e é preciso preservá-lo.

No Parque Nacional da Serra da Capivara, a responsável por iniciar a conservação das pinturas foi Maria da Conceição Soares Meneses Lage, piauiense e química por formação. Em 1983, Conceição Lage, que havia cursado faculdade de Química em São Paulo, voltou a Teresina e conheceu Niède Guidon na Universidade Federal do Piauí, durante a realização do II

Curso de Especialização em Arqueologia. Foi o início de uma parceria com o objetivo de criar uma equipe para a conservação das pinturas rupestres. Conceição, com indicações da mestra, foi para a França a fim de se especializar e fez mestrado e doutorado com José Garanger. Entretanto, sua real formação em restauração de pinturas rupestres foi obtida no Laboratoire de Recherche des Monuments Historiques (LRMH), em Champs-sur-Marne, a 20 quilômetros de Paris, com o professor Jacques Brunet. Com o apoio dele, que veio participar *in loco* no parque dos trabalhos em 1998 e 1999, ela montou um grande projeto de recuperação das figuras rupestres na Serra da Capivara com base em intervenções reversíveis, respeito à estética e à originalidade da obra.[44]

De volta ao Brasil, Conceição Lage implantou o projeto e priorizou os sítios mais danificados do parque com financiamento do IPHAN, da Fundação Vitae e do CNPq. Treinou a equipe no Curso de Treinamento em Arte Rupestre, tendo como público-alvo os jovens do entorno do parque, em São Raimundo Nonato. Foram cinco cursos e, a partir 1991, com a equipe treinada, mapeou um levantamento dos problemas em 120 sítios e realizou sua recuperação. Até 2002, mais de cem sítios haviam sido recuperados. Era a época de ouro do parque.[45]

Lamentavelmente, a conservação dos sítios arqueológicos e suas pinturas foi desacelerada devido ao fim dos financiamentos e do aporte de recursos específicos. Muita coisa se perdeu. E a atualização de novas tecnologias específicas, em constante pesquisa nos laboratórios europeus, também foi interrompida.

Desde aquela época, dois funcionários (talvez só eles!) permanecem cuidando da conservação dos sítios: Adelson e Rogério. No entanto, a exiguidade dos recursos não lhes permite trabalhos mais complexos; quase sempre se ocupam em retirar casas de vespas e marimbondos que se formam nas tocas, ameaçando as pinturas e os turistas. Em 2019, uma perspectiva mais otimista nos fez ter esperanças de que o parque pudesse investir mais nessa área. O orçamento para a manutenção ficou maior: além da retirada da folha de pagamento das guariteiras, o Instituto Chico Mendes de Conservação da Biodiversidade (ICMBio) fez um repasse generoso e extra de 1,5 milhão de reais.[46]

Os pigmentos: metodologias de análise e métodos

Por meio da Arqueoquímica, estuda-se a natureza físico-química dos pigmentos, sua origem, quando e como foram aplicados, contribuição fundamental para ampliar o entendimento do homem que as pintou. Propõe também como preservar e conservar o material.

Método de exame

Feito *in loco* e no laboratório, amplia em até 250 vezes as camadas estratigráficas do material, fornecendo informações sobre a constituição física da amostra e especulando a respeito das técnicas do desenho.

Métodos de análise físico-química

- Espectrometria.
- Espectroscopia de fluorescência de Raios X.
- Espectrofotometria com microscopia eletrônica, com Mössbauer (único no Brasil).

Composição dos pigmentos

- Vermelho | Hematita: óxido de ferro misturado a uma substância rica em cálcio.
- Amarelo | Goetita: óxido de ferro hidratado.
- Branco (1) | Kaolinita.
- Branco (2) | Gipsita.

- Preto | Carvão animal e vegetal (Serra Branca).
- Cinza | Mistura natural dos pigmentos vermelho e branco (Hematita + Kaolinita).
- Azul | Carvão vegetal preto que se cobriu de depósito mineral silificado, causando reflexos azuis (Toca dos Veadinhos Azuis).

Gravura preenchida com pigmento branco.

Origem dos pigmentos

A origem dos pigmentos é mineral em sua maioria – óxidos minerais retirados de jazidas ao redor dos sítios. Os vermelhos, de óxido de ferro, são frequentes no Parque Nacional. Uma única jazida amarela era conhecida até 1992, perto da sede do município de Coronel José Dias. O cinza é retirado de um lençol argiloso a 60 centímetros de profundidade, próximo ao povoado do Zabelê. O branco também é comum.

As ferramentas que o homem primitivo usava para escrever sua história eram sempre a matéria primitiva mais próxima do local onde vivia. Isso aconteceu com o material empregado na construção das ferramentas a partir das pedras do seu entorno, com os pigmentos utilizados nos registros rupestres, com a argila de sua cerâmica e com as fibras para seus utensílios.

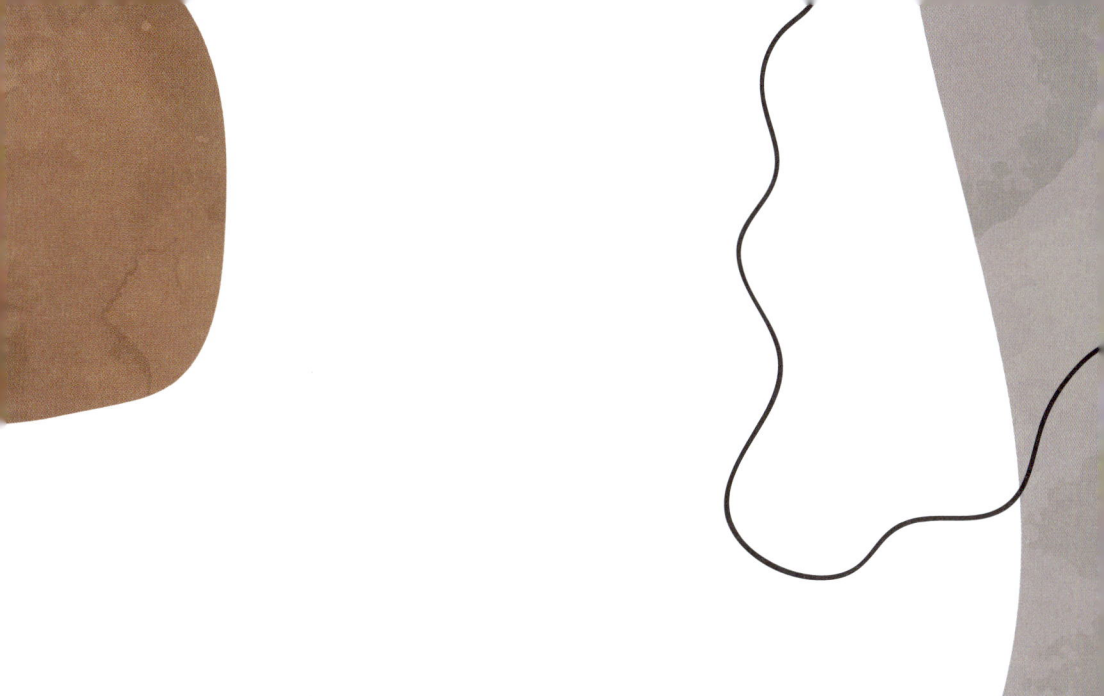

CAPÍTULO 3

O Parque Nacional da Serra da Capivara

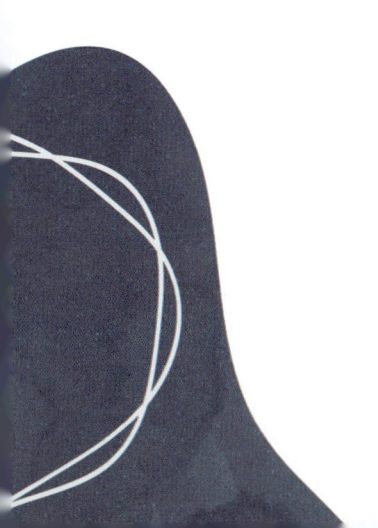

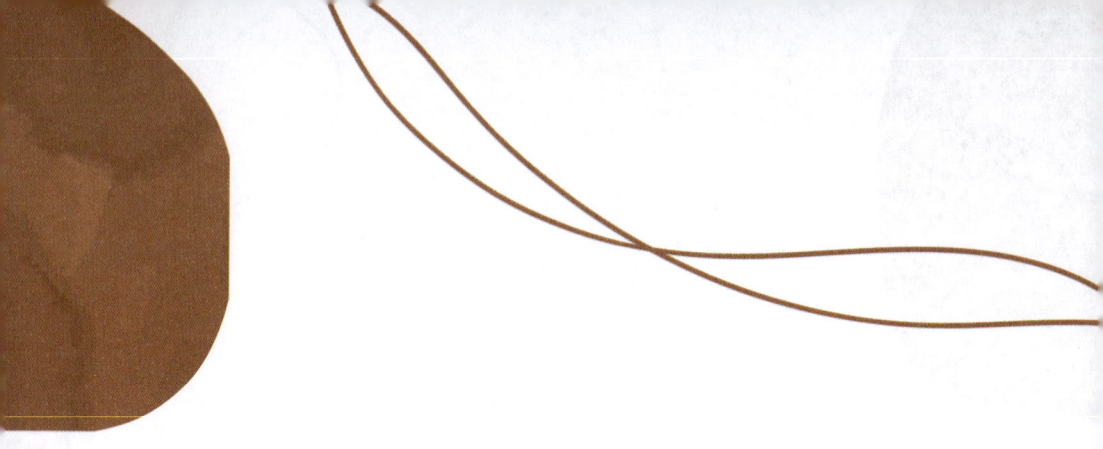

Em 1975, Niéde Guidon enviou uma carta ao governador do Piauí, Dirceu Arcoverde (eleição indireta pela Assembleia Legislativa), solicitando a criação do Parque da Serra da Capivara, indicando nela os motivos que achava relevantes para tanto. O documento percorreu um caminho burocrático até chegar, em novembro de 1977, às mãos de Maria Tereza Jorge Pádua, do Instituto Brasileiro de Desenvolvimento Florestal (IBDF), em Brasília. Ela, então, foi ao encontro do governador do Piauí, em Teresina, e ambos acordaram a doação de 100 mil hectares em terras devolutas do estado para a União, para a criação do parque.

Em 28 de junho de 1978, a pedido da secretaria estadual de Cultura, o projeto de criação do parque foi concluído pelo professor Valdemar Rodrigues, do Departamento de Biologia da UFPI, com a colaboração do setor de Museus da UFPI e do Instituto Nacional de Colonização e Reforma Agrária (Incra) estadual. Os limites, o tamanho, a importância dos sítios arqueológicos e da especificidade e a preservação da Caatinga foram definidos a partir desse estudo.[47]

Em 17 de janeiro de 1979, o secretário de Cultura do Piauí, Joaquim de Alencar Bezerra, encaminhou o projeto ao governador do estado, detalhando estratégias: uma delas, ser um parque de responsabilidade da União no qual a participação do estado seria pela doação de terras. No mesmo dia, Djalma Martins Veloso, vice-governador em exercício, encaminhou ao IBDF o projeto final da criação do parque. Nesse momento, a criação do parque saiu da esfera estadual e foi para a federal. Com o aval do órgão, o processo foi para o Ministério da Agricultura em 3 de abril de 1979. Os trâmites foram relativamente rápidos e, em 9 de maio de 1979, o ministro da Agricultura, Delfim Neto, encaminhou a minuta de decreto de Criação do Parque Nacional da Serra da Capivara à Presidência da República.[48]

Os sonhos de Niéde eram grandiosos: preservar desde a Serra da Capivara até a Serra das Confusões. Esta última, situada a 93 quilômetros a oeste da Serra da Capivara, tem uma reserva maior de água para a qual os animais da Serra da Capivara migravam nos períodos de seca. Era necessário, portanto, criar uma reserva ambiental ampla a levar em conta essa peculiaridade.

A história mostra que o sonho não se materializou completamente. Em 1979, o Parque Nacional da Serra da Capivara foi criado por meio de um decreto do governo federal (Decreto n. 83.548 de 05/06/1979), com 100 mil hectares em áreas dos municípios de Brejo do Piauí, Coronel José Dias, João Costa e São Raimundo Nonato. Apenas em 5 de outubro de 1998 – vinte anos depois –, por um decreto sem número do presidente Fernando Henrique Cardoso, foi criado o Parque Nacional da Serra das Confusões com 823.837 hectares. É um grande parque, maior que o da Serra da Capivara, envolvendo quatro municípios: Caracol, Cristino Castro, Guaribas e Santa Luz. Entre os dois, previu-se um corredor ecológico que teria a função de caminho protetor para a migração da fauna nos períodos de seca. No entanto, fatos posteriores mostraram que a situação não transcorreu da forma planejada ou pretendida.

> Em 5 de junho de 1979, o presidente da República João Figueiredo assinou o Decreto Presidencial n. 83.548, criando o Parque Nacional da Serra da Capivara, no estado do Piauí, especificando os limites e dando outras providências.

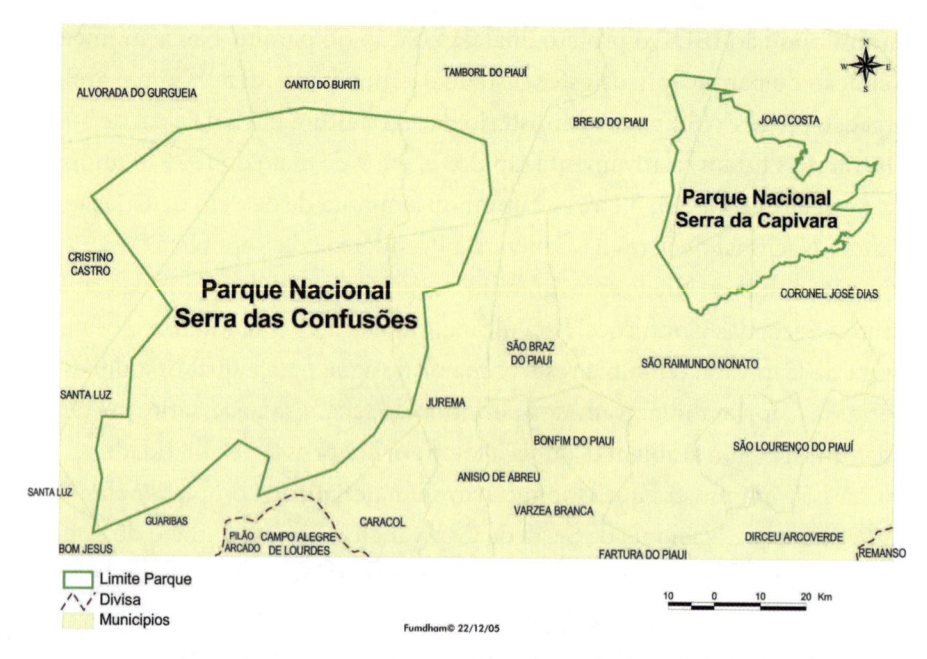

*Mapa mostrando os limites dos Parques
e municípios do entorno.*

Passados cinco anos de vazio, da ausência do estado, a depredação da área piorou consideravelmente! A necessária demarcação das terras destinada ao Parque Nacional da Serrada Capivara, com a delimitação geográfica do perímetro e identificação das terras devolutas e aquelas de domínio privado, começou a acontecer apenas em 16 de maio de 1984, quando foi celebrado o convênio entre o Instituto de Terras do Piauí (Interpi) e o IBDF.[49] O Interpi, ao contrário do que acordara no convênio, terceirizou o trabalho. Foi a primeira de uma série de irregularidades.

> De acordo com o contrato de prestação de serviços apresentado, verifica-se que, ao contrário do que consta dos autos do processo, os trabalhos demarcatórios do perímetro do Parque Nacional da Serra da Capivara foram subempreitados pela firma Esquema Construções, com

sede à Rua Benjamim Constant, n. 1869, Teresina-PI, em desrespeito às Cláusulas do Convênio.[50]
Áureo Araújo Faleiros – engenheiro agrimensor (IBDF)

O convênio entre o IBDF e o Interpi terminou sem que a demarcação do parque fosse concluída. Em 1987, um novo convênio, com os mesmos objetivos – demarcação do parque –, foi assinado entre o IBDF e o Instituto de Pesquisas Antropológicas do Rio de Janeiro (IPARJ) para, além da demarcação, fazer levantamentos ocupacionais e documentais com vistas a promover a regularização fundiária.[51]

No relatório do IPARJ ao IBDF foram identificados: 130 proprietários, 118 posseiros e os demais na categoria outros, em um total de 642 pessoas. Tornando-se uma "unidade de conservação integral", estava proibida a permanência de moradores, sendo necessário removê-los com indenização de benfeitorias (construções, cercas, gado, animais de pequeno porte). O valor das benfeitorias foi estimado pelo IPARJ em CZ$ 64.920.137,45 (o equivalente a cerca de 16,5 milhões de reais).[52]

Durante esses primeiros anos, um único funcionário do Instituto Brasileiro do Meio Ambiente e dos Recursos Naturais Renováveis (Ibama) foi responsável pelo parque. Ele vivia em Teresina e passava alguns dias da semana em São Raimundo Nonato. É importante registrar que, àquela época, a região era primitiva: as estradas eram precárias e sem pavimentação; não havia energia elétrica (ela chegou em 1978); havia escassez de escolas; a população sofria com ausência de assistência médica; a comunicação por correio era lenta; a telefonia era de má qualidade. Estando distante 540 quilômetros de Teresina, a estruturação de um parque não era tarefa fácil, e isso também não era interesse do governo.

> No parque que acabava de criar-se, a situação era, ainda, uma situação de equilíbrio, porque, apesar de as terras serem do Estado, eram terras utilizadas pela população local para fazer suas roças. Então, eles não destruíram, porque o desmatamento era pequeno, apenas para uma agricultura

de subsistência, mas depois que se criou o Parque Nacional começou, paradoxalmente, um desmatamento mais intenso, começou a depredação, porque a terra virou terra de ninguém...
Vimos que nos últimos dez anos a preservação havia sido negligenciada, e o desmatamento fora extremamente intenso. Foram os dez anos em que trabalhamos na Pedra Furada e ano após ano víamos que aumentavam as terras estéreis e o impacto dos agentes naturais sobre os sítios arqueológicos. O impacto da natureza é potencializado pelo desmatamento, pois no momento que se desmata aumenta o impacto do sol e do vento, que ajudam a tornar a região ainda mais árida.[53]

Niéde Guidon, Relatório FUMDHAM – 1987

A FUMDHAM, então, em uma atitude assertiva, tomou para si a responsabilidade de cuidar do parque. Em 1º de agosto de 1988, foi assinado um convênio entre IBDF e a Fundação do Homem Americano, objetivando o estabelecimento de colaboração técnica para a elaboração do plano de manejo do Parque da Serra da Capivara.[42]

Sabendo da importância do reconhecimento internacional desse bem cultural – tanto com referência ao estado brasileiro como para a atração global de turistas –, a FUMDHAM solicitou ao delegado regional do IBDF em Teresina, Arthur Moura Napoleão do Rego, em meados de 1988, sua intercessão. O intuito era a integração do parque na lista dos patrimônios culturais da humanidade da Organização das Nações Unidas para a Educação, a Ciência e a Cultura (Unesco). No ano seguinte, junho de 1989, o pedido foi encaminhado ao Ministério das Relações Exteriores.

Em outubro de 1989, foram reiniciados – pela terceira vez! – os trabalhos de delimitação do parque, agora por outra entidade: o Instituto Florestal do Paraná (IFP). Essa nova delimitação alterou os limites do parque, excluindo parte da Serra do Tapuio por conflitos fundiários com a população local e acrescentando boqueirões na Serra Branca. Seis meses depois (março de 1990), a delimitação estava concluída. Ufa! Seis anos de tramitações.[55] A proteção do parque foi ampliada pelo Decreto n. 99.143 de 12/03/1990 com a criação de uma Área de Preservação Permanente (APP) em seu entorno, com 10 quilômetros de raio, a constituir um cinturão de proteção suplementar de 35 mil hectares, resultando na área atual do parque, isto é, 130 mil hectares.[56]

Os conflitos

A década de 1980, época de estruturação do Parque, também foi rica em conflitos, no embate de Niéde Guidon com os moradores de São Raimundo Nonato. Os problemas com a população do entorno do parque foram concretos e desesperadores – caça, desmatamento, pessoas vivendo dentro do Parque –, os quais Niéde enfrentou, ficando em uma posição muito desconfortável perante a comunidade, porque de algum modo isso interferiu na dinâmica econômica local.

> O começo de Niéde, aqui, foi um começo de grandes erros; veja a relação com a comunidade. Priorizando a fiscalização do parque para impedir a caça e o desmatamento, Niéde criou uma milícia com gente de fora, toucas ninjas e armada... Niéde mandava prender e amarrar no parque... O delegado ia com o preso na casa de Niéde perguntar se o mantinha na cadeia... A milícia de Niéde foi publicada em todos os jornais de Teresina.
> Veja o caso do Zabelê: Niéde ia de casa em casa, pressionando as pessoas a abandonar o local. Isso não era função dela. Então a imagem dela ficou muito desgastada na comunidade.[57]
> **Walmir Victor da Silveira – advogado em São Raimundo Nonato**

Os caçadores dentro do Parque Nacional constituem o aspecto mais longo de um embate que existe até hoje. Foram muitas ameaças de morte à Niéde, relatadas com alguma regularidade em periódicos locais, regionais, jornais de grande difusão nacional e até internacionais. Afinal, o forte dela é o contato com a mídia; Niéde tem o talento de gerar fatos, notícias, polêmicas.

"Estouraria a cabeça dela com uma bala", avisou um bandido nos bares de Coronel José Dias, duas semanas atrás, foi a notícia.[58]

O ex-deputado federal Paes Landim (exerceu seis mandatos na função), aliado de Niéde há muito tempo, em discurso no plenário em 17 de março de 2005, denunciou:

> Na terça-feira, o jornal *O Globo* e os jornais de Teresina anunciaram a ameaça de morte feita por caçadores e depredadores do parque à dirigente da Fundação Museu do Homem Americano, entidade que administra, em conjunto com o Ibama, aquela bela paisagem ambiental da Caatinga mais bem preservada do Brasil.[59]
> **Deputado Federal Paes Landim, em discurso na Câmara dos Deputados**

A indústria calcária era um setor de peso econômico e político nos anos 1980, em São Raimundo Nonato, um município que até então vivia da agricultura do algodão, da extração da cera de carnaúba, do látex da maniçoba e do comércio de peles de cabrito. O setor de extração mineral empregava cerca de duzentas pessoas.[60] Era atividade primitiva; desumana para os trabalhadores e devastadora para o Parque Nacional. Os indivíduos trabalhavam em condições precárias: a maioria descalços, muitas vezes usando panos de couro amarrados ao corpo para se proteger dos espinhos, tendo apenas os machados, as marretas e a sede como companhia. Desmatavam e faziam carvão; depois, quebravam as pedras de calcário (não importando se tinha pintura ou não – coisa de caboclo!) e faziam novo fogo para o calcário virar pó.

Niéde fez a denúncia aos órgãos públicos do Piauí e as indústrias tiveram de ser fechadas. No fórum local, existe o processo com os autos da proibição da fabricação de calcário no município.[61]

Depois de tantos enfrentamentos, a Niéde de hoje é uma pessoa amarga, muito amarga – e eu tenho dificuldade de lidar com isso, porque é uma amargura inconsolável... Não há nada a ser dito; eu a ouço falar ou leio suas entrevistas e a minha impotência me angustia mais e mais.

O Zabelê

Zabelê é o nome de uma ave (*Crypturellus noctivagus*) da localidade, da mesma família que a codorna e a perdiz. Bastante familiar ao sertanejo, está com sua população diminuída na região, embora não conste da lista da União Internacional para a Conservação da Natureza (IUCN)[62] como uma das espécies de aves ameaçadas no Brasil. Alguns povoados no Nordeste têm seu nome quer pela sua presença constante, seu jeito manso ou, ainda, pelo seu canto.

A lenda de Zabelê

O chefe da tribo dos Amanajós tinha uma filha chamada Zabelê, que amava Metara, um índio da tribo dos Pimenteiras, terríveis inimigos dos Amanajós. Dizendo que iria colher mel perto de onde o rio Itaim deságua no rio Canindé, Zabelê aproveitava para se encontrar com o seu amado Metara. Um dia, um índio chamado Mandahú, da tribo dos Amanajós, desconfiou daquelas andanças e resolveu seguir Zabelê, descobrindo o seu esconderijo. É que Mandahú era apaixonado por Zabelê e não suportava o seu amor não correspondido, principalmente porque se via preterido por um inimigo. Certa vez, Mandahú resolveu levar algumas testemunhas para desmascarar Zabelê. Os dois amantes foram descobertos, surgindo uma briga que resulta na morte de Zabelê, de Metara e de Mandahú. O fato deu origem a outra guerra, que durou seis sóis e sete luas. Mas Tupã teve pena dos dois amantes e resolveu transformá-los em duas aves, que andam sempre juntas e cantam tristemente ao entardecer. Mandahú foi castigado e transformado em um gato maracajá, eternamente perseguido pelos caçadores por causa do valor de sua pele. Zabelê ainda hoje canta a tristeza de seu amor infeliz.

[...]

Segundo Bugyja Britto, a lenda de Zabelê aconteceu a poucos quilômetros de Oeiras, exatamente na confluência dos rios Itaim e Canindé.

Fonte: BARROS, Eneas. A lenda de Zabelê. *Piauí.com.br*, s./d. Disponível em: http://www.piaui.com.br/turismo_txt.asp?ID=523. Acesso em: 27 jul. 2022.

No interior do parque, a meio caminho da Serra Branca e a 23 quilômetros da portaria principal, havia um povoado, o Zabelê. Seus habitantes, à época da institucionalização da área, eram 424 pessoas em um conjunto de 54 famílias, sendo que a maioria delas descendia de um único ancestral, Victorino Dias Paes Landim, homem que havia ganhado do governador provincial as terras em meados do século 19 por feitos na luta que massacrou os índios do lugar. Pela legislação em vigor, essas terras eram posses com transmissão hereditária. A obrigatoriedade do registro em cartório de terras só ocorreu posteriormente, após a Lei de Terras de 1850.[63]

Por se localizar no interior de uma unidade de conservação integral, a legislação (Decreto Federal n. 84.017/1979) professa que nenhuma pessoa pode residir na área. O processo de retirada dessas famílias, em 1986, foi traumático para as duas partes e ainda hoje, mais de trinta anos depois, há cicatrizes emocionais nos atingidos. É uma história complexa em que não há um único direito, uma única lei a ser seguida.

E foi por entendimento da Lei de Terras – não do direito à posse transmitida por herança – que o Ibama ordenou a desocupação das terras com a (in)devida indenização das famílias pelo Incra, o órgão responsável, bem como sua realocação em outro lugar. As pessoas que residiam no Zabelê viviam do plantio de roças de feijão, milho, mandioca, além da caça. O local não tem fonte de água permanente, então, nas temporadas de seca, muitas migravam para a Serra Branca, onde viviam em tocas. Não havia eletricidade, mas existiam uma escola, uma igreja e um cemitério. As pessoas não tinham habilidades para viver na cidade e, no início, sem o dinheiro das indenizações, tornaram-se "refugiadas". Algumas migraram para São Paulo ou Brasília, mas a maioria ficou por ali, totalmente desamparada! Como não tinham título formal da posse da terra, foram indenizadas apenas pelas benfeitorias, muito aquém do esperado. Não dava para construir uma nova casa em outro lugar. A promessa inicial de serem reassentadas em outro local só aconteceu dez anos depois, no Assentamento Nova Zabelê, quando já haviam perdido parte de seus laços culturais com o modo de vida anterior.

Mesmo o dinheiro da indenização das benfeitorias demorou a chegar e, por caminhos tortuosos, ajudou muito pouco. Alguns, ingenuamente, passaram procuração a advogados inescrupulosos que receberam o dinheiro e não o repassaram; outros nunca haviam visto quantidade tão grande de dinheiro vivo e, deslumbrados, "caíram na farra". Se do ponto de vista ambiental a ação foi um sucesso, do ponto de vista humano foi uma tragédia. Ferida que não cicatriza nunca; e a FUMDHAM terá de conviver com isso.

> Eu nasci no Zabelê e tinha 10 anos quando vi as pinturas pela primeira vez. Sair de lá não foi coisa fácil, não. Foi dura e dolorosa. A doutora Niéde contratou pessoas de fora para convencer a gente a sair, porque o povo não queria sair de jeito nenhum. Era pouco que queria. [...] Nada teve valor, foi muito baixo o valor que eles deram, mas aí eles conseguiram seduzir o povo porque aquela área seria o Parque Nacional e não ia ficar ninguém ali dentro e quem não saísse por bem, teria de sair por mal...⁶⁴
> **Pedro de Alcântara – morador de Nova Zabelê**

Singularidades

O dia a dia do Parque Nacional nos fornece muitas histórias peculiares, saborosas; narrativas contadas nas rodadas de uma conversa, antecedendo o assunto principal: a origem do nome Nonato, as enchentes do centro da cidade, o incêndio da Serra Vermelha, os bastidores dos documentários (frequentes) das redes de TV... Duas são bastante recorrentes: as picadas de abelhas em Niéde no Serrote do Sansão e a invasão da Fazenda Lagoa. O proprietário da Fazenda Lagoa, Raimundo Paixão, interessado em vender a fazenda e não encontrando comprador, combinou a invasão das terras com a liderança do Zabelê sob a conivência política local. Nada a impedir o ato, nenhuma ameaça à segurança dos invasores, nenhuma força policial... tudo combinado! Invasão ocorrida, o interessado – como se não soubesse de nada – iniciou junto ao Incra os trâmites para o processo de desapropriação.

O proprietário recebeu o dinheiro e o órgão governamental cumpriu a promessa feita aos antigos moradores do Zabelê. A Terra Prometida, afinal! No terreno às margens da rodovia PI-144, foram concedidos a cada família um espaço para uma casa e outro para a agricultura. As residências foram construídas por uma construtora licitada e financiadas pelo próprio Incra. Até hoje as pessoas não têm a titularidade das próprias terras. O assentamento foi tardio demais; uma nova geração remanescente do Zabelê lá se instalou com mágoa e perda dos laços culturais com o antigo povoado. Além destes, foram convidados outros sem-terra do município para ocupar todo o espaço desapropriado. Algumas atividades de sustentabilidade econômica foram incrementadas na nova comunidade, mas a resposta não foi vigorosa. A cozinha para as compotas de frutas nativas está desativada; a oficina para o beneficiamento do mel e o restaurante também. Permanecem as roças tradicionais de lavoura de subsistência como feijão, milho, mandioca, abóbora, melancia… os quais são consumidos pelos agricultores; e o excedente, vendido no mercado local. A boa notícia é que o algodão plantado no local está sendo vendido a uma grande empresa paulista do ramo de confecções.

> Em maio de 2009, os alunos do Colégio Santa Cruz, de São Paulo, chegam a São Raimundo Nonato por meio da empresa turística Trilhas da Capivara, com o objetivo de visitar o Parque Nacional e conhecer a cultura popular do entorno do parque. Desde então, passam todo ano, no mês de maio, cerca de trezentos alunos na Comunidade Novo Zabelê, no intuito de conhecer a história local de um povo que foi retirado da área ecológica do parque. Depois de dez anos de convivência com a cultura local foi criado o Projeto Veredas, no qual os alunos fazem eventos em São Paulo para arrecadar fundos em prol da comunidade. Com o Projeto Veredas, a Comunidade Novo Zabelê vai ganhar um museu amplo, onde vão ser expostas fotos, peças antigas, recordações de tudo que os moradores do antigo Zabelê têm como cultura material e imaterial daquela época. O museu vai agregar várias atividades, como sala de música, computação, área de conveniência para expor e vender mercadorias em geral e uma área de apresentações culturais. Foi assim que começou tudo.[65]
> **Maira de Souza Silva – liderança do Novo Zabelê**

O Colégio Santa Cruz de São Paulo, nos últimos onze anos, tem levado sistematicamente seus alunos do nono ano, com idade entre 14 e 15 anos, para o semiárido do Piauí como uma atividade curricular. São mais de duzentos alunos divididos em três grupos que por uma semana permanecem na região, em atividades de conhecimento de novas realidades.

Antes de 2009, as viagens eram para o Pantanal, mas um surto de dengue naquela região os obrigou a procurar outros lugares. E o escolhido foi o Parque Nacional da Serra da Capivara.

As viagens acontecem sempre em maio – e, nos meses que a precedem, há uma preparação com a inserção do tema em todas as disciplinas. No ano de 2019, a discussão foi:

- O que é progresso?
- O que é o progresso no sertão?[66]

Os alunos voaram até Petrolina e tiveram sua primeira atividade em campo na Empresa Brasileira de Pesquisa Agropecuária (Embrapa) daquele município, conhecendo o polo fruticultor pela irrigação do São Francisco; depois, viajaram para a Serra da Capivara. Nos últimos anos, têm se alojado no Albergue da Cerâmica.

Finda a viagem, os professores dão por encerrada essa atividade curricular, mas o impacto que o Piauí deixa nos alunos os faz rever a questão junto à escola. Assim, nos últimos seis anos, alguma atividade tem sido realizada para retomar a questão do Piauí. O primeiro foi um texto publicado no jornal *Folha de S. Paulo*, na seção Tendências e Debates; no ano seguinte, Nando Reis fez um show na escola e, no outro ano, Fábio Porchat. Este último evento, realizado em duas sessões, arrecadou R$ 130 mil reais, os quais foram encaminhados à FUMDHAM no momento de sua maior crise, quando a Fundação pagou o 13º salário dos funcionários com essa doação.[67]

Nos três últimos anos, a Piauí Fest tem movimentado a turma do nono ano, após a viagem, numa visão de escola além-muros. Além de desenvolver lideranças, essas iniciativas dos alunos com o apoio da escola têm buscado alavancar o desenvolvimento de comunidades ao redor do parque, construindo com elas, via Projeto Veredas, um centro comunitário na comunidade quilombola Lagoa das Emas e, no Loteamento Nova Zabelê, um museu dedicado à memória do povoado do Zabelê.[68]

Alunos de escolas de SP buscam soluções para problemas do mundo real

Projetos incluem construção de cisterna em colégio e centro comunitário no Piauí

Mais do que estimular seus alunos a criar, colégios de São Paulo os incentivam a usar suas ideias para melhorar o ambiente escolar ou espaços da sociedade. Para isso, utilizam como base disciplinas regulares e viagens de estudo do meio.

[...]

[...] No caso do Colégio Santa Cruz, um projeto de melhoria ocorre bem longe da escola da zona oeste de São Paulo. Fica nas cercanias do Parque Nacional da Serra da Capivara, no interior do Piauí.

A escola vai à região com as turmas de nono ano para fazer estudo do meio: exploram o parque, conhecido por suas pinturas rupestres, e interagem com as comunidades que vivem perto dele.

É comum, segundo Joana França, diretora, que os alunos ajudem financeiramente a administração do parque depois da visita, mas a turma que foi ao Piauí em 2017 acabou desenvolvendo uma iniciativa mais ousada.

Os estudantes, que conheceram uma comunidade quilombola chamada Lagoa das Emas, resolveram ajudar a construir um centro comunitário no local, carência identificada por eles em conversa com os moradores.

Mas não se trata apenas de doar dinheiro, conta Helena Werneck, 17, uma das alunas à frente do projeto.

"Arrecadamos dinheiro fazendo bazares, vendendo coisas na festa junina da escola e organizando festivais de música, mas também fomos atrás de um arquiteto, ex-aluno do Santa Cruz, e construímos o projeto junto com a comunidade, o que é importante", afirma ela, que voltou ao local no ano passado.

Além de participar e opinar sobre como o centro seria mais bem aproveitado por eles, os moradores locais também fornecerão sua mão de obra para a construção, que deve começar ainda neste ano. Ao todo, os alunos conseguiram juntar R$ 120 mil.

[...]

Fonte: FERRASOLI, Dante. Alunos de escolas de SP buscam soluções para problemas do mundo real. *Folha de S. Paulo*, 7 set. 2019. Disponível em: https://www1.folha.uol.com.br/educacao/2019/09/alunos-de-escolas-de-sp-buscam-solucoes-para-problemas-do-mundo-real.shtml. Acesso em: 27 jul. 2022.

Com os funcionários do ICMBio, fomos conhecer as "ruínas" do povoado do Zabelê em 2014. Lembro-me da estrada de terra retilínea a fazer poeira nas árvores da Caatinga; era inverno e tinha chovido, estava tudo verde até chegarmos ao vilarejo. Das casas, não restava nenhuma, pois haviam sido destruídas. A escola pública estava lá, um tanto deteriorada, a servir de alojamento para pesquisadores. Tristes no abandono de um lugar que já foi vivo. No cemitério, uma dúzia de túmulos brancos e irregulares. Silêncio de passarinho cantando ao vento. Roupas pessoais penduradas em um varal indicavam a presença humana; um pesquisador deveria estar trabalhando em algum lugar e alojava-se ali. Fernando Tizianel, chefe do ICMBio à época, disse que havia recebido do governo federal verba de R$ 30 mil para reforma, transformando a escola em alojamento para os pesquisadores do parque; entretanto, aberta a licitação, não houve interessados, e a verba teve de ser devolvida. Ao crepúsculo de sua vida parlamentar, o deputado Paes Landim fez uma emenda parlamentar no valor de R$ 700 mil que chegou aos cofres do ICMBio local em 2019, destinado a reformas e material permanente (os recursos federais vêm com destinação específica). Nesse pacote foi contemplada a reforma desse alojamento.[69]

No tumultuado processo de instalação de um parque destinado a preservar os sítios arqueológicos, se por um lado Niéde Guidon conquistava o respeito dos mateiros, guias e comerciantes locais, trazendo uma nova ética ao valor do trabalho – cumprindo os pagamentos em dia e por preços justos –, por outro, ela batia de frente com a elite política e econômica local, conservadora e avessa às mudanças. Nos anos 1980 e 1990, o discurso ambiental ainda não havia entrado na agenda pública, então a narrativa preservacionista de Niéde Guidon era visionária demais para a aristocracia piauiense.

O reconhecimento internacional

Como resultado do trabalho da diplomacia brasileira, embasada na documentação da FUMDHAM durante a XV Reunião Anual Ordinária do

Comitê de Patrimônios da Humanidade da Unesco (realizada de 9 a 13 de dezembro de 1991, em Cartago, na Tunísia, costa mediterrânea da África), sob o processo 606, o Parque Nacional da Serra da Capivara e mais outros 22 locais (29 eram candidatos) foram agraciados como Patrimônio Mundial da Humanidade. Constaram na lista, também, as cidades históricas de Sucre (Bolívia) e Sukhothai (Tailândia), o delta do Danúbio (Romênia) e as margens do rio Sena (Paris, França).[70]

A estruturação do Parque Nacional

Foi contratada pela FUMDHAM uma empresa internacional para fazer o projeto das trilhas, passarelas, estradas, portarias, sinalizações, enfim, a estruturação da Serra da Capivara como um parque. Muitas das trilhas e estradas respeitaram as já existentes desde os tempos pré-históricos. A primeira obra começou em 1989 com recursos oriundos do Banco do Brasil no valor de CZ$ 200 mil – equivalente a R$ 870 mil nos dias de hoje.[71] Trata-se da construção da passarela do Boqueirão da Pedra Furada, com 200 metros de comprimento[72], a permitir ao visitante estar muito próximo de mais de mil pinturas rupestres de diferentes tradições: o cartão-postal da Serra da Capivara, pintado ininterruptamente por seis mil anos.

Desde agosto de 1988, o convênio entre o IBDF e a FUMDHAM existia com o objetivo de constituir parceria técnica para a elaboração do plano de manejo do Parque Nacional da Serra da Capivara. Anne-Marie Pessis assumiu a coordenação desse projeto e ao lado de 21 pesquisadores, pratas da casa, construiu um plano de manejo apresentado ao Ibama em 1991. Foi um plano modelo, mas também utópico. O parque ideal![73]

Em contraponto ao documento, o Ibama realizou um seminário de três dias em São Raimundo Nonato, em outubro de 1994, envolvendo o próprio órgão, a FUMDHAM, a Unesco, a Empresa de Turismo do Piauí (PIEMTUR) – de fomento ao turismo do governo estadual –, o IPHAN, a Embrapa, a Universidade Estadual Paulista (Unesp), prefeituras de São Raimundo Nonato e

Canto do Buriti, além de representantes da sociedade civil. O objetivo era a construção de um plano de ação emergencial para o Parque Nacional da Serra da Capivara. Desse seminário, surgiram as principais ações que estruturaram o Parque nos moldes em que hoje o conhecemos.[74] Nesses três anos, entre a assinatura do convênio e o documento do Plano de Ação Emergencial, os recursos financeiros para a estruturação inicial e a abertura do parque vieram do Programa Nacional de Meio Ambiente.[75]

Naquela época, o parque engatinhava no desenvolvimento do turismo: em 1993, 1.121 pessoas haviam visitado o local, uma média de cem pessoas/mês.[76] Já existiam 48 quilômetros de estradas destinadas aos oito circuitos turísticos com 22 sítios históricos estruturados com financiamento pelo Fundo Nacional do Meio Ambiente (FNMA). As ações de vigilância – uma prioridade do Ibama – foram terceirizadas a uma empresa especializada. Quatro postos de vigilância passaram a funcionar: na entrada do Boqueirão da Pedra Furada, no Desfiladeiro da Capivara, no acesso ao Zabelê pela PI-140 e no escritório em São Raimundo Nonato. Foi realizado o primeiro curso de condutor turístico do parque, pois as autorizações de visita só eram permitidas com a presença de um guia cadastrado.

A parceria parecia estar funcionando bem: o Ibama cuidava da vigilância e a FUMDHAM – além da pesquisa (financiada pelo CNPq, pela Financiadora de Estudos e Projetos [Finep] e pelo Ministério das Relações Exteriores da França) – tinha por proposta continuar a implantação dos circuitos turísticos e o desenvolvimento socioeconômico dos moradores no entorno com o objetivo de criar alternativas econômicas que interrompessem as atividades extrativistas e predatórias na Unidade de Conservação, além de preparar as gerações futuras para o turismo.

O Banco Interamericano do Desenvolvimento (BID) foi o responsável pelo principal aporte de recursos para a estruturação do parque, prometidos pelo então presidente, Enrique Iglesias, à Niéde Guidon por ocasião da sua visita a Washington – e confirmados, posteriormente, em viagem à Serra da Capivara para avaliar o potencial do projeto.[77] O valor era de 1,5 milhão de dólares (mais precisamente, US$ 1.597 milhão em duas parcelas, nos anos de 1995 e 1996, gastos na construção de estradas para a Serra Vermelha, para o

Boqueirão da Pedra Furada, para o Desfiladeiro da Pedra Furada, na drenagem do Desfiladeiro da Pedra Furada e de outros boqueirões, onde em períodos de chuva grandes volumes de água precisavam ser escoados)! Foram também preparados os sítios arqueológicos para a visitação, alguns inclusive para pessoas com necessidades especiais. Dezessete no total. Criou-se um viveiro de mudas nativas e um processo de reflorestamento foi iniciado. Construíram 28 guaritas e dez bases de apoio, além de 400 quilômetros de estradas. O Parque Nacional estava pronto para receber os turistas.

Inovação! A FUMDHAM, depois de alguns desastres com os funcionários homens, passou a empregar apenas mulheres nas guaritas de recepção. André Pessoa, jornalista e o fotógrafo da Serra da Capivara, contou que a atitude mais revolucionária de Niéde Guidon na conservadora São Raimundo Nonato foi contratar exclusivamente mulheres para trabalhar nas guaritas do parque. Eram as "guariteiras": nova palavra criada por exigência da realidade e porque, segundo Niéde, eram mais responsáveis, usavam o dinheiro para a educação dos filhos, entre outras coisas.

> Sabe por que, aqui no campus, durante a noite, temos duas mulheres tomando conta? No início, como era para ter segurança, havíamos colocado homens (como, aliás, nas guaritas do parque). E daí, o que eu vi? (Pois muitas noites andava à noite no campus, ia ao parque e circulava a noite toda.)
> Os guardas com as amantes que vinham vê-los no trabalho, porque eram homens casados e escondiam a relação das mulheres.
> Guardas que tinham ido para um bar e deixado seu posto.
> Uma sujeira terrível nas guaritas, cuecas penduradas no portão de entrada do Parque! E quando eu dizia que deviam limpar, me respondiam que limpar, lavar era trabalho de mulher. Queriam que eu colocasse uma mulher trabalhando para eles, como fazem com suas esposas.[78]
> **Niéde Guidon**

Desencontro entre ministérios

Em 2004, um grande complicador: o governo do estado do Piauí propõe ao Ministério do Desenvolvimento Agrário (MDA) a doação de 617 mil hectares de terras devolutas a serem repassadas ao Incra, nas seguintes condições: após inventariadas, as áreas ocupadas por trabalhadores rurais seriam regularizadas; e as áreas vazias, destinadas a assentamentos. Ironia! Duas das áreas relacionadas ficavam no Corredor Ecológico, e uma delas – denominada Serra Branca/Serra Vermelha – fazia fronteira com o Parque Nacional da Serra da Capivara. Seu tamanho? Imensa! A metade do Parque, 75.447 hectares. Triste ironia!

Montaram-se grupos e comissões, envolvendo órgãos governamentais e sociedade civil: FUMDHAM, Comissão Pastoral da Terra (CPT) e Federação dos Trabalhadores Rurais Agricultores e Agricultoras Familiares do Estado do Piauí (Fetag-PI). O relatório final foi favorável ao assentamento, apesar de as análises de pobreza de solo, ausência de fonte de água, reserva florestal em maior parte da área, além da vizinhança do Parque Nacional, desaconselharem a inserção de pessoas, pois nessas condições seria impossível economicamente para uma família sobreviver da agricultura. A FUMDHAM reagiu ao relatório, argumentando que a presença de tantas famílias causaria um impacto ambiental irrecuperável. Perdeu a briga, e 1.113 famílias se candidataram ao assentamento. Apesar das riquezas arqueológicas escondidas na Serra das Confusões, Niéde fez um muxoxo quando falou de lá:

> Aquilo não é comigo, está por conta dos afilhados políticos do Governo e eu não me meto.[79]
>
> **Niéde Guidon**

A Portaria MMA n. 76, de 11 de março de 2005, criou um mosaico de Unidades de Conservação, abrangendo os Parques Nacionais Serra da Capivara, Serra das Confusões e o Corredor Ecológico, que conectou os dois parques. A área total do Corredor Ecológico é de 414 mil hectares, abrangendo os municípios de São Raimundo Nonato, Canto do Buriti, Tamboril do Piauí, Brejo do Piauí, São Braz, Anísio de Abreu, Jurema, Caracol e Guaribas. Mas já era tarde! Mais de 100 mil pessoas vivem hoje nesse corredor, e o fluxo de animais da Serra da Capivara para a Serra das Confusões na época da seca é uma sentença de morte. A concentração de caçadores nesse corredor é considerável.

A década de 1990 foi o período de estruturação do Parque Nacional quando vieram financiamentos do FNMA, grandes recursos do BID e do convênio de cogestão com o Ibama. Foi considerado por muito tempo o Parque Nacional mais estruturado do país. Com 1.340 sítios arqueológicos e paleontológicos em seus 130 mil hectares, milhares de pinturas rupestres catalogadas (cerca de 30 mil), 10 circuitos e 173 sítios arqueológicos abertos à visitação, com 17 disponíveis a visitantes portadores de necessidades especiais[80], o parque se diferencia de seus pares nacionais por sua organização e sinalização.

Nos períodos de seca, diante da dificuldade da fauna em encontrar alimentos e água, a FUMDHAM abriu um protocolo de alimentação dos animais: banana para os macacos; milho e frutas para aves; mandioca e abóbora para os catetos e tatus. Além disso, usa cimento e concreto para criar microbarragens nos boqueirões que possam reter a água das chuvas ou ainda serem realimentadas por carros-pipas de água externa. São medidas polêmicas.

> Interferir nas condições naturais do parque é polêmico, sim. O Brasil não tem experiência nisso como os parques da Austrália, África do Sul, Canadá... Talvez sejamos o único parque no Brasil que faça isso. Acontece que – pela caça, desmatamento e povoamento do Corredor Ecológico – as populações estavam muito diminuídas e algumas ameaçadas de extinção, como o tatu-bola e o tamanduá. Sem um auxílio externo, os períodos de seca prejudicariam ainda mais essa fauna.
>
> Claro, com essas medidas mais a vigilância contínua sobre caçadores e incêndios, a fauna melhorou muito.[81]
>
> **Bianca Zorzi Tizianel**

Manutenção do Parque Nacional

Para o funcionamento completo – com todas as guaritas abertas, apoio administrativo, manutenção das estradas, das fontes de água e das pinturas rupestres –, o Parque Nacional necessita de pelo menos 140 funcionários e R$ 400 mil por mês, ou R$ 5 milhões por ano, aos valores de 2018. Já houve uma época de ouro quando os recursos captados permitiam isso. Aconteceu entre 2004 e 2010.

O financiamento da manutenção do Parque Nacional vem de diversas instituições: do ICMBio, por meio de convênio de cogestão com a FUMDHAM (termo de Parceria 03/2017), além do Ministério da Cultura, por meio do IPHAN, de projetos de compensação ambiental, de empresas e da contribuição de voluntários, via conta bancária divulgada no site da FUMDHAM. A empresa que mais aplicou recursos no Parque Nacional da Serra da Capivara ao longo dos anos foi a Petrobras. Mas há outras – infelizmente poucas – que apostaram no projeto, como Correios, Bradesco, Vale, Eletrobrás e Grupo Abengoa. A partir de 2009, devido à crise atravessada pelo país, o apoio recrudesce com repasses menores. O apoio empresarial é dinâmico, vai e vem.

O convênio ICMBio com a FUMDHAN, assinado em 1994, previa que o repasse financeiro fosse feito a cada três anos – e teve vigência por vinte anos, sendo finalizado em 2015. Nesse momento, foi iniciada a era mais crítica do Parque Nacional. A renovação do convênio não foi automática; não havia mais instrumento legal para a fundação receber recursos do governo federal. Com os recursos da Petrobras interrompidos pela crise interna da empresa, o parque ficou em situação desesperadora.

No início de 2016, com a falta de perspectiva de financiamento a curto prazo, muitos funcionários do parque foram demitidos, gerando manchetes na mídia local e regional. Todo o serviço de manutenção do Parque Nacional da Serra da Capivara foi interrompido, e apenas três guaritas permaneceram abertas. Como maneira de sensibilizar o governo e a sociedade civil, Niéde Guidon teve um gesto de ousadia e desespero: fechou o parque em pleno evento das Olimpíadas no Rio de Janeiro. Foi um sucesso! Só se falava nisso.

Foi aí que o ministro do Meio Ambiente, Sarney Filho – em resposta às denúncias da mídia –, fez uma viagem de emergência ao Parque Nacional e prometeu uma verba de 1 milhão de reais.

Chegou?

Ufa! Chegou. No mesmo ano, via Ministério da Cultura/IPHAN, a conta bancária da Fundação recebeu um depósito de R$ 970 mil.

Em 2009, o Governo Federal mudou a lei de compensação ambiental; antes, uma empresa que causasse algum dano ambiental poderia fazer a compensação colocando o dinheiro diretamente em uma entidade ambiental do Terceiro Setor. Isso gerava distorções, em especial se uma empresa colocava fraudulentamente o dinheiro em entidades fantasmas. A partir dessa data, todos os recursos de compensação ambiental passaram a ir para o Fundo de Compensação Ambiental (FCA), sob responsabilidade do ICMBio. Este repassou o dinheiro, segundo prioridades próprias, para os parques sob sua responsabilidade. Apesar dos lamentos da FUMDHAM – alegando ser prejudicada pelo processo –, após a vigência da nova lei ela foi contemplada regularmente (duas parcelas acima de R$ 1 milhão do FCA, em 2010 e 2012, respectivamente).[82]

Esses dois anos em que o Parque Nacional ficou sem um instrumento legal de repasse de recursos justificou todas as (más) notícias na mídia. Direta ou indiretamente, isso influenciou na vinda dos turistas – havendo, nesse ano, o registro do menor número de visitantes da última década: 13.870.[83] Tal situação impactou o comércio, as pousadas, os restaurantes e os condutores, que ficaram desanimados e buscaram trabalhos alternativos para complementar a renda.

Em dezembro de 2016 foi assinado em São Raimundo Nonato o Termo de Reciprocidade nº 01/2016 entre a FUMDHAM e o ICMBio onde há o respaldo legal para o repasse de recursos à Fundação durante os anos de 2018 a 2019.[84] Além disso, ampliou-se o número de parceiros, passando a fazer parte o Ministério da Cultura, através do IPHAN, e o governo do Piauí, via Secretaria do Meio Ambiente, através do Acordo de Cooperação Técnica n. 01/2017, entre o ICMBio, Iphan, Estado do Piauí e FUMDHAM, vigente até 2020. O acordo tem como objeto o desenvolvimento de ações conjuntas em benefício da gestão do Parque Nacional da Serra da Capivara.[85] A assinatura desse documento, em dezembro de 2016, contou com uma solenidade em São Raimundo Nonato, no auditório da Fundação do Homem Americano, com as presenças do governador (à época) do estado do Piauí de Wellington Dias; do ministro da Cultura, Roberto Freire; da presidente da FUMDHAM, Niéde Guidon; e do presidente do ICMBio, Ricardo Soavinski.

O convênio previu a criação de um Comitê Permanente de Acompanhamento e Gestão, cuja responsabilidade era elaborar um diagnóstico da situação atual para propor um "plano de gestão no qual ações, cronograma, responsabilidades e previsão de custo" fossem detalhados

A partir desses instrumentos legais, sob a coordenação do ICMBio, com a participação da FUMDHAM, prefeituras envolvidas e as diversas entidades interessadas no Parque construiu-se o Plano de Manejo do Parque Nacional de 2019, publicado em julho de 2019.[86]

Turismo e guias

Não se entra no Parque sem a companhia de um guia, principalmente pela segurança do turista. Apesar de todas as trilhas serem sinalizadas e mapas estarem disponíveis, a possibilidade de o turista se perder é concreta. Há de se acreditar na curiosidade do ser humano!

Fazem parte da responsabilidade do guia a segurança dos turistas, a escolha da trilha mais adaptada ao horário, o momento de parar, além da intocabilidade dos sítios arqueológicos, da fauna e da flora e do cuidado com o lixo. Não há nenhum sistema de resgate estruturado, então toda vigilância é fundamental.

O treinamento dos condutores do Parque Nacional é um trabalho da FUMDHAM junto com o ICMBio e o IPHAN. Os cursos começaram em 1993 e prosseguiram nos anos de 1994, 1996, 1997, 1999, 2001, 2004 e 2012. Foram oito cursos em que se formaram os 64 condutores cadastrados no ICMBio. O mais velho deles, participante da primeira turma – Antonio Libório de Freitas –, ainda estava ativo em 2019. Em 2012, houve um curso de atualização para todos os que guiavam no parque.

O domínio de língua estrangeira é um problema: 59% só falam português, os outros falam inglês e espanhol; poucos (3) falam o francês. A maioria deles está ligada a uma associação específica: seis ao total, sendo duas em Coronel José Dias e as outras em São Raimundo Nonato. Dezesseis por cento trabalham como autônomos, sem estar vinculados a nenhuma dessas entidades.[87]

Poucos turistas visitam o parque em comparação aos outros parques nacionais. A maioria dos visitantes vem do Nordeste. Chegavam cerca de 1.500 pessoas ao ano da região Sul do Brasil ou vindas de outros países, principalmente da França, antes da pandemia de covid-19. Esse número está muito distante no ranking dos parques mais visitados, que recebem mais de 100 mil turistas ao ano.[88]

RANKING	PARQUE NACIONAL	N. DE VISITANTES
1	Floresta da Tijuca	1.739.666
2	Jericoacoara	1.669.277
3	Serra da Bocaina	718.453
4	Foz do Iguaçu	696.380
5	Fernando de Noronha	532.988
6	Lençóis Maranhenses	280.878
7	Aparados da Serra	256.930
8	Serra da Canastra	124.613
9	Serra dos Órgãos	108.827
10	Parque do Itatiaia	126.654
Sem informação	Serra da Capivara	21.284*

Ranking dos Parques Nacionais visitados em 2021. Fonte: ICMBio. *Dados de 2018.

São muitos os fatores que influem o número de visitantes: o desconhecimento do parque, a não valorização do turismo cultural, a não visibilidade, a distância etc.

ANO	Nº DE VISITANTES
2012	14.132
2013	19.998
2014	18.380
2015	17.392
2016	13.870
2017	16.658
2018	21.284

Número de visitantes no Parque da Serra da Capivara por ano. Fonte: ICMBio – notícias 2019.

No ano de 2018, pela inauguração do Museu da Natureza, essa estatística mudou. Nos três primeiros meses de funcionamento, 13 mil pessoas do estado chegaram atraídas pela novidade. Elas passaram a manhã no Boqueirão da Pedra Furada e, à tarde, no Museu da Natureza. São piauienses de Oeiras, Floriano, Teresina, São João do Piauí, Dom Inocêncio... Contudo, é um perfil diferente do visitante habitual do Parque Nacional.

Ouvi muito o discurso de que o povo local não valoriza o parque; mas o que não se discute são os custos dessa visita a uma população extremamente pobre. Não há nenhuma política institucional para equacionar esse custo, quer da FUMDHAM, quer dos setores públicos do turismo. Como pode uma família que sequer tem emprego formal – como é o caso da maioria dos trabalhadores do entorno – arcar com as despesas do guia e do veículo? O turismo se elitizou, e as cidades do entorno estão excluídas dele. Faz-se necessário pensar em uma política de incentivo, enquanto política pública, para que as populações ao redor visitem o local. E o Parque Nacional é muito mais que o Boqueirão da Pedra Furada. Há dez circuitos abertos à visitação!

No entanto, vencendo todas as dificuldades, chegar lá é uma lindeza só! Vale a pena olhar para a imensidão das serras, das *cuestas* delimitando horizontes e, com sorte, avistar algum bicho. Há muitos: macacos, catetos, mocós, passarinhos cujo nome nem sabemos, lagartos e calangos, cobras... Dizem até que onças são vistas por lá! Na última visita ao olho-d'água da Serra Branca, Cida, a nossa guia, exclamou, mal desceu do carro:

– Que cheiro de onça!

Havia realmente um cheiro diferente no ar, sutil, meio adocicado; se era de onça, não sabemos. Procuramos rastros na areia e nada encontramos. As pesquisas da fauna realizadas pelos cientistas da FUMDHAM resultaram no registro de 33 espécies de mamíferos não voadores, 24 espécies de morcegos (mamíferos voadores), 229 espécies de aves, 19 espécies de lagartos, 17 espécies de serpentes e 17 espécies de anfíbios (jias e sapos). O Parque Nacional da Serra da Capivara é também habitado pela única população conhecida de macacos-prego-amarelo (*Sapajus libidinosus*) que habitualmente usa ferramentas de pedra e de madeira para obter alimento, habilidade única entre esse grupo.

Circuitos de visitação do Parque Nacional da Serra da Capivara

O Parque Nacional da Serra da Capivara tem dez circuitos – uns mais fáceis, outros requerendo caminhadas mais extensas, outros muito distantes, e outros ainda necessitando de um carro com tração 4 × 4. Nós sentimos a impossibilidade de se conseguir veículos com esse perfil para acessar os lugares mais remotos; há tocas e lugares muito interessantes, como a linda onça branca da Toca do Estevo II, no circuito do Veredão, ou as sepulturas do Gongo... Há de se contentar com as fotos ou os relatos dos pesquisadores. No entanto, vivência é a emoção que o sítio provoca quando se acerca dele; e isso não se consegue por fotos ou por um relato.

*Toca da Onça ou Estevo III. Parque Nacional Serra da Capivara – PI.
Foto: Roberta Guimarães. Fonte: Fumdham.*

Em 2011, a FUMDHAM editou *Turismo Arqueológico da Região da Serra da Capivara*, um guia de turismo arqueológico precioso quer pelas informações, mapas e fotos, quer pela visão geral de todo o potencial de visitação que o Parque Nacional oferece.

Circuito do Boqueirão da Pedra Furada

- DTrilha do Boqueirão da Pedra Furada.
- Toca do Cajueiro da Pedra Furada.
- Toca do Carlindo II.
- Toca da Fumaça I, II e III.
- Toca do Arame do Sansão.
- Toca do Fundo do Baixão da Pedra Furada.
- Alto da Pedra Furada – alcançado após escadaria de pedra e mais 14 metros de escadas metálicas verticais.
- Baixa do Paulino.
- Caldeirão das Canoas.

Circuito do Sítio do Meio

- Toca do Sítio do Meio.
- Entrada do Baixão do Meio.
- Escadinha do Baixão do Meio.
- Paredão do Pau D'Arco.
- Jurema da Ponta da Serra.
- Boqueirão do Pedro Rodrigues.
- Toca da Roça do Carlindo.
- Caldeirão do Sítio do Meio.
- Sítio do Meio de Cá.

Circuito do Baixão das Mulheres

- Toca do Baixão das Mulheres I e II.
- Toca da Roça do Clóvis.
- Toca dos Coqueiros.

Circuito do Desfiladeiro da Capivara

- Toca da Entrada do Pajaú.
- Toca do Pajaú.
- Toca do Barro.
- Toca do Inferno.
- Toca da Entrada do Baixão da Vaca.
- Toca do Mulundu.
- Toca das Eminhas Azuis.
- Toca do Fundo do Baixão da Vaca I, II e III.
- Trilha dos Veadinhos Azuis.

- Trilha do Boqueirão do Paraguaio.
- Toca do Boqueirão do Paraguaio.

Circuito da Chapada

Trilha do Baixão do Perna
- Baixão das Andorinhas.
- Toca da Porteira do Chico Velho.
- Toca do Baixão do Perna I, II e IV.
- Forno do Perna.
- Toca do Perna VI, VII, VIII, IX e X.
- Toca Josué I e II.

Trilha do Baixão da Barriguda
- Toca do Mangueiro do Caldeirão de Dentro.
- Toca da Levada.
- Toca da Perdida.
- Toca da Macaxeira.
- Toca do Bertoso.
- Toca do Alto da Barriguda.
- Toca da Ema da Barriguda.
- Toca da Disposição.
- Toca do Angico da Macanzeira.
- Baixão do Tintino.
- Toca do Arapuá Grande.
- Toca da Barriguda I, II,III, IV e V.
- Baixão do Mangueiro do Ovídio.

Trilha do Caldeirão dos Rodrigues, Canoas e Esperança
- Toca do Caldeirão dos Rodrigues I e II.
- Toca do Açoita Cavalo.
- Toca da Baixa das Europas.

- Toca das Pedras Chiadeiras.
- Toca da Baixa do Ovídio.
- Toca do Baixão do Nenê.
- Tocas da Baixa do Bilro.
- Toca do Papagaio.
- Toca da Subida do Grotão.

Trilha do Pitombi, Perigoso, Caldeirão do Boi e Serrinha

- Toca da Baixa da Cabaceira.
- Toca da Roça do Raimundão.
- Toca do Quincas.
- Toca do Genésio.
- Caldeirão do Boi.
- Toca da Subida da Serrinha I e II.

Circuito da Serra Branca

- Toca do Caboclinho.
- Toca do Vento.
- Toca do João Sabino.
- Toca do Juazeiro da Serra Branca.
- Toca do Caboclo da Serra Branca.
- Toca do Pica-pau.
- Toca Nova do Inharé.
- Toca da Extrema II.
- Toca do Conflito.
- Toca da Pedra Solta da Serra Branca.
- Toca do Nilson do B. Pedra Solta.
- Toca do Pau Dóia.
- Toca do Veado.
- Toca do João Arsena.
- Toca do Pinga da Escada.

- Toca do Sobradinho I.
- Toca do Pinga do Boi.
- Toca da Passagem.

Trilha da Energia
- Roça do Zeca I, II, III e IV.
- Toca do Angelim do Barreirinho.
- Toca da Ema da Esperança.
- Toca das Catuabas do Barreirinho.

Trilha Interpretativa Hombu
- Toca de Cima do Caldeirão da Bernardina.
- Toca do Caldeirão do Gado.
- Toca da Igrejinha do Sítio do Mocó.
- Toca do Elias.
- Toca da Rancharia da Roça do Edvaldo.
- Toca do Toá da Invenção.
- Toca da Pedra Caída.
- Toca do Martiliano.
- Toca da Boca do Sapo.
- Toca da Invenção.

Trilha da Pedra Preta
- Toca do Baixão da Pedra Preta I.
- Toca do Baixão da Pedra Preta II.

Trilha dos Baixão dos Caititus
- Toca dos Caititus I.
- Toca dos Caititus II.

Trilha da Serra dos Caldeirões
- Toca da Ema do Sítio do Brás I e II.
- Caldeirão das Uvas.
- Caldeirão das Folhas.
- Casa do Alexandre.

- Toca da Roça do Sítio do Brás I e II.
- Toca do Mangueiro.
- Toca do Exu.
- Toca do Macaco.

Circuito da Jurubeba

A Fazenda Jurubeba foi uma das fazendas onde a maniçoba foi cultivada para a obtenção do látex. Nesse circuito, há casas e ruínas de casas documentando o ciclo da maniçoba.

Trilha Histórica
- Casa do Alexandre.
- Casa Velha da Jurubeba.
- Casa da Jurubeba.
- Casa do João Coelho.
- Museu do Neco Coelho.
- Casa de Isaias Silva.
- Muro Histórico.
- Lajedo Escrito.

Trilha dos Oitenta
- Toca do Boqueirão dos Angicos.
- Toca do Boqueirão do Lobinho.
- Toca da Dama.
- Toca dos Oitenta.

Trilha da Baixa Grande
- Caldeirão da Ventania.
- Toca das Pedrinhas Pintadas.

Circuito do Veredão

- Toca do Estevo I e II.
- Toca do Estevo III ou Toca da Onça*.
- Toca do Estevo IV.
- Toca do pau d'Arco.
- Toca do Fidalgo III.
- Vereda do Juvenal.

Circuito do Gongo

- Oficinas Líticas.
- Toca do Arapuá do Gongo.
- Toca do Paredão das Araras I e II.
- Toca do Gongo I, II e III.
- Toca do Forno da Oficina.
- Toca da Cacimba do Oitizeiro.

Circuito do Angical

- Toca do Morro das Figuras do Angical I, II e III.
- Toca da Chaminé.
- Toca da Brisa.
- Toca do Sofrimento.
- Toca do Zé Patu.
- Toca do Pinga do Tenente.
- Toca do Valente I e II.
- Toca do Morcego.
- Toca do gado.
- Tocas do Júlio I e II.
- Toca da Estrada do Morcego.
- Toca das Emas do Delmiro.

CAPÍTULO 4
Fundação Museu do Homem Americano (FUMDHAM)

Histórico

Em 1986, diante da realidade de abandono do Parque Nacional e da sua incessante depredação, pesquisadores da Missão França-Brasil decidiram criar uma entidade civil, sem fins lucrativos, para proteger o parque e promover o desenvolvimento social da região por seus próprios meios. Nascia a FUMDHAM, braço operacional fundamental na estruturação do Parque Nacional da Serra da Capivara. No dia 9 de novembro de 1986, no Centro de Pesquisas Interdisciplinares, em São Raimundo Nonato, 21 pessoas compuseram a assembleia, assinaram a ata de fundação e foram consideradas sócios efetivos: Niéde Guidon, Silvia Maranca, Sônia Maria Campelo, Anne-Marie Pessis, José Bastos Lopes, Luiza Marlene Gomes Eulálio Nunes, Ana Clélia Barradas Correia, Gaspar Dias Ferreira (prefeito local), Adauto José Gonçalves de Araújo, Maria Fátima Barbosa de Souza, Lídia Gamberi, Maria de Fátima da Luz, Milton Oliveira, José Natham Portela Nunes, Airton Coelho e Silva, Maria Conceição Menezes Lage, Raimundo Henrique Bastos, Maria do Carmo Lopes, José Raimundo Feitosa de Almeida, Laura Emperaire e Maria Bernadette Armand. Nem todos estavam presentes: Niéde Guidon representou, por procuração, Anne-Marie Pessis, Silvia Maranca, Maria

Conceição Lage, Laure Emperaire e Maria Bernadette Armand. Sônia Maria Campelo, representou José Natham Portela Nunes e Airton Coelho da Silva.[89]

Com base na liderança e no desejo de Niéde principalmente, tomam forma as ações da FUMDHAM. Ela estruturou a fundação para ser um órgão formulador e articulador de políticas públicas para a região. Quanto ao controle da fundação, faz concessões protocolares – sem perder a maioria dos votos da Assembleia Geral. Assim, institui alguns votos que permitiram articular seu projeto: à Universidade Federal do Piauí, com direito a quatro votos, mais os votos dos pesquisadores do núcleo de Antropologia Pré-Histórica; à sociedade de São Raimundo Nonato, com quatro votos, incluindo prefeito, presidente da Câmara Municipal, do Lyons e do Rotary. Contudo, Niéde deteve a maioria dos votos: todos os sócios fundadores, os 21 mais os três representantes institucionais – chefe da Missão franco-brasileira, um representante da École de Haute Études e o responsável pelo Centro de Pesquisas Interdisciplinares de São Raimundo Nonato –, além de todos os pesquisadores da missão no Piauí. Abriu-se espaço ao Museu Paulista, ao governador do estado, ao Ministério da Cultura, ao Finep, ao Ministério da Educação (MEC) e à embaixada da França.[90]

A estrutura da entidade se constituiu de Assembleia Geral, Conselho Consultivo, Conselho Fiscal e três diretorias compostas por: diretor-presidente, diretor-tesoureiro e diretor-científico. Enxuta e operacional, com cargos que nesses pouco mais de trinta anos da entidade são exercidos principalmente por três pessoas: Niéde Guidon, Anne-Marie Pessis e Gabriela Martin.

O embrião da FUMDHAM (nome escolhido por Silvia Maranca[91]) é bem anterior; ainda na década de 1970, o empenho para viabilizar apoio à pesquisa em São Raimundo Nonato teve início com a criação – por lei municipal – do Centro de Pesquisas Interdisciplinares, por ato do prefeito Newton de Castro Macedo e administrado pelo professor José Bastos Lopes; tinha funções mais simples direcionadas à pesquisa e guarda do material coletado. O primeiro movimento a consolidar a iniciativa foi o aluguel de um imóvel para guardar e expor o material das escavações.

O marco inaugural da FUMDHAM aconteceu com a exposição da placa no terreno em sessão solene realizada em 30 de agosto de 1986, às 12 horas, com a presença de autoridades religiosas, civis e militares, visitantes do Brasil e do exterior.[92] A FUMDHAM já nasceu possuidora de um terreno em São Raimundo Nonato doado pela prefeitura, por intermédio do prefeito Gaspar Dias Ferreira: uma área de 2.57 hectares para construção do museu situado na rua Abadias Neves, 551, com benfeitorias – encanamento para água, cercas, postes, área beneficiada e tratorizada, estrada asfaltada.[93] O terreno pertencia à Aeronáutica, dos tempos do Correio Nacional, mas estava ocupado havia vinte e cinco anos pelo posseiro João Elias de Sousa, que revogou o direito de posse (ah, como gostaria de conhecer o teor dessa conversa que fez um sertanejo analfabeto desistir do direito de posse de vinte e cinco anos!). Ele o cedeu para a Fundação do Homem Americano em 15 de maio de 1987, via Declaração assinada, a rogo, por Edimar Silva Dias, constando nela sua impressão digital, posto que era analfabeto.

> Declaro, outrossim, que cedi para a Fundação Museu do Homem Americano 2.57.55 ha, do terreno que me julgo com direito de requerer usucapião, pois ali trabalho e benefício as terras há cerca de 25 anos.[94]

João Elias também prestou serviços para adequação do terreno, fazendo a cerca de arame e adquirindo o material, de modo que no mesmo documento, em primeiro lugar, incluiu o recebimento do pagamento:

> Declaro para os fins devidos que recebi da Profa. NIÉDE GUIDON a importância de CZ$ 2.620,00 (Dois mil seiscentos e vinte cruzados), assim discriminados:
> – empreitada de feitio de cerca de arame do terreno do Museu [...] CZ$ 2.300,00
> – compra de uma bola de arame, 250 metros CZ$ 320,00.
> Soma: CZ$ 2.620,00.[95]

Em moeda atual, seriam R$ 2.600,00 aproximadamente.[96] Aqui é evidente a atitude de Niéde a se repetir com frequência: a impaciência com o tempo oficial. Em vista dos lentos trâmites burocráticos do processo de desapropriação do terreno para a FUMDHAM, decidiu resolver a questão por conta própria. Fez a cerca e pagou de próprio bolso!

Todo o processo de institucionalização da FUMDHAM nos três níveis de governo (federal, estadual e municipal) levou apenas um ano. Trabalho em grande parte realizado por José Bastos Lopes, visionário e aliado de primeira hora do projeto proposto pela Missão franco-brasileira. A partir disso, a entidade se tornou apta a celebrar convênios, receber recursos públicos e de entidades internacionais.

Pesquisas multidisciplinares

A FUMDHAM, já no ano de sua criação, em 1986, inaugurou a produção científica com o seu melhor artigo:

GUIDON, N.; DELIBRIAS, G. Carbon-14 dates point to man in the Americas 32.000 years ago. *Nature* (London), v. 321, n. 6072, p. 769-771, 1986.

Sem dúvida alguma, esse artigo de Niéde Guidon e Madame Delibrias – publicado em 1986, na revista inglesa *Nature* – é o documento mais importante da Arqueologia e Pré-História produzido no Brasil. Tudo o que veio depois é consequência desse trabalho.

O grupo liderado por Niéde Guidon tinha (e ainda tem) muitos méritos: bons contatos, multidisciplinaridade, sólido conhecimento científico e competência para fazer projetos claros e estratégicos. Sabia-se aonde se queria chegar! E dentro desse norte, em 1988, a FUMDHAM assinou o primeiro convênio significativo com o Ibama, a fim de estabelecer uma colaboração técnica para a elaboração do plano de manejo do Parque da Serra da Capivara.[97] Na prática, ficou estabelecida a cogestão do Parque Nacional. Eu arriscaria um pouco mais: a gestão do parque ficou sob a inteira responsabilidade da FUMDHAM.

Foi nesse ano que Laure Emperaire – botânica e filha de Annette Emperaire –, fazendo o doutorado na Université Pierre et Marie Curie (Paris) (*Végétation et gestion des ressources naturelles dans la Caatinga du sud-est du Piauí*), veio ao Parque Nacional para concluir, dentro da Missão Botânica do Piauí, a documentação da vegetação da Caatinga, em sua maior parte desconhecida. São conhecidas 21 espécies de plantas distribuídas em 149 gêneros e 62 famílias.[98] Chegou também Fábio Parenti para escavar o Boqueirão da Pedra Furada e, com Joel Pellerin, estudar a sua geomorfologia. Três anos depois, o leque de pesquisas se ampliou com a chegada dos paleontólogos franceses Claude Guerin e Martine Faure, da Université Claude Bernard e da Université Lumière, respectivamente – ambas em Lyon –, para a catalogação dos fragmentos ósseos de grande tamanho, que foram surgindo durante as escavações. Esses dois paleontólogos deixaram um importante legado para a Paleontologia da Caatinga, identificando os animais que viveram no Pleistoceno, como a preguiça-gigante, o tigre-dentes-de-sabre, os toxodontes, as paleolhamas (inclusive, identificando uma nova espécie, que batizaram de *Paleolama niedae* em homenagem a Niéde Guidon). Em 1993, publicaram um trabalho identificando 106 espécies de paleofauna na região. Esse material foi a inspiração para a criação do Museu da Natureza, inaugurado em 2018, em Coronel José Dias. A fauna atual foi pesquisada pela bioarqueóloga Maria Fátima Barbosa Souza e por Fábio Olmos, biólogo e doutor em Zoologia. Este, em 2009, publicou a lista de aves do Parque Nacional da Serra da Capivara, classificadas em 229 espécies.[99]

Esses primeiros anos da fundação foram de intensa pesquisa abrangendo múltiplas áreas do conhecimento, desde a catalogação de novos sítios arqueológicos, à escavação de outros, até a documentação das pinturas e da busca do seu entendimento dentro do contexto em que foram criadas, bem como da flora, da fauna, da paleofauna, do clima, da geologia...

É impressionante a amplitude dos dados pesquisados na região, antes desconhecida. O banco de dados da FUMDHAM tem informações detalhadas sobre Arqueologia, pinturas rupestres, Paleontologia, fauna e flora, que continuam a ser pesquisadas por inúmeros cientistas ao longo dos anos. É extraordinária a quantidade de teses e artigos científicos produzidos sobre a Serra da Capivara de sua fundação!

Linha de pesquisas atuais

Em 2010, uma ação do governo federal permitiu um *turning point* à FUMDHAM; o aporte via convênios de um volume considerável de recursos para pesquisa lhe permitiram trazer para o semiárido do Nordeste do Brasil tecnologia e equipamentos de ponta em pesquisa arqueológica. O Projeto de Integração do Rio São Francisco com as Bacias Hidrográficas do Nordeste Setentrional (PISF), iniciado em 2008, precisava cumprir uma exigência legal – a lei Federal n. 3.924, de 26 de julho de 1961, e a Resolução Conama n. 001/1986, cujo teor preconiza que durante as obras de grande porte em todo território nacional, envolvendo movimento de solos, é obrigatório o acompanhamento de equipes de Arqueologia. Com a intermediação do CNPq, a FUMDHAM se candidata ao salvamento arqueológico da obra – e mais, ser a guardiã dos objetos encontrados. Até agosto de 2021, as equipes resgataram e colocaram sobre a guarda da FUMDHAM 376.315 vestígios arqueológicos e reconheceram 239 sítios arqueológicos.[100]

No dia 14 de dezembro de 2010, a FUMDHAM assina o Convênio n. 751.401/2010, com prazo de validade incluindo os termos aditivos de 14/12/2010 até 30/07/2018 – no valor de R$ 124.971.070,10.[101] Na verdade, o fluxo administrativo é a assinatura de convênio entre o Ministério do Desenvolvimento Regional e o CNPq e, depois, um termo de fomento entre o CNPq e a FUMDHAM para o repasse integral de dinheiro.

Para permitir a continuação dos trabalhos, é assinado um novo convênio, de n. 931.531/2022, em 2022, com validade de 03/08/2022 até 02/08/2026, no valor de R$ 36.521.542,24.[102]

Concomitantemente, é fundado Instituto de Arqueologia, Paleontologia e Ambiente do Semiárido do Nordeste do Brasil (INCT/CNPq/Inapas). Por coincidência, sua sede é a mesma da FUMDHAM, assim como sua primeira presidente, Anne-Marie Pessis, que atualmente acumula o cargo de Diretora Presidente da FUMDHAM.

Plataforma Capivara

Como consequência, sob o nome de Plataforma Capivara (Sistema de Informação Integrado Capivara – SSI Capivara) iniciou-se a construção um banco de dados a juntar o conhecimento acumulado em pesquisas na área do parque, nas áreas de transposição do rio e de outras regiões do Nordeste a cargo da FUMDHAM e das instituições parceiras: as pesquisas abrangem as áreas de Arqueologia, Registros Rupestres, Bioarqueologia e Paleontologia.

Esse banco de dados, sob a orientação de Anne-Marie Pessis, criou um protocolo de padronização das informações coletadas e permite o cruzamento de dados de diferentes pesquisas das instituições parceiras, ampliando a análise e interpretação dos dados.

A Plataforma Capivara está sob a responsabilidade do Instituto de Arqueologia, Paleontologia e Ambiente do Semiárido do Nordeste do Brasil (INCT/CNPq/Inapas), do qual a FUMDHAM é um dos integrantes, além das outras instituições parceiras, como a Universidade Federal de Pernambuco – UFPE, a Universidade Regional do Cariri – URCA, e a Fundação Oswaldo Cruz – FIOCRUZ.[103]

Documentação georreferenciada por varredura a laser

Trata-se de um equipamento de scanner a laser, no qual o raio faz uma varredura detalhada de uma figura rupestre ou de um objeto proveniente de uma escavação arqueológica. Os milhões de pontos obtidos são processados, resultando em uma figura tridimensional com maior ou menor resolução. Além disso, essa técnica permite a reconstituição digital da parte da imagem que foi destruída, além de formar modelos em duas dimensões, que podem ser analisados sob qualquer ângulo.

Esse novo procedimento permite ao pesquisador analisar as imagens nas três dimensões: a profundidade de cada figura, as proporções entre cada uma, os ângulos e inclinações a simular o movimento, enfim, fornece novos detalhes na construção da narrativa daquela imagem além de monitorar a degradação do tempo.[104]

Para o turista comum, que não tem treinamento visual para ver todos os detalhes de uma figura rupestre – porque ela está menos nítida pelo apagar do tempo, pela mutilação causada pelos desplacamentos, pela destruição por vespas e cupins ou por qualquer outra causa –, esse método trouxe um impacto incrível na compreensão das figuras. São imagens que não conseguimos ver por estarem ou muito distantes, ou muito pequenas ou apagadas, ou confusas demais para quem não tem o olhar clínico do cientista.

Acreditamos que teremos, em breve, uma nova experiência turística; depois de uma visita pelos circuitos, poderemos – dentro do Museu do Homem Americano – acessar o banco de dados das figuras que nosso olhar registrou a olho nu e estudá-la em seus detalhes.

Paleontologia do Quaternário

O Período Quaternário é o período mais recente da história geológica da Terra e se estende de 1,6 milhões de anos atrás até o presente. Foi no Quaternário que surgiu e desapareceu a megafauna, os grandes animais. Desde os anos 1990, do século XX, escavações exibiram ossos gigantes atestando a existência dessa fauna remota na região. Com as pesquisas para a transposição do rio São Francisco e de outras universidades do semiárido nordestino, busca-se a documentação da abrangência e a identificação dessa fauna, com a escavação de dezenas de lagoas e bacias sedimentares e até de depósitos sedimentares fora desse perímetro.[105]

Povoamento pré-histórico do semiárido

Desde a primeira pintura encontrada na Toca do Paraguaio, em 1976, as perguntas envolvendo essas populações pré-históricas desencadearam muitas pesquisas. Muito do enredo desses povos já foi formulado; contudo, com o advento de novas ferramentas tecnológicas adquiridas após o convenio FUMDHAM/CNPq/ MDR, como o uso da biologia molecular, a metrologia arqueológica, a microscopia eletrônica, além da ampliação das análises ecológicas e equipamentos para o estudo tafonômico dos materiais; tudo isso, armazenado em protocolos padrões específicos da Plataforma Capivara, permitiu um salto nas informações e no conhecimento.

Meio ambiente no Período Quaternário

As múltiplas escavações realizadas em todo o semiárido do Nordeste e as modernas técnicas usadas para datar os sedimentos permitiram conhecer mais profundamente a natureza dos sedimentos e possibilitar a reconstituição da paleovegetação em diferentes espaços da região.

Fascinante é a área de pesquisa no campo da palinologia (estudo dos esporos e polens). Pesquisas em enterramentos humanos na região com datação conhecida têm permitido conhecer a dieta e o cultivo e manejo de plantas por esses grupos e assim conhecer a flora do período.[106]

Eventos científicos

1993 - I Conferência Internacional sobre o Povoamento das Américas

Em dezembro de 1993, a Fundação realizou um evento internacional para marcar terreno na comunidade científica sobre as descobertas no Boqueirão da Pedra Furada – a **Conferência Internacional sobre o Povoamento das Américas**.

> A finalidade deste encontro foi promover um encontro de pesquisadores para analisar as propostas explicativas para o povoamento dos continentes americanos *à* luz dos novos fatos que as pesquisas têm fornecido nas duas últimas décadas.[107]
>
> **Anne-Marie Pessis**

Estiveram presentes, além dos pesquisadores ligados à FUMDHAM, Tom Dillehay (Kentucky University, Estados Unidos), Gustavo Politis (Universidad de la Plata, Argentina), Richard MacNeishy (Andover Foundation, Estados Unidos), James Adovasio (Mercyhurst College, Estados Unidos), John Alsoszatai-Petheo (Washington University, Estados Unidos), David Meltzer (Methodist University – Dallas, Estados Unidos). Foram três dias de discussões sobre escavações na América do Sul e do Norte. Embora Anne-Marie Pessis relate as discussões de uma maneira leve, deve ter sido um ambiente tenso.

> A principal fonte de desentendimento era de maneira teórica, o que incide na escolha dos procedimentos de trabalho e nas prioridades técnicas. Essas diferenças nas abordagens não aparecem explicitadas pelos autores nas suas comunicações, mas aparecem com muito mais clareza nas discussões orais ulteriores.[108]
>
> **Anne-Marie Pessis**

Ao fim, Niéde e seu grupo de pesquisadores se viram frustrados ao convencer a comunidade científica – americana, principalmente – de suas análises da descoberta no Boqueirão da Pedra Furada. De fato, no ano seguinte, 1994, na revista *Antiquity*, os três americanos convidados ao evento (Meltzer, Adovasio e Dillehay) escreveram o artigo "Uma visão da Toca do Boqueirão da Pedra Furada", em que, na expressão de Eric Boëda anos mais tarde, "*assassinaram a Pedra Furada*".

A emoção, mais que a ciência, permeou as discussões nas décadas seguintes.

Contudo, paulatinamente foram aparecendo publicações de achados similares ao BPF encontrados em vários sítios da América: Monte Verde, no Chile; Santa Elina, em Mato Grosso; Taima, na Venezuela; Meadowcroft, nos Estados Unidos; Pikimachay-Flea Cave, no Peru; El Abra Rockshelter, Colombia, totalizando 24 sítios arqueológicos do Pleistoceno. Ou seja, anterior a 12 mil anos AP, evidenciando que o Boqueirão da Pedra Furada, apesar de ser o mais antigo, não é o único. Temos um consenso agora da existência de grupamentos humanos na América do Sul para além dos 30 mil anos AP.

2000 - I Reunião da Associação Brasileira de Arte Rupestre

Com sede em São Raimundo Nonato, em 1997, foi criada a Associação Brasileira de Arte Rupestre (ABAR), sendo Niéde Guidon a primeira presidente. No ano 2000, com o patrocínio da Superintendência do Desenvolvimento do Nordeste (Sudene), aconteceu a primeira reunião em São Raimundo Nonato, entre 30 de outubro e 3 de novembro. Estavam presentes membros de universidades de vários estados brasileiros, além de entidades que trabalham com o patrimônio histórico e cultural. Niéde conduziu a conferência "A dinâmica de Conservação no Parque Nacional da Serra da Capivara, PI", sobre os detalhes da preparação de cada sítio arqueológico a ser aberto para a visitação (*FUMDHAMentos II* – 2002).

2004 - I Encontro de Física e Arqueologia na Região do Parque Nacional da Serra da Capivara: Descobertas e Datações

Aconteceu no Auditório do Museu do Homem Americano, entre 26 e 29 de abril de 2004. Foi um encontro internacional com físicos, matemáticos e arqueólogos para discutir os diferentes métodos de datação de materiais encontrados em escavações. Das universidades brasileiras, os polos de Ribeirão Preto e Bauru e o Instituto de Física da Universidade de São Paulo (USP) contribuíram com a discussão dos métodos da Termoluminescência e da Ressonância Paramagnética Eletrônica. Da universidade de Washington (Seattle), o tema foi a termoluminescência; o Laboratório das Ciências do Clima e do Meio Ambiente (CNRS), em GIF-sur-Yvette, expôs os avanços nas datações calibradas. Esse laboratório foi o primeiro parceiro das pesquisas da Serra da Capivara. Todas as datações publicadas pela FUMDHAM, em sua maioria, aparecem com a sigla GIF, informando o local da datação. E, por fim, as datações próximas ao limite do Carbono-14. Um trio de peso da Universidade de Saint Andrews, Escócia, da Universidade Nacional da Austrália, em Canberra, e também da Wollongong University (Austrália) discorreu sobre o assunto, analisando diversos sítios arqueológicos, inclusive o Boqueirão da Pedra Furada. O encontro terminou com um discurso do governador do Piauí, Wellington Dias, e um coquetel, claro! (*FUMDHAMentos IV* – 2004)

2004 - I Seminário Internacional de Preservação de Arte Rupestre

Realizado em São Raimundo Nonato, de 22 a 25 de abril, no auditório do Museu do Homem Americano. Anne-Marie Pessis fez uma palestra nesse seminário, sobre Patrimônio e Cidadania, que deveria ser reproduzida em qualquer debate sobre o assunto. Eu me pergunto, neste momento, quais valores me foram incutidos durante o meu processo educacional sobre o patrimônio. Foi preciso viajar muito pelo interior do Brasil para compreender esse outro patrimônio que brota do sertão, da Caatinga, da floresta.

Depois, Jean Phillipe Delorme (França) se articulou com a exposição de Anne-Marie e falou sobre a gestão participativa dos recursos naturais no Pantanal. A discussão foi ampliada para a arte rupestre do Seridó, do Vale do Côa, em Portugal; de Valcamonica, na Itália; a arte rupestre levantina, na Espanha; e voltou para a Serra da Capivara. Ampliou-se o foco e, depois, voltamos ao nosso território. (*FUMDHAMentos V* – 2007)

Arte Rupestre no Seridó.

Não sabemos se o seminário teve um coquetel no encerramento ou um concerto na Pedra Furada. Era lua nova, o Boqueirão da Pedra Furada devia mostrar uma noite escura, com estrelas que só o céu do Piauí tem!

2006 - II Simpósio Internacional sobre o Povoamento das Américas

Aconteceu de 16 a 21 de dezembro de 2006, com o patrocínio da FUMDHAM e da ABAR. O objetivo era – à luz de novos métodos de datação – analisar os dados atualmente disponíveis e propor uma versão atual sobre o povoamento das Américas. Eric Boëda e Emilio Fogaça, da Pontifícia Universidade Católica (PUC) de Goiás, apresentaram uma análise detalhada de fragmentos líticos encontrados no Boqueirão da Pedra Furada, confirmando a datação de 58.000 AP. No simpósio, com cerca de trezentos participantes de vários países, havia pesquisadores de Botânica, Parasitologia, Física, Química, Biologia e outras áreas, permitindo uma análise multidisciplinar do cenário do povoamento das Américas. A análise do povoamento da região da

Patagônia ficou a cargo de Jorge Suby, doutorando da Universidade Nacional do Centro da Província de Buenos Aires. (*FUMDHAMentos I*, n. 1)

2009 - Global Rock Art Research

O Congresso Internacional da International Federation of Rock Art Organization aconteceu no período de 29 de junho a 3 de julho de 2009, em São Raimundo Nonato, em uma parceria construída entre a Organização Internacional de Arte Rupestre (IFRAO), ABAR e FUMDHAM. Cientistas de dezenas de países compareceram para discutir os seguintes temas: a Arqueologia Brasileira, o papel da Organização Internacional, legislação sobre arte rupestre e conservação da arte rupestre. Essa última conferência ficou sob a responsabilidade de Jaques Brunet, do LRMH, da França. Foi ele, juntamente a Conceição Lage, que desenvolveu o projeto de recuperação das pinturas do Parque Nacional da Serra da Capivara, visitando o parque por três vezes, nos anos de 1988, 1989 e 2001.

O Congresso teve início com a abertura da exposição "Porto Seguro e Museu dos Museus", preparada em conjunto por Brasil e Portugal, e terminou com um concerto da Orquestra Sinfônica do Piauí, no auditório da Pedra Furada, sob uma lua crescente, quase cheia. Faz parte da minha lista de desejos um programa assim: um concerto no auditório da Pedra Furada, em uma noite de lua grande. Se for a Sinfonia n. 5, de Mahler, melhor ainda!

Eventos culturais

Festival Interartes

A bailarina Lina do Carmo, nascida em Teresina, passou cinco anos em São Raimundo Nonato; nesse período, idealizou dois festivais internacionais de arte: Interartes. Profissional internacional, viveu e estudou na Europa por muito tempo e conseguiu articular uma programação em que a melhor expressão da arte local – Coral dos Vaqueiros, da cidade de União, por exemplo – dialogasse no mesmo palco com o seu balé-solo Capivara e com a Companhia *Lés Rémouleurs*, da França, em uma síntese ao mesmo tempo popular e erudita.

O I Festival Interartes aconteceu em 2003 com o patrocínio exclusivo da Telemar. Os espetáculos foram realizados no Anfiteatro da Serra da Capivara, para um público de 7 mil pessoas nos três dias do Festival. Foi um sucesso! A imprensa deu muito destaque e acreditou-se que o Piauí havia se integrado ao circuito internacional de arte. No ano seguinte, 2004, Lina foi a responsável pela segunda edição do festival, com o mesmo sucesso. Nesse ano, Niéde Guidon pediu um espaço para uma cerimônia simbólica com os índios Krahô.

Assim explica Helena Katz, crítica de dança do jornal *Estadão*:

> [...] Em 1948, o etnólogo Harald Schultz trocou um revólver calibre 22 por um *koyré* (objeto sagrado) com um índio jovem da Pedra Branca, que desconhecia o valor simbólico dessa machadinha. Desde então, os Krahô vivem *sem o coração da tribo*. Meses atrás, a antropóloga Vilma Chiara, ex-orientanda de Levy Strauss, viúva de Schultz, procurou a companheira de pesquisa Niéde Guidon, fundadora e diretora presidente da FUMDHAM, manifestando o desejo de devolver o koyré para os Krahô. Foi essa emocionante cerimônia de devolução que abriu o Festival Interartes 2004, realizado pela FUMDHAM (Fundação Museu do Homem Americano).

Outra edição do festival aconteceu em 2005, mas sem a curadoria de Lina do Carmo. E sem o mesmo brilho. A sequência foi interrompida, mas os eventos ainda marcam a memória da população local como algo magnífico e grandioso.

Festival Acordais

Em 2010, na tentativa de fomentar o turismo em São Raimundo Nonato, aconteceu o Acordais, um festival de cultura sob o patrocínio da OI, empresa de telefonia celular. Contou com apresentações de teatro, dança, contação de histórias – contos indígenas selecionados por Vilma Chiara –, além dos grupos de cultura popular Afro-Vermelho e Auto do Boi de Reis. Na área musical, grupos regionais mostraram a influência do sertão. O evento tentou resgatar a cantoria de viola e as danças tradicionais da região.[109]

Convênios e parcerias de cooperação científica

Centre National de la Recherche Scientifique (CNRS), França

Desde 1973, há uma cooperação científica e financeira por meio das missões francesas.

Université Lumière, Lyon 2

Parceria nos estudos da paleofauna.

Université Claude Bernard, Lyon 1

Parceria nos estudos da paleofauna.

Ibama - ICMBio

Desde 18 de março de 1994, a FUMDHAM manteve um convênio de cogestão do Parque Nacional com o Ibama, à época, e ICMBio hoje. Houve a interrupção do convênio por dois anos (céus, que tempos de confusão!). Em 2016, por ocasião da assinatura de novo convênio, foi ampliado o número de parceiros, incluindo o IPHAN e o governo do estado do Piauí.

Universidade Federal do Vale do São Francisco (UNIVASF)

Em 2004, foi criado, na UNIVASF, o curso de graduação em Arqueologia e Preservação Ambiental, com o campus em São Raimundo Nonato. Em 2009, formou-se a primeira turma de cinco arqueólogos. Por meio de um convênio de cooperação científica foram utilizados, durante o curso, os laboratórios da FUMDHAM, nas disciplinas Arqueologia Pré-Histórica, Arqueologia Histórica, Preservação Patrimonial, Informática, Geociências e Sítios-Escola (pré-histórico e histórico).

Universidade Federal de Pernambuco (UFPE)

Convênio com o Programa de Pós-graduação em Arqueologia da Universidade Federal de Pernambuco, a partir de 2012.

Universidade Regional do Cariri (URCA)

Através de seu laboratório de arqueologia em Crato.

IPHAN

Desde 2016, o IPHAN participa da cogestão do parque, além de colaborar e atuar em financiamentos de projetos de resgate histórico e arqueológico.

INAPAS

Em 1909, em face do projeto de transposição do Rio São Francisco, Anne-Marie Pessis e Gabriela San Martin, da Universidade Federal de Pernambuco, foram convidadas a realizar o salvamento arqueológico da área a ser atingida pelas obras. Desse convite nasceu o INCT-INAPAS, Instituto de Arqueologia, Paleontologia e Ambiente do semiárido do Nordeste do Brasil, coordenado por Anne-Marie Pessis. O INAPAS tem o mesmo endereço e sede da FUMDHAM, e seus laboratórios são compartilhados. Inúmeras escavações em lagoas e bacias sedimentares foram realizadas nesses 10 anos de vigência da parceria. Cito especificamente as escavações de duas lagoas: a dos Porcos, em São João do Piauí, e a de Uruí de Cima, em Pernambuco, com resgate de milhares de peças fósseis da paleofauna.

Fundação Oswaldo Cruz, Rio de Janeiro
Estudo dos paleoparasitas em restos orgânicos encontrados em escavações.

Projetos de desenvolvimento social
Núcleo de Apoio à Comunidade (NAC)

O projeto mais impactante – porque ofereceu serviços reais à população – foi a criação do NAC em 1992. Foram 5: três deles nos bairros do entorno – Sítio do Mocó, Barreirinho e Barreiro, resquícios de povoamento de vilas da Fazenda Vargem Grande, que Victorino Dias Paes Landim havia ganhado do governador da Província pelo seu feito sobre os índios locais. Outro deles foi instalado na Serra Vermelha e, por último, no município de São João do Piauí. Financiado via convênio com a Fundação Italiana Terra Nuova, o projeto consistia em oferecer escola em tempo integral com três refeições por dia às crianças e alfabetização para adultos no final da tarde. Os conteúdos de ensino foram estruturados por pedagogos da USP em uma perspectiva de educação ambiental, objetivando preparar pessoas para cuidar do parque e trabalhar no turismo internacional que ali chegaria. O conteúdo pedagógico focava educação ambiental e línguas, matemática, português, história do Piauí e geografia local, explicando as serras e os boqueirões que surgiram do fundo do mar.

Concomitantemente, foi construído um posto de saúde anexo às escolas com uma enfermeira e agentes de saúde preparados para atendimentos de urgência, vacinas, pré-natal e medidas profiláticas para as doenças endêmicas da região. Os profissionais foram treinados pela Fundação Oswaldo Cruz, do Rio de Janeiro; a capacitação das merendeiras foi feita por nutricionistas da USP. No eixo do desenvolvimento socioeconômico, cada unidade foi encorajada a iniciar ações de empreendedorismo específicas a cada realidade e complementares entre si.

O dinheiro foi usado inicialmente para construir e equipar esses núcleos e para o treinamento dos profissionais. O calendário escolar foi adaptado à realidade local com enfoque especial na preservação dos sítios arqueológicos, da flora e fauna. Esse projeto mudou definitivamente o destino dessa população. Vinte e cinco anos depois, as crianças beneficiárias do projeto – cerca de 2 mil durante a vigência da iniciativa – são arqueólogos, historiadores, técnicos de laboratório de Pré-História, trabalhando na área de informática e de prestação de serviços. Deixaram para trás definitivamente a linha de pobreza e a desnutrição que as excluía da cidadania.

O convênio com a Fundação Terra Nuova acabou em 2000, e a incumbência da continuação das escolas, conforme acordado, passou a ser do Estado. A fundação, àquela época, ao prestar serviços de educação, alimentação e saúde, estava apenas suprindo o que era obrigação do Estado.

Foi uma tragédia!

O país passava por uma reforma descentralizadora: naquele movimento, os municípios se tornaram gestores da prestação dos serviços básicos à população: educação infantil, ensino fundamental, cuidados básicos de saúde, gestão do trânsito local, entre outras competências. Com a pulverização da gestão – do que antes era centralizado –, os municípios ganharam autonomia para gerir de maneira mais adequada os serviços básicos. Autonomia para o bem e para o mal. Nos municípios que tinham um prefeito responsável e uma equipe competente, os serviços prestados melhoraram muito. Ao contrário, para aqueles de políticos com perfil oposto, a situação piorou e muito. Foi o que aconteceu em São Raimundo Nonato.

As professoras foram demitidas; as aulas passaram de período integral para duas horas diárias; a merenda se tornou escassa, irregular e de má qualidade. A gestão dos projetos ficou sob a responsabilidade de aliados políticos. Os congeladores, as geladeiras, as despensas... tudo foi depredado. Postos de saúde fechados. Terra arrasada.

Projeto Cerâmica Serra da Capivara

Financiada pelo BID, conforme cartaz afixado na entrada, a cerâmica da Serra da Capivara foi criada em 1994 pela FUMDHAM. Hoje, ela é considerada em todo o país um exemplo de projeto pioneiro de empreendedorismo sustentável, ao aliar empreendimento econômico, inclusão social e proteção ambiental, empregando cerca de quarenta famílias do bairro do Barreirinho, em São Raimundo Nonato, nas oficinas de cerâmica. O mesmo número de pessoas trabalha nas cinco lojas espalhadas pelos museus, portarias e outra em Teresina. O bairro – pouco mais que uma praça central, na qual se destaca a igreja rodeada por casas simples nas laterais, com grandes árvores onde a sombra oferecida é sempre um alívio para o forte calor – tem um visual que há muito perdeu o ar miserável: casas de tijolo, antenas parabólicas, motos estacionadas sob a sombra. Cada trabalhador da cerâmica recebe de um a dois salários mínimos, dependendo da produção.

O ceramista Soichi Yamada, de São Paulo, em entrevista telefônica, nos contou que foi procurado por Pessis e Guidon com uma proposta bem clara: queriam criar uma cerâmica utilitária ilustrada com as pinturas da Serra da Capivara. No ano de 1994, ele passou seis meses no Parque Nacional da Serra da Capivara procurando a melhor argila e treinando a comunidade do Barreirinho nas técnicas de cerâmica. O desenho das pinturas rupestres define o estilo dessa cerâmica. Elas são desenvolvidas nas cores azul, verde, bege, marrom e branco, pois são os pigmentos atóxicos, com ausência de cádmio e chumbo, permitindo a fabricação de peças bicolores, em que o branco sempre faz contraste com as outras três cores, de uso utilitário e decorativo, resistente ao forno e ao micro-ondas. São queimadas em fornos a gás de alta temperatura, evitando o uso da lenha e diminuindo a pressão por desmatamento.

No início, foi criada uma empresa para comercializar a cerâmica, a Seiva Indústria e Comércio, em nome de Niéde Guidon, pois os estatutos da FUMDHAM não se aplicavam a comércio.

No entanto, a iniciativa não deu certo. Sabiam produzir, mas não tinham as habilidades da venda. A empresa foi vendida para Girleide Maria Alves Oliveira, uma talentosa e bem-humorada pernambucana que veio para administrar o Hotel Serra da Capivara a convite de Niéde Guidon e acabou assumindo as atividades da cerâmica.

> Havia muita cerâmica estocada, então nós começamos a participar de feiras. Enchíamos uma Kombi e íamos. As melhores eram de Brasília, porque tínhamos uma senha: Niéde Guidon! Qualquer reunião importante lá, ela ligava e conseguia um espaço para a gente abrir um ponto de venda.[110]
>
> **Girleide Oliveira**

Até a pandemia de covid-19 nos anos de 2020-2021, a Cerâmica da Capivara produzia cerca de 5 mil peças por mês, com produção variável dependendo das encomendas, e era vendida a clientes fixos ou nas grandes feiras país afora. Até a crise europeia de 2008, as cerâmicas conseguiam ser vendidas na Europa (principalmente na Espanha, Itália e Holanda) e em Israel. Hoje, esse mercado está fechado, mas a empresa conseguiu uma boa penetração nas lojas de decoração e redes de supermercados brasileiros. Para os grandes clientes foram desenvolvidas coleções exclusivas: Caras do Piauí, para o grupo Pão de Açúcar; Coleção Folha, para a Tok&Stok; Coleção Marco 500, para a empresa do mesmo nome, em São Paulo; e a Coleção Brazilian Home Collection (BHC) para a empresa americana BHC, de New Jersey, que busca valorizar artesanato ecológico para consumidores dos Estados Unidos e do Canadá.

O momento de consolidação da empresa aconteceu em 2009, quando a Cerâmica da Capivara firmou contrato com a empresa Natura, de cosméticos, que comprou 30 mil peças a serem entregues em três meses – nessa época, produziam 1.500 peças por mês –, com a condição de que esse dinheiro fosse usado em investimento do projeto e para melhoria das condições de vida dos funcionários. Galpões, novos fornos, bancadas e tornos foram comprados nesse momento, além de reforma na casa dos funcionários, como construção de banheiros, fossas, telhados.

> Essa foi a parte mais difícil. Como você vai entrar na casa de um funcionário e dizer que ele tem de fazer um banheiro na casa dele?[111]
>
> **Girleide Oliveira**

Pró-Arte

Com a desativação dos Núcleos de Apoio à Comunidade, em 2000, a Fundação mudou de estratégia e organizou um projeto de educação artística e patrimonial em São Raimundo Nonato, na antiga sede da FUMDHAM. Esse projeto, com a coordenação da arquiteta Cristiane Buco e com o apoio da arqueóloga Elaine Ignácio, da bailarina Lina do Carmo e da professora Marian Helen da Silva Gomes Rodrigues, era destinado a crianças e adolescentes de 6 a 12 anos e funcionava no contraturno do horário escolar. Havia oficinas de música, teatro, dança, artes visuais. Formou-se um coral, uma banda, um grupo de teatro e um cineclube, o Cine Art7.

> Atendia duzentas crianças, mas seu sucesso era tamanho que havia uma fila de espera de mil crianças.[112]
>
> **Marian Helen, em entrevista à autora**

O projeto recebeu, em 2001, o Prêmio Arte-Educação do Instituto Ayrton Senna; a partir de 2002, recebeu recursos desse mesmo instituto, por meio do Cidadão-21 Arte. Em 2006, foi considerado pela Unicef-Unesco o melhor projeto educacional de grande porte do Brasil; em 2007, recebeu o Prêmio Itaú Cultural-Unicef, que deu visibilidade nacional ao projeto. Funcionou por dez anos, até 2010.

Apicultura

Após a introdução das abelhas-africanas, com melhor rendimento na produção de mel na década de 1980, esse segmento passou a ter grande importância para a economia de alguns povoados ao redor do parque. A estratégia foi interromper a derrubada de árvores para a extração de mel, prática comum realizada pelo sertanejo, e aumentar a renda familiar, pois a economia apícola requer baixo investimento, sendo a matéria-prima a própria natureza.

Três comunidades em São Raimundo Nonato detêm a produção mais importante do produto: Assentamento Nova Jerusalém, São Vítor e Macacos. Todas se aproveitam da vizinhança do parque, onde a estabilidade da reserva da mata garante uma produção contínua. Nos anos de mais chuva, a produção aumenta; em períodos de seca, decresce, mas sempre conta.

Em 2021, o município produziu cerca de cinco toneladas de mel, respondendo pela maior produção do produto no estado. O Piauí é o terceiro produtor de mel do país.[113] Essa produção é absorvida desde 2004 pela Prodapys, de Santa Catarina, com a implantação de um entreposto na cidade, e, a partir de 2015, também pela Cooperativa Apícola de São Raimundo Nonato, que, em parceria com a Walterlang, exporta o mel diretamente para a Alemanha.

A maioria dos apicultores entrega o mel bruto e, apesar de reconhecerem as possibilidades da produção de própolis, geleia real e cera, não têm o domínio da tecnologia para tal. É uma atividade familiar, ocupando toda a família com diferenciação clara de tarefas: aos homens cabe o manuseio das abelhas; às mulheres, a extração e o envasamento do mel. E 37% dos apicultores obtêm dessa atividade sua fonte de renda exclusiva; ao restante, a isso são somados produtos agrícolas de produção familiar, como roças de feijão, milho, mandioca e abóbora.

Educação patrimonial

O reconhecimento e a valorização do patrimônio material e cultural de cada comunidade é fundamental para a consolidação da sua identidade e a preservação dos sítios históricos. Oficinas educacionais nas escolas, atividades no parque sempre estiveram presentes no calendário da FUMDHAM. Com o convenio de salvamento arqueológico do PISF, essas atividades foram ampliadas para todas as comunidades atingidas pela obra.

Institutos culturais

Museu do Homem Americano

Em 1988, a fundação lançou um concurso nacional para a construção do Museu do Homem Americano destinado a preservar e divulgar o patrimônio cultural evidenciado pelas pesquisas na região. Dezessete projetos foram inscritos. O projeto vencedor veio do Recife, dos arquitetos Monica Sampaio e Artur Guerra.

O edifício apresenta, logo após o hall de entrada, como exposição permanente, amplo espaço multimídia focando as figuras rupestres. Há uma sala dedicada aos artefatos de pedra e cerâmica, onde está exposta uma ponta de lança triangular de quartzo transparente – objeto de desejo entre todas as tribos pré-históricas de todos os continentes. Em outra sala estão expostos os esqueletos encontrados durante as escavações, inclusive um deles mostrando um cerimonial de enterramento do crânio dentro de uma cabaça. Todos esses esqueletos têm suas idades informadas. A responsabilidade de exibir a história das populações primitivas em um amplo painel de figuras rupestres com animação, além de outras interações multimídia, foi do artista plástico Marcello Dantas, que anos mais tarde voltou ao semiárido para dar vida ao Museu da Natureza, ou melhor, "para construir o mundo".

Centro Cultural Sérgio Motta

Paralelamente à construção do Museu, foi construído o Centro Cultural Sérgio Motta, abrigando os mais bem montados laboratórios de Arqueologia.

São cinco grandes retângulos que se unem formando um semicírculo, conectados por um hall de entrada. Ali vivem, desde tempos imemoriais, duas araras-vermelhas – será que elas têm nome? – domesticadas, comendo na mão dos funcionários e conversando com os turistas. Cada laboratório está organizado por natureza dos objetos de estudo: indústria lítica, indústria cerâmica, arte rupestre, Paleontologia e geoprocessamento. Eles também guardam a reserva técnica, isto é, todo o material encontrado em campo, devidamente catalogado e numerado. Um dos espaços mais importantes – se é possível hierarquizar essa coleção – é a biblioteca, real e virtual, bem como um setor de imagenologia com arquivos de fotos e filmes.

A pintura dos edifícios é no tom de terracota e conversa magnificamente com a terra do chão e com a cor da Caatinga. Ela se mostra seca, branca e retorcida no verão e verde, vistosa e florida no inverno. Portões de ferro amarelos, uma guarita... esse padrão (cor, portões, guaritas) se repete em todas as 26 entradas do parque.

Museu da Natureza

Fui apresentada por Bianca Tizianel – à época, coordenadora do parque – a um terreno vazio em plena Caatinga, em uma tarde empoeirada quando as máquinas que faziam o asfaltamento da estrada de acesso ao Bairro do Barreirinho, via Cerâmica da Capivara, traziam um ruído desagradável e muita poeira na boca.

> Aqui vai ser o Museu da Natureza para abrigar os fósseis que vamos encontrando durante as escavações. Também para desenvolver o turismo em Coronel José Dias. Até hoje, as ações se concentraram em São Raimundo. Precisamos pensar nos outros municípios do entorno.
>
> **Bianca Zorzi Tizianel**

Registrei com cuidado tal informação, uma a mais entre tantas que cada viagem me provia. Voltando a São Paulo, em um dia qualquer de 2013, li em um jornal que o BNDES tinha liberado R$ 13 milhões para a FUMDHAM para construir o Museu da Natureza!!! Havia uma condição: o dinheiro só seria liberado depois da inauguração do aeroporto! Em nosso próximo encontro com Niéde Guidon, em sua casa, em São Raimundo Nonato, ela nos apresentou o projeto: um caracol em meio à Caatinga, defronte aos paredões da *cuesta*. O projeto inicial foi da arquiteta Elizabete Buco e adaptado pelo escritório de arquitetura Dell'Agnese, de São Paulo, o mesmo escritório que criou o projeto do hotel cinco estrelas na Serra Vermelha. Bem, projeto sem dinheiro é apenas um projeto! Faltava a conclusão do aeroporto. Rosa Trakalo, diretora administrativa da FUMDHAM, ironizou a situação.

> *É o aeroporto do gerúndio: aguardando, construindo, esperando, faltando, desperdiçando...* Enfim, todas as situações a preceder o verbo inaugurando![114]
>
> **Rosa Trakalo**

Seria preciso aguardar ainda mais dois anos para o aeroporto ser inaugurado, em 2015.

O BNDES, então, liberou o dinheiro. Qual não foi a minha surpresa ao começar a ver fotos na mídia da imensa estrutura circular sendo construída! Tudo muito rápido. Em dezembro de 2018, com uma homenagem aos primeiros guias de quarenta anos atrás, Niéde inaugurou o novo museu.

Que sucesso!

Em apenas três meses, 13 mil pessoas já haviam visitado o local. Era um perfil diferente, gente do estado do Piauí, da capital, mas também das cidades vizinhas. Todos falando orgulhosamente que o Piauí tinha um museu de bichos antigos, como nenhum outro no país. E que era muito tecnológico!

– Você vai andar até de asa-delta – me falaram!

Aliar história e tecnologia – e criar uma interação que seja ao mesmo tempo lúdica e informativa – é a especialidade do artista plástico Marcello Dantas. Ele já fez isso no Museu do Homem Americano, depois no Museu da Língua

Portuguesa e em muitas outras exposições cujo tema é trabalhado de maneira tecnológica. As treze salas do Museu da Natureza são organizadas cronologicamente: desde o Big Bang – o início da Terra, a formação dos seres vivos, as idades cronológicas com nomes esquisitos – até os dias atuais. Ao fim, um mirante com vista para os paredões de arenito e o retorno por uma escada circular contornando uma réplica de uma preguiça-gigante de 13 metros de altura! Uma cafeteria, uma loja com cerâmicas da Serra da Capivara e muitas fotos...

Revista FUMDHAMentos

Em 1996, para divulgar o material produzido pelas suas pesquisas, a FUMDHAM lançou a Revista Científica *FUMDHAMentos*, de periodicidade anual, destinada a colher contribuições de pesquisadores nacionais e estrangeiros sobre questões multifacetadas do Nordeste do Brasil, abrangendo desde a pré-história até os dias atuais.[115] Foram publicados quinze números e dezesseis revistas desde 1966 até 2018. As edições de I a VI (2007) foram publicadas em modo impresso e, a partir do número VIII, passaram a ter edição eletrônica. Todas estão disponíveis no site da FUMDHAM. Algumas delas foram dedicadas a um tema especial, como o volume IV, de 2004, documentando o I Encontro de Física e Arqueologia – destinado a expressar os diferentes métodos científicos para se conhecer a idade de um material proveniente de uma escavação, ou o volume X, de 2013, dedicado à escavação da Lagoa de Uri de Cima, em Pernambuco.

Até o número VIII, de 2011, a revista era a grande porta-voz das mais variadas questões da Serra da Capivara. A partir do número IX, em 2012, os editorialistas abriram a publicação para outras questões do Nordeste – o Seridó, a Bahia. Nos últimos anos, a partir do número X, em 2013, até o último número (XVIII, volume 1, de 2021), a revista mudou seu perfil e seu editor também. Com a chegada de Daniela Cisneiros, deixou de ser porta-voz dos interesses da FUMDHAM para ser espaço para diferentes autores, abordando várias visões da Arqueologia, inclusive da urbana. No entanto, continua sendo uma revista da Arqueologia nordestina. Para o bem e para o mal.

Sendo local, dá espaço para as inúmeras pesquisas realizadas na região; em contrapartida, acentua seu espaço regional, não contribuindo para um debate da Arqueologia nacional, muito menos da internacional. Todos os artigos são em português, e em muitos nem o *abstract* em inglês aparece. Então, o que se publica aqui não repercute nem em outros lugares do país nem no exterior. Mesmo com numerosos sítios arqueológicos em outras partes do Brasil e na América do Sul, nenhuma produção deles tem espaço na *FUMDHAMentos*. Bem, essa é sua linha editorial.

Projeto A Água e o Berço do Homem Americano

Em 2007, com o financiamento da Petrobras e da Companhia de Pesquisa e Recursos Minerais (CPRM), a FUMDHAM se lançou em um ambicioso projeto envolvendo nove municípios da sub-bacia do Rio Piauí (3,4% da área do estado), onde se localizam os parques nacionais da Serra das Confusões e da Serra da Capivara. O objetivo era mapear as fontes de água superficiais e subterrâneas e propor ações técnicas, políticas e de educação ambiental visando a uma gestão consciente das fontes de água superficiais e subterrâneas. Mais que isso, o objetivo final era

> [...] contribuir para o estabelecimento de uma infraestrutura para o turismo ecológico e ambiental com o patrimônio ecológico do Território do Berço do Homem Americano através do aumento da oferta de águas subterrâneas e superficiais.[116]

O rio Piauí – a mais importante fonte de água superficial da área, nasce na Serra das Confusões e, até 1973, era perene na região; está assoreado requerendo ações ambientais urgentes. Ele faz parte da baía do rio Parnaíba, o rio mais importante do estado, atravessando-o sentido sul-norte, delimitando a fronteira com o Maranhão e desaguando no oceano Atlântico. Foi importante via de navegabilidade entre os séculos 17 e 20. É provável que tenha sido a rota de entrada dos primeiros povos que habitaram o sudeste do Estado há 40 mil anos. Existem ainda outras fontes de águas superficiais na região, as lagoas, que sofrem intensa degradação ambiental por poluição, desmatamento, assoreamento e aterramento para construções.

Quanto às águas subterrâneas, pela característica do solo e das condições climáticas, elas têm uma distribuição bastante heterogênea, com aquíferos de baixa produtividade cujos poços apresentam vazões inferiores a 3 m^3/hora. Nas áreas perfuradas sem cobertura, a recarga é ineficiente e a água apresenta teor elevado de sais, necessitando dessalinização prévia.[117]

A perfuração de poços na região é espontânea, desordenada, sem planejamento ou fiscalização, o que leva a um desequilíbrio da oferta. Idealmente, o necessário planejamento da abertura das fontes deveria levar em conta a dimensão dos aquíferos, a taxa de recarga, a avaliação da qualidade da água, o uso racional e o incentivo a atividades econômicas com tecnologia poupadora de água.[118] Sem isso, não há possibilidade de gestão nem solução do problema da escassez hídrica. A responsabilidade dessas ações é do estado, que só consegue intervir pontualmente e em problemas agudos. Sem essa ação, a situação é caótica, com desperdício de água acima da Serra da Confusões e contaminação dos aquíferos e poços deficientes ou já secos na região abaixo.

A proposta da FUMDHAM, por meio desse projeto, foi apresentar a possibilidade de gestão integrada de todas essas fontes onde se pressupõe um aumento de água acumulada no período das chuvas, que permitiria atravessar o período de secas; isso já acontece no Parque Nacional da Serra da Capivara, no qual ações de retirada de sedimentos acumulados em antigas quedas permitem o acúmulo de cerca de 12 milhões de litros de água.[119]

Mas o que foi o projeto?

Primeiro, um diagnóstico geral com a organização dos nove maiores problemas relacionados à água; esse foi o ponto de partida a dar origem a um conjunto de iniciativas técnico-científicas e educacionais, com os recursos via Petrobras, para o aproveitamento dos recursos naturais, ecológicos, turísticos e culturais.

O projeto durou três anos (de 2007 a 2010) e realizou pesquisas sobre aspectos quantitativos e qualitativos das águas superficiais e subterrâneas; estudos arqueogeofísicos; estudos socioeconômicos de infraestrutura para o turismo ecológico e cultural; escavação da Lagoa dos Porcos; e programas de educação ambiental em todos os municípios envolvidos.[120]

De concreto, 60 mil pessoas de sete municípios se beneficiaram de maior oferta de água por meio de ações de locação e perfuração de poços, recuperação de vinte reservatórios naturais, caldeirões, recuperação da lagoa de São Vítor em São Raimundo Nonato e proteção das nascentes do rio Piauí.[121]

Durante uma de nossas viagens à região, conseguimos perceber duas ações a nos entusiasmar: a visita a um viveiro de mudas nativas para a recuperação das nascentes do local e a revitalização de um povoado no município de Caracol, onde a recuperação do poço que abastecia a comunidade trouxe de volta os moradores, pois a falta de água havia ocasionado o esvaziamento paulatino do vilarejo.

Sete mananciais de águas superficiais foram revitalizados. Noventa povoados de São Braz do Piauí, Jurema, Caracol e Anísio de Abreu foram beneficiados; na maioria, já existiam poços ou caldeirões, mas estes estavam salinizados ou se consumia água de lagoas poluídas. Além de São Raimundo Nonato, maior cidade da região, os municípios contemplados com água de qualidade foram Coronel José Dias, São Lourenço do Piauí, São Braz, Bonfim, Anísio de Abreu, Jurema, Guaribas e Caracol.

Gradativamente, o projeto A Água e o Berço do Homem Americano vem recuperando e conservando os reservatórios naturais, implantando uma gestão integrada dos recursos hídricos, protegendo as nascentes do Rio Piauí, mapeando os sítios arqueológicos e paleontológico existentes, promovendo a preservação e a valorização dos vestígios milenares tão comuns na região. As primeiras escavações ocorreram na Lagoa do São Vitor, no povoado de mesmo nome, em São Raimundo Nonato. Ali os arqueólogos encontraram ossadas de animais da megafauna e artefatos líticos. A lagoa foi recuperada, desassoreada e entregue à comunidade.[122] Foi financiado pela Petrobras Ambiental, que destinou mais de R$ 3 milhões para o projeto.[123]

Uma das tecnologias inovadoras usadas foi o uso de placas solares para bombear água dos poços em povoados onde não havia energia. Foram instaladas cinco sistemas de bombeamento fotovoltaico comunitário, sendo quatro para equipar poços tubulares e outro em uma gruta.[124]

Dez anos depois, acreditamos, o projeto esgotou-se em si mesmo – os poços continuam sendo perfurados sem critério, o desmatamento e o assoreamento continuam e a educação ambiental não foi suficiente para criar uma cultura de economia de água. Na época das chuvas, as torrentes se esvaem sem nenhum aproveitamento, e o ciclo de inundações e escassez continua tão dramático como sempre.

Escavação da Lagoa dos Porcos

Um dos objetivos específicos do projeto A Água e o Berço do Homem Americano era a escavação da Lagoa dos Porcos, localizada no município de São Lourenço do Piauí. A escavação começou em 2010, coordenada pela FUMDHAM, e ocorreu em três campanhas: 2010, 2011 e 2012. A primeira pista de que o local era um sítio arqueológico importante ocorreu em 2003 quando um morador local, Valdir Santana, descobriu uma costela gigante de um animal desconhecido. Atualmente, a Lagoa dos Porcos é uma lagoa temporária com 390 metros de comprimento e 240 metros de largura, a uma altitude de 350 metros.

> A dinâmica atual das lagoas inseridas no domínio morfoclimático da Caatinga depende das precipitações pluviométricas do clima semiárido, responsável pela presença de água sazonal em todo o sistema hídrico da região, onde atualmente todos os rios são temporários. A permanência da lâmina d'água nas lagoas depende de um período de chuvas com alto índice pluviométrico, sendo muito raras as lagoas em que está lâmina d'água consegue resistir toda a estação de seca. Normalmente ocorre a progressiva diminuição da água até seu desaparecimento total da superfície; por este motivo, as comunidades de entorno das lagoas escavam cacimbas para buscar a água armazenada em subsolo.[125]
> ***FUMDHAMentos 2018***

Antes de ser lagoa, foi um rio. Era um tempo de outro clima, muito mais úmido, com chuvas regulares. Rio-armadilha! A grande fauna, ao buscar água, enroscava-se em grandes pedras... As escavações mostram a ocorrência de concentrações de fósseis que teriam sido acumulados em pequenas armadilhas, como piscinas naturais formadas pelos obstáculos rochosos que realizaram um efeito de barragem.[126]

Por ocasião da mudança climática, com a diminuição das chuvas, tornou-se uma lagoa, com depósito de sedimentos que hoje alcançam 2,5 metros de profundidade. A escavação foi circular e foram identificadas cinco camadas de depósito, sendo que na mais profunda encontraram-se ossos da megafauna com datação de 17 mil anos AP.

Além de ossos, foram encontrados artefatos líticos disseminados nas camadas superficiais. Poucas peças, se comparadas à quantidade de material de origem animal, mas, indubitavelmente, pedras lascadas pelo homem.

A escavação foi mostrando – à medida que os artefatos eram retirados – que ali se concentrava um número imenso de ossos da megafauna (até agora 5.800 pedaços) que existiu na região há 30 mil anos e se extinguiu há 20 mil anos. Esse material foi identificado anatômica e taxonomicamente: dezessete espécies! Muitas também encontradas na Serra da Capivara. Os fósseis mais comuns são preguiças da espécie *Eremotherium laurillardi*.[127]

> Entre eles figuram quatro espécies de preguiças-gigantes, outras três de tatus gigantes e duas de cavalos pré-históricos, além do tigre-dentes-de-sabre e uma nova espécie de Toxodonte, descrita recentemente. Os fósseis apresentam diferentes estados de preservação, incluindo desde peças que se apresentam excepcionalmente completas até fragmentos que não podem ser identificados nem mesmo quanto a que parte do corpo do animal pertenceram.[128]
> **Elver Mayer – paleontólogo da FUMDHAM**

A técnica de Espectrometria de Ressonância Paramagnética Eletrônica (ESR) – *eléctron spin resonance* – foi utilizada para a datação dos fósseis. O estudo por essa técnica foi em uma amostra de dois dentes, um de mastodonte, ancestral de elefantes, e outro de Toxodonte, um mamífero de corpo volumoso, como um rinoceronte. As amostras foram datadas por pesquisadores da Universidade de São Paulo (Campus de Ribeirão Preto, SP) e da Universidade Sagrado Coração (Bauru, SP), em colaboração com profissionais da FUMDHAM. As idades encontradas foram de 26.000±4 e 22.000±3 AP, respectivamente, isto é, no Pleistoceno Superior.[129]

A Serra da Capivara é conhecida desde a década de 1990 pelas várias descobertas sobre fósseis de mamíferos extintos considerados gigantes se comparados à maioria dos que vivem hoje. Trata-se de uma grande variedade de formas animais que habitavam a região no passado, mas que acabaram não deixando descendentes até os dias atuais. As causas desse desaparecimento ainda são bastante debatidas entre os pesquisadores, mas para a América do Sul a principal hipótese considerada é a de extinção por mudanças climáticas. Embora os estudos sobre o parentesco e a anatomia desses animais sejam comuns, datações dos fósseis ainda são pouco numerosas. Dessa forma, os cientistas conhecem relativamente bem as espécies que viveram e sabem por onde se distribuíam geograficamente no passado, mas têm poucas informações precisas sobre quando eles realmente estiveram por aqui.[130]

Projetos históricos

No Rastro da Maniçoba
História da Fazenda Jurubeba – Caminho dos Maniçobeiros na Serra Branca

Ao associar o patrimônio histórico do ciclo da maniçoba – que aconteceu na região do entorno do Parque no início do século 20 – ao patrimônio arqueológico em dois circuitos para visitação turística, a FUMDHAM contempla duas fases do povoamento do interior do Piauí: o pré-histórico e o do início do século passado. Dois grupos que se superpõem no mesmo território com alguns milhares de anos de intervalo, mas cujas memórias precisam ser resgatadas, auxiliando a reconstrução da identidade do povo que hoje habita aquela região. Na implantação desses dois projetos, além da reconstituição dos circuitos históricos, houve o treinamento dos guias nesses circuitos, além de amplo projeto nas escolas.

Financiamento de projetos

A FUMDHAM tem um orçamento de pesquisa por projetos, na maioria das vezes financiados pelo CNPq. São variáveis e aplicados somente ao projeto em questão. Para os projetos fora da pesquisa, a fundação busca patrocínio, geralmente via renúncia fiscal ou por meio do prestígio pessoal de Niéde Guidon nas Companhias Estatais ou Fundos dos diferentes ministérios. Analisamos os convênios mais importantes assinados nos últimos vinte e cinco anos entre a FUMDHAM e as mais diversas fontes de financiamento com o nome do projeto a ele vinculado.

ANO	PROJETO	VALOR EM R$	INSTITUIÇÃO
1999	Formação de professores Alfabetização de Jovens e Adultos	132.499,92 186.000,00	FNDE FNDE
1999	Equipamentos para o CC Sérgio Motta	98.712,00	Ministério da Cultura
2000	Construção de Alpendre e Cisterna para o Centro Cultural	70.000,00	Ministério da Cultura
2000	Realização do Reunião da Associação Brasileira de Arte Rupestre	50.000,00	Sudene
2000	Estudo da Ocupação Humana e Meio Ambiente	869.653,94	Conselho Nac. do Des. Científico e Tecnológico
2004	Reintegração do símbolo tribal Koyré, na tribo Pedra Vermelha/Tocantins.	39.584,00	Fundo Nacional Cultura
2004	Festival Interartes	103.850,00	Ministério da Cultura
2005	Pesquisa Documental do Patrimônio Imaterial	98.648,00	IPHAN
2005	Festival Pró-Arte	50.000,00	Ministério do Turismo

ANO	PROJETO	VALOR EM R$	INSTITUIÇÃO
2005	Atualização Exposição do Museu	72.000,00	IPHAN
2005	Convênio 3317/05 Sem informação	1.200.000,00	Conselho Nac. do Des. Científico e Tecnológico
2007	Interpretação Sítios Arqueológicos no entorno do Parque	500.000,00	Fundo Nacional da Cultura
2007/08	Preparação do Circuito da Serra Branca e Caminho dos Maniçobeiros	630.000.00	Ministério do Turismo e Caixa Econômica Federal
2008	Instalar acessibilidade ao Museu do Homem Americano	37.860,00	BNDES
2009	Reforma e Atualização do Museu do homem Americano	495.000,00	Caixa Econômica Federal
2009/11	A Água e o Berço do Homem Americano	3.121.240,00	Petrobras Ambiental
2010	Festival Acordais	180.000,00	OI
2010	Resgate Arqueológico do Rio São Francisco	120.077.002,85	Conselho Nacional do Desenvolvimento Científico e Tecnológico
2013	Trilha Caminho dos Maniçobeiros	247.000,00	Petrobras
2014	Escavação em sítios em Brejo do Piauí, Bonfim do Piauí e Santo Inácio do Piauí	228.289,14	IPHAN
2019	Resgate Arqueológico do Rio São Francisco	39.183.015,09	Conselho Nacional do Desenvolvimento Científico e Tecnológico

Financiamento de Projetos da FUMDHAM. Fonte: Fumdham e Portal da Transparência. http://tiny.cc/zze4vz

CAPÍTULO 5

A missão franco-brasileira no Piauí

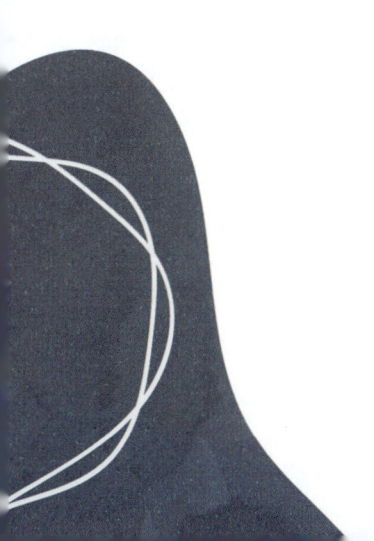

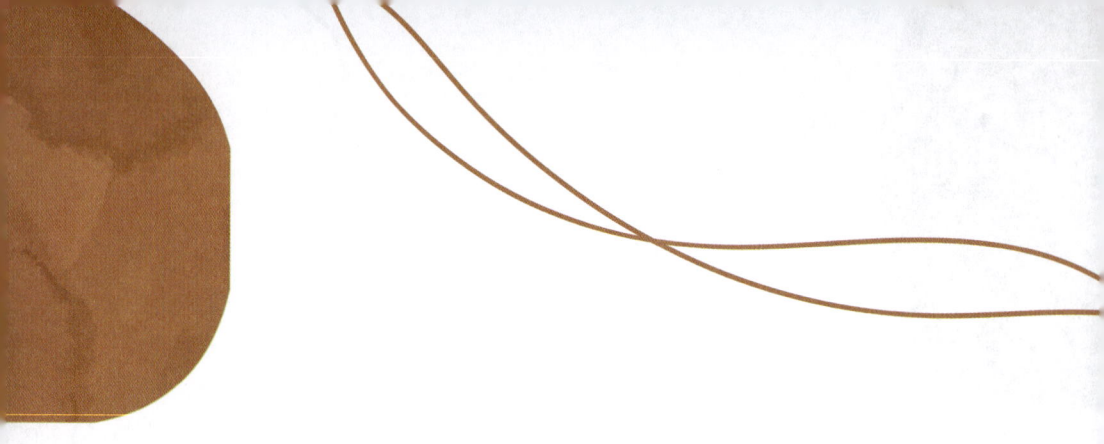

Conheci Eric Boëda em Paris, em uma chuvosa manhã de maio, em 2016, na Universidade Paris X, em Nanterre, justo na saída da estação do metrô Nanterre Université. Ao fim da escadaria de acesso à rua, alguém me ofertou um vidro de esmalte azul – então, soube que isso é um hábito publicitário aqui – e, depois de alguns erros dentro do edifício, achamos a sala da Maison de l'Archéologie et de l'Ethnologie, onde toda a pesquisa sobre a Serra da Capivara é planejada. Terceiro andar, três lances de escada. Frustrei-me um pouco com a construção; esperava algo mais imponente! Corredores escuros de pintura gasta, repletos de cartazes e avisos, muito parecidos com prédios de campi universitários brasileiros por onde andei. Nada de elevadores.

Professor Eric Boëda chegou pouco depois, ofegante com o esforço. Começou do início: em 2007, Niéde buscava um coordenador para as missões francesas no Piauí, e ele foi convidado; interessou-se, simples assim. Quase simples! Por trás havia um currículo de muitos anos de pesquisa em artefatos líticos em vários países. Trabalhara na França, na Argélia, na Ucrânia, em Mali, na Síria e na China, estudando e pesquisando o que mais sabe fazer: analisar e compreender os artefatos de pedra lascados ou quebrados pelo homem; entender a sua utilidade e o contexto em que foram trabalhados. Mais que isso, entender a cultura que os produziu. Se o foco de Niéde Guidon em suas missões foi a pesquisa das pinturas rupestres, Eric Boëda segue outra linha: os instrumentos líticos.

Boëda nasceu em 1953, em Courbevoie, França; é médico, fez mestrado em Antropologia e, depois, doutorado em Pré-História e em Medicina. É professor da Maison de l'Archéologie et de l'Ethnologie da Universidade de Nanterre – Paris X além de Presidente da Sub-Comissão "Amériques" Pôle SHS, de l'archéologie et du patrimoine do Ministère de l'Europe et des Affaires Étrangères desde janeiro de 2019.[131]

Na sala, olhei a lista de seus alunos de doutorado e tentei adivinhar pelos sobrenomes quantos eram brasileiros e quais eram os assuntos de suas teses. Baita curiosidade! Boëda tem um projeto de reunir seus alunos brasileiros, hoje pesquisadores em várias universidades do país, em uma entidade de atuação nacional; então, quanto mais variadas forem as universidades de origem, tanto melhor.

Começou a conversa falando sobre a política francesa dos anos de 1960 e 1970 – uma diretriz de acolhimento, como política pública, a todos os refugiados políticos de toda a América Latina, àquela época, vivendo regimes ditatoriais duríssimos. Então, brasileiros, chilenos, uruguaios, panamenhos, dentre outros, encheram as universidades francesas; Niéde Guidon e Anne-Marie Pessis entre essas pessoas. Depois falou de seus achados na Serra da Capivara e da coincidência das conclusões de outros sítios arqueológicos da América do Sul: Santa Elina, em Mato Grosso, em 2005; Monte Verde, no Chile, em 1997; Pikimachay no Peru, em 1980. E disse algo que causou efeito:

> Que houve uma civilização há 25 mil, 30 mil anos atrás, não só na Serra da Capivara, mas em toda a América do Sul, não resta mais dúvidas. A grande questão que se coloca a partir de agora é: quem eram eles?
> **Eric Boëda**

Ele chegou à Serra da Capivara em 2008 e entrou na linha de frente – e sempre soube disso – da batalha pelo reconhecimento internacional das mais antigas datações da presença do homem na América do Sul, publicadas por Niéde Guidon e Delibrias, em 1980; depois, por Guidon em 1989[132] e, posteriormente, por Fabio Parenti, em 1996 e 2001[133].

Boëda escavou, até 2018, cinco sítios arqueológicos na Serra da Capivara: Sítio da Toca do Pena (2009 a 2014); Toca da Tira Peia (2010 e 2011); Vale da Pedra Furada (2011); Sítio do Meio (2012 e 2013); e Toca da Janela da Barra do Antonião (2014 a 2016) – além de reavaliar o material lítico retirado das escavações do Boqueirão da Pedra Furada, em múltiplas campanhas de onde coletou material que embasou suas conclusões e publicações.

Na chegada, ele e sua equipe – alunos e especialistas com *expertise* em outras áreas – investigaram os sítios arqueológicos da Toca do Pena e da Toca do Tira Peia, propositalmente sítios fora do Parque Nacional da Serra da Capivara e de formação calcária, diferentes dos sítios areníticos no interior do parque, onde outros pesquisadores encontraram carvões e artefatos mais antigos.

Toca do Pena

O sítio arqueológico da Toca do Pena, uma pequena caverna localizada no maciço do Antero, ao sul da Serra da Capivara e a 7 km da cidade Coronel José Dias, foi pesquisado na primeira missão, em 2008. Claude Guérin, paleontólogo que acompanha a identificação dos animais desde a missão de 1978, em um estudo preliminar realizado em 2009, fez uma primeira lista das espécies presentes na Toca da Pena.[134] Ali, a equipe da missão francesa realizou, em 2008, uma sondagem mostrando a presença de artefatos dispersos e vários ossos de animais bem-conservados.[135] Na campanha seguinte iniciou-se a escavação, que só foi concluída em 2014.

Trata-se de um sítio misto, tanto em gruta como em abrigo sob rocha. Foi escolhido em razão do desmoronamento de um teto que recobriu o interior da gruta e a área à sua frente. O ano 2009 foi dedicado à retirada de várias toneladas de blocos de rocha e de calcário desmoronados e, nos anos de 2010 e 2011, foi iniciada a escavação na entrada da gruta.

Esse sítio forneceu poucos artefatos líticos – cerca de vinte peças –, correspondendo a três conjuntos estratigraficamente distintos. Os dois primeiros conjuntos são em quartzito; e os mais antigos, em quartzo.[136]

A pouca quantidade de produtos líticos indica a natureza das ocupações: pontuais e de curta duração.

Foram encontrados 1.946 fragmentos ósseos da paleofauna associados aos artefatos líticos, correspondendo a 1 espécie de anfíbio, 3 de répteis e 15 de mamíferos, alguns extintos, como a preguiça gigante, a paleolhama, o cavalo selvagem, e outros ainda presentes em nossa fauna, como a jaguatirica, o cervo do pantanal, o veado mateiro, além de 3 espécies de tatu: tatu-bola, tatupeba e tatu galinha.[137] A ocorrência de paleofauna associada ao material arqueológico em uma mesma camada foi a primeira em todo o Piauí. Estavam presentes também restos de um animal ainda desconhecido e identificado por Claude Guerin como *Blastocerusdichotomus*.[138] Abaixo do desmoronamento, na gruta, encontrou-se o esqueleto completo de um animal só encontrado no Piauí: o *Scelidodon piauiense,* uma fêmea, e ossos esparsos de outro mais jovem, um macho. É provável que o primeiro tenha morrido pouco tempo antes do desmoronamento da rocha, o que explica sua preservação.

Toca do Tira Peia

Em 2010, iniciaram-se as escavações na Toca do Tira Peia com o intuito de descobrir artefatos líticos e datá-los. Trabalhou-se com modernas técnicas de datação – Optical Stimulated Luminescense (OSL) – conduzidas pela equipe de Christelle Lahaye, da Universidade de Bordeaux.

Escavou por duas campanhas, de 2010 a 2011. A equipe mapeou oito camadas estratigráficas diferentes e encontrou dezenas de objetos líticos intactos, trabalhados pelo homem e dispostos exatamente como foram soterrados. Esses objetos foram coletados e enviados à Universidade de Bordeaux para datação. Os resultados encontrados, expostos na tabela a seguir, são indubitáveis[139], mostrando que são muito anteriores aos registrados em Clóvis e Folssom, nos Estados Unidos – os locais-ouro da Teoria Clovis. Essas datações são coincidentes com outros sítios arqueológicos da América do Sul, como Pikimachay – Flea Cave 4, no Vale de Ayacucho; no Peru; e a fase

III do Boqueirão da Pedra Furada – evidenciando que a América do Sul foi ocupada, no mínimo, 10 mil anos antes do previsto pela Teoria Clóvis.

AMOSTRA	CAMADA	ANOS ATÉ O PRESENTE	ANOS AC
BR 18	C4	4.000 ± 300	2.000 ± 300
BR 17	C5	12.900 ± 900	10.900±900
BR 18	C6	17.100 ± 1200	15.100 ± 1200
BR 19	C7	22.000 ± 1500	20.000 ± 1500

Datações encontradas na escavação da Toca do Tira Peia. C. Lahaye et al/Journal of Archaeological Science 40 (2013) 2840 0 2847.

Esses conjuntos líticos apresentam diferenças entre si e são específicos para cada tempo de ocupação.

Resultados da análise espacial indicam ocupações pontuais, de curta duração. Foram encontrados também vestígios ósseos, mas sem possibilidade de determinação.

Nos dois conjuntos mais recentes, a matéria-prima mais comumente utilizada foi o quartzito, enquanto nos níveis mais antigos o quartzo parece dominante, como na zona arenítica.

Vale da Pedra Furada

Em 2011, reabriram o sítio arqueológico do Vale da Pedra Furada, descoberto por Gisele Felice em 1998. Situado 30 metros abaixo do Boqueirão da Pedra Furada, o local é o mais emblemático da Arqueologia sul-americana, pois ali foram encontrados os artefatos mais antigos já conhecidos. Trabalharam nesse sítio por quatro campanhas desde 2011. Escavaram oito camadas estratigráficas e toda pedra maior que 20 milímetros foi recolhida para análise; foram milhares. Dessas, 294 foram classificados como indústrias antrópicas, isto é, modificadas intencionalmente pelo homem por corte ou lascamento, em função da necessidade do momento. Identificaram ferramentas usadas para as mais diferentes funções do cotidiano, como para tirar a pele de animais, perfurar, cortar carne, serrar e raspar madeira. Encontraram também catorze carvões e uma fogueira.

Concluiu-se, nessa escavação, que várias e sucessivas ocupações por grupos humanos aconteceram no Vale da Pedra Furada; as camadas superiores mostram uma ocupação no meio do Holoceno, isto é, entre 9 mil e 7 mil anos AP. As camadas inferiores são mais antigas; em duas camadas (C3 e C7) aparecem a maior parte das amostras antrópicas, relacionadas à ocupação humana intensiva nos períodos úmidos entre 24 mil e 15 mil anos atrás. Embora a ocupação humana tenha sido contínua, a intensidade foi variável, concluiu.[140] Os artefatos de cada período são homogêneos; algumas características das ferramentas do Pleistoceno Superior persistiram até o Holoceno; outras desapareceram. A manutenção dessas características por períodos tão longos nos leva a pensar em grupamentos de pessoas originárias de uma mesma raiz.

Boqueirão da Pedra Furada

Com persistência e quase obstinação de encerrar a polêmica sobre o Boqueirão da Pedra Furada iniciada mais de trinta anos atrás, Boëda e sua equipe reanalisaram, de uma forma comparada, os objetos líticos provenientes do Boqueirão da Pedra Furada, nomeadamente os estudados por Fabio Parenti (1991). Há um recado claro para os críticos, principalmente Tom Dillehay, da Universidade Vanderbilt, no Tennessee (Estados Unidos), pois foi dele a contestação mais contundente ao trabalho do Boqueirão da Pedra Furada, em artigo publicado em 1994, na Revista *Antiquity*.

> Na realidade, a controvérsia relativa aos artefatos não repousa sobre dados científicos e experimentais. A origem natural dos "objetos lascados" foi decretada, e não demonstrada,

em seguida *à* sua queda do conglomerado subjacente. Não foi realizada nenhuma análise tafonômica comparativa para sustentar a ideia do "lascamento" natural, o que é surpreendente, tendo em vista a importância da descoberta, a não ser que as implicações científicas e suas consequências fossem os verdadeiros elementos problemáticos.[141]

Eric Boëda

Foi refeita a análise tafonômica a partir do material trabalhado por Fabio Parenti (publicado em 2001) utilizando outros critérios e, em particular, critérios técnicos.[142] Nos laboratórios, a partir de uma amostra de mais de mil objetos com comprimento superior a 2 centímetros, foi feita uma classificação tipo-técnica de fraturas naturais e suas consequências. Então, concluiu:

> A comparação com os objetos considerados lascados por F. Parenti e N. Guidon é gritante: nenhumas das características técnicas dos artefatos está presente em nossa amostra. Há, portanto, uma diferença bem significativa entre as peças dos níveis mais antigos do sítio, cujas fraturas não têm nenhum sentido técnico, e aqueles dos níveis arqueológicos datados do Pleistoceno. Tal diferença só pode se explicar pela intervenção do fator humano. Enfatizamos que essa análise tafonômica é sistematicamente realizada nos sítios localizados na borda do maciço arenítico, como o sítio da Vale da Pedra Furada, e confirma todo o conjunto dos resultados.[143]

Em uma entrevista em 2011 à Revista *Habitus*[144], do Instituto Goiano de Pré-História e Antropologia, ligado à PUC de Goiás, ele afirma que seu interesse é desvendar o que mudou num grupo humano depois do uso de determinada ferramenta, perceber as evidências evolutivas do homem por meio das ferramentas que estavam sendo usadas por determinado grupo.

> Não se conhece a finalidade das ferramentas, sua compreensão vem da intenção nas diferentes etapas de produção. O

importante, ressalta, são as ideias em uma determinada cultura para resolver uma questão. A ideia é a mesma para todas as culturas, o que muda é a maneira como ela é apropriada, de acordo com a tradição de cada grupo.

Eric Boëda

Sítio do Meio

Em 2012, ele escavou o Sítio do Meio – descoberto por Niéde Guidon em 1973 e escavado por setor entre 1978 a 2012. O sítio está localizado ao pé de um paredão, tendo altura de 200 a 250 metros entre a base e o topo. A base é composta por sedimentos e blocos caídos do paredão rochoso. Dois carvões foram encontrados soterrados sob os blocos com datações de 20.280±450 e 25.170±140 nas escavações anteriores. Foi feita uma escavação teste e foram encontradas duas camadas estratigráficas com artefatos antrópicos determinando ocupações humanas em dois diferentes períodos.[145] A primeira ocupação aconteceu entre 35 mil e 27 mil/28 mil AP, quando a área, parece, foi ocupada regularmente. A segunda ocupação começou por volta dos 24 mil AP e durou apenas alguns séculos. O sítio ficou vazio por um longo período e outra ocupação apareceu por volta de 16 mil/17 mil, e foi quase de maneira contínua até o início do Holoceno.

Toca da Janela da Barra do Antonião

A Toca da Janela da Barra do Antonião está localizada a 1 km da toca do Tira Peia, na borda do Parque Nacional da Serra da Capivara, no município de Coronel José Dias.

Escavada entre os anos de 2014 a 2016 pela equipe francesa, foram registradas seis camadas estratigráficas e datadas por OSL, com as seguintes datações: C2 – entre 9600 e 9900 BP; C3 – entre 11.200 e 12.500 BP; C4 – entre 13.500 e 14.500 BP; C5 – entre 19.000 e 20.400 BP; C6 – embora não datada diretamente se encontra entre 20 ka e 41 ka (kilos anos).[146]

Além das datações por termoluminescência, foi feita uma abordagem inédita combinando duas outras técnicas geoarqueológicas: a micromorfologia, que permite a análise microestratigráfica dos sedimentos arqueológicos, e a análise magnética dos sedimentos, permitindo a reconstrução paleoclimática do sítio arqueológico.

Dessas análises das sequências estratigráficas foi possível concluir – de uma forma bem documentada e confiável – um clima úmido ao final do Pleistoceno em contraste ao clima semiárido atual. Como consequência dessas novas técnicas, foi possível verificar que a ausência completa de microvestígios humanos nas camadas contendo instrumentos líticos indicam que o local era usado para atividades pontuais, de curta duração.[147]

Com a publicação desses trabalhos em 2013, 2014, 2016, 2018 e 2021, respectivamente, pelo seu rigor técnico e pelas conclusões da presença antiga do homem, Boëda põe, definitivamente, um fim no debate internacional sobre as datações encontradas por Niéde Guidon em 1978.

> Superamos a barreira dos vinte mil anos.[148]
>
> **Eric Boëda**

Ele continua chefiando as Missões francesas; a cada verão europeu, à equipe francesa se juntam pesquisadores brasileiros de diversas instituições e escavam por cerca de três meses. Boëda, porém, não permanece só na Serra da Capivara. Ele tem contatos, via ex-alunos nas universidades de Goiás, Mato Grosso, Sergipe, Pernambuco, Rio Grande do Sul, Federal do Vale do São Francisco e Federal do Piauí.

Em 2018, esteve no Uruguai a convite da arqueóloga Mariela Farias, examinando a coleção de Antonio Taddei, formada a partir de uma expedição realizada por ele em 1955. Seu projeto é construir no Brasil um centro nacional de pesquisa em Arqueologia e Antropologia, coordenando e articulando as pesquisas na área, culminando na criação da *"mission archéologique franco-uruguayenne"*, de onde é membro desde setembro de 2021. Antes disso, em 2019, se tornou membro da MAFANS – mission Archéologie Franco Argentine.[149]

> Os pesquisadores estão trabalhando isolados, dentro de cada universidade. Não há uma coordenação nacional de financiamento e pesquisa aos moldes do CNRS francês.
> **Eric Boëda, em entrevista à autora, em 2016.**

Quando lhe perguntei sobre o destino do trabalho na Serra da Capivara, na era pós-Niéde Guidon, ele se mostrou muito pessimista e afirmou:

> Não há dinheiro para a continuação das pesquisas; a FUMDHAM não tem recursos, o ICMBio também não. Ficará um trabalho muito pequeno e isolado.

Mas mostra-se otimista quanto à Arqueologia no país:

> – Tenho alunos que vieram estudar comigo aqui na França e hoje estão em várias universidades espalhadas pelo país. Meu projeto é integrar todas as pesquisas num grande Centro Nacional de Pesquisas, no modelo existente aqui na França.
> – E o senhor se coloca como o coordenador desse projeto – perguntei.
> – Oui![150]

Em 26 de junho de 2019, a revista *Galileu* publicou a matéria *Macacos-prego utilizam ferramentas de pedra há 3 mil anos no Brasil*. No texto, afirmam que especialistas notaram o aperfeiçoamento dos objetos ao longo do tempo: artefatos são utilizados para cavar, cortar e até nas preliminares sexuais.

Em parceria com especialistas do Reino Unido, um grupo de brasileiros descobriu que os macacos-prego do Parque Nacional da Serra da Capivara, no Piauí, utilizam ferramentas de pedra há pelo menos 3 mil anos. Os objetos encontrados são utilizados há pelo menos 450 gerações e apresentam diferentes estilos e funções.

A descoberta é revolucionária, como explica a equipe em artigo publicado na *Nature*. "Nossa identificação da mudança comportamental do uso de ferramentas de pedra no registro arqueológico de primatas indica que os seres humanos não são únicos em termos de variação no uso de artefatos a longo prazo".

No Parque Nacional da Serra da Capivara, os macacos-prego usam ferramentas de pedra para quebrar nozes, cavar o solo, processar frutas e sementes e até mesmo se envolver em exibições e preliminares sexuais. "A escavação mostra que essa espécie de primata do Brasil tem seu próprio registro arqueológico individual: eles têm sua própria 'antiguidade' no uso de ferramentas", disse o pesquisador Tomos Proffitt à *National Geographic*.

De acordo com o estudo, as pedras mais antigas usadas para martelar são relativamente pequenas e leves, embora estejam muito danificadas em quase todas as superfícies e não tenham vestígios de resíduos de caju. Por isso, os autores propõem que essas ferramentas foram usadas para obtenção de alimentos menores do que as castanhas de caju, que eram difíceis de acertar, o que criou mais cortes e arranhões no artefato.

Os objetos de cerca de 300 anos também foram usados para martelar algo muito maior, já que as pedras parecem muito maiores do que as utilizadas atualmente. "As evidências sugerem que a atividade percussiva dos macacos no local durante esse período também se concentrou menos exclusivamente nos cajus e mais na abertura de alimentos mais duros", sugerem os autores.

Outro fato interessante é que durante um longo período nenhuma ferramenta foi depositada na região, então não se sabe se os macacos locais pararam a prática durante um tempo, ou se migraram para outro local e depois retornaram. Fato é que os humanos têm vivido na Serra da Capivara há milhares de anos – usando ferramentas de pedra mais avançadas. Tendo isso em vista, a descoberta dos cientistas levanta a questão: os macacos aprenderam com os humanos, ou os humanos aprenderam com os macacos?

Michael Haslam sugeriu anteriormente que as pessoas passaram a comer cajus após observarem os animais, mas, mesmo assim, isso não é o suficiente para conclusões definitivas. Por isso, só há uma conclusão decisiva para os biólogos: "Enquanto os macacos operavam dentro da mesma tradição de percussão da ferramenta de pedra básica por pelo menos 3 mil anos, eles implementaram essa tecnologia para fins diferentes".

Fonte: MACACOS-PREGO utilizam ferramentas de pedra há 3 mil anos no Brasil. *Galileu*, 26 jun. 2019. Disponível em: https://revistagalileu.globo.com/Ciencia/noticia/2019/06/macacos-prego-utilizam-ferramentas-de-pedra-ha-3-mil-anos-no-brasil.html. Acesso em: 27 jul. 2022.

CAPÍTULO 6

A região do Parque Nacional: geografia e habitantes

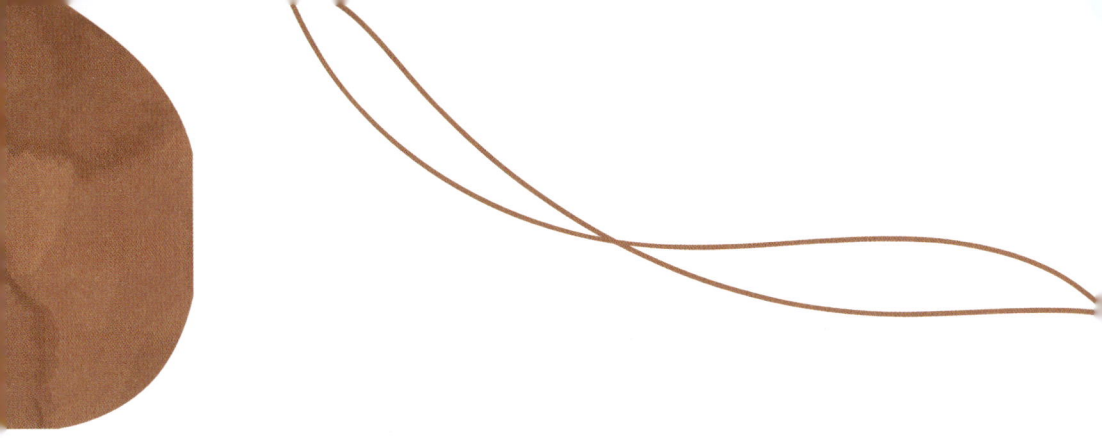

O Piauí, situado no Nordeste do Brasil, com área de 251.529 km², é comparado em tamanho ao estado de São Paulo. Tem clima semiárido com predomínio de Caatinga, prolongadas estações de seca e chuvas escassas durante os meses de novembro a abril.

A população do Piauí é de 3.289.290 habitantes, de acordo com dados divulgados pelo IBGE em 2021.[151]

A colonização do Piauí

Habitado, como sabemos, pelos mais antigos povos das Américas, há um hiato de conhecimento entre a ocupação desses grupos e o surgimento das tribos indígenas encontradas pelos portugueses por ocasião da colonização. Há poucos documentos sobre as tribos indígenas que habitaram a região, as tribos dos Tremembés, Pimenteiras, Gueguês, Tabajaras, Jaicós, Acroás e Timbiras, pertencentes às etnias Jê, Tupi, Cariri e Caribe.

Ao contrário da colonização portuguesa no Nordeste – já distribuído em Capitanias Hereditárias desde 1534 – baseada da cana-de-açúcar cultivada no litoral, o território do Piauí foi ocupado pelo interior.

O avanço colonial para o interior iniciou-se em 1662 pela expedição paulista de Domingos Jorge Velho, que subiu o Rio São Francisco e depois a bacia do Parnaíba.[152] A expedição do bandeirante significou extermínio indígena com alto grau de violência e brutalidade.

Contemporânea ao desbravamento bandeirante, partiu de Salvador, em 1674, da poderosa Casa da Torre (uma grande fazenda de criação de gado nos arredores de Salvador), uma expedição contra os índios Gueguês ou Gurgueias, revoltados no sul do Piauí. Os principais comandantes dessa expedição eram Francisco Dias de Ávila, Domingos Rodrigues de Carvalho, Bernardo Pereira Lago e Domingos Afonso Mafra.[153] Nessa campanha, os fazendeiros baianos se depararam com grande área de terras disponíveis além das serras que separam as bacias do São Francisco e do Rio Parnaíba. Eram terras planas e extensas, entrecortadas por vales férteis, ideais para criar gado. Como recompensa, os vitoriosos solicitam ao governador de Pernambuco várias sesmarias nessa região.

As sesmarias eram doadas – como política de Portugal para a Colônia – por governantes das Capitanias da Bahia, de Pernambuco, do Pará e do Maranhão, costumeiramente como recompensa pelo extermínio de algum grupo indígena ou por requisição de interessados: em geral, os grandes fazendeiros de cana-de-açúcar ou de gado. Esse processo de apropriação de novas terras não foi pacífico, caracterizando um período (fins do século 17 e século 18) de guerra de conquista objetivando a caça e o extermínio das nações indígenas e a apropriação de terras.

Na ocupação do Piauí, o regime das grandes fazendas recebidas em forma de sesmarias foi a marca da colonização, permitindo uma pecuária extensiva – e a formação do maior rebanho do Nordeste, focado em abastecer os mercados de cana-de-açúcar e depois, o da mineração. Essa ocupação também foi marcada por conflitos intensos entre os donos das sesmarias e vaqueiros e posseiros anteriores.

O regime das sesmarias não servia ao cultivo e ao aproveitamento para a agricultura, e sim para a expansão territorial necessária à pecuária. Ao fim do século 18, pequenos núcleos populacionais foram se transformando em freguesias e, em 1762, Oeiras é transformada em capital da Capitania. Não existia vida urbana na capitania.

Na área do Parque da Serra da Capivara,

> [...] no século 18, época da luta pela posse das terras, apareceu Vitorino Dias Paes Landim, que se apropriou dessa região, expulsando os índios, construindo casas e roças para criação de gado. No século 19, o senhor Vitorino Dias Paes

Landim recebeu do governador três fazendas: Serra Nova, Boqueirãozinho e Serra Talhada.[154]

A Fazenda Serra Nova mudou seu nome para Várzea Grande em 1855 e foi o núcleo do povoado de Várzea Grande, onde Niéde chegou em 1970. Vitorino Jose Dias Paes Landim é o ancestral comum da maioria dos moradores do Zabelê.

A emancipação do estado e a primeira atividade econômica

A emancipação do Piauí, cuja área geográfica pertenceu à Capitania da Bahia até 1718 e depois à Capitania do Maranhão, aconteceu por ordem real em 1758, instalando-se a capital em Oeiras e sendo nomeado governador, pela Coroa, o português João Pereira Caldas.[155] Agora um estado autônomo, sua economia continuava baseada na criação e comercialização do gado vivo ou abatido, na forma de charque, quando o porto da cidade de Parnayba passa a ter importância econômica. Com o declínio do charque no inicio do século 20, o fumo, o algodão e, em especial, os produtos extrativos eram comercializados pelo porto, principalmente babaçu e carnaúba.

O ciclo da maniçoba

Do fim do século 19 até cerca de 1920, o extrativismo do látex da maniçoba para a produção de borracha era a mais importante fonte de exportação do Piauí, atingindo cerca de 62% das exportações estaduais.

O látex da maniçoba é extraído junto à raiz de uma árvore nativa, a maniçobeira (*Manihot piauhyensis*), abundante em terras devolutas nas regiões de São Raimundo Nonato, São João do Piauí, Caracol e Canto do Buriti. Ao contrário da solidão do vaqueiro dos latifúndios de gado, a maniçoba era uma atividade que demandava extensa mão de obra numa região escassa de trabalhadores, esvaziada com a migração dos homens – no declínio do ciclo do couro – para os seringais da Amazônia. Para ocupar esse vazio vieram homens da Bahia e de Pernambuco. Com isso, essas cidades passam a ter um incremento populacional, e grandes mudanças acontecem no cotidiano desses espaços. No começo do século 20, São Raimundo Nonato era uma vila de duas ruas extensas, casas de adobe, duas praças e algumas outras residências esparsas aqui e ali, onde viviam cerca de 2 mil pessoas.[156] Diversas vilas se renovaram diante do aumento da população, que acorreu para rodar a engrenagem da nova atividade econômica, a extração do látex da maniçoba.

Como a maniçoba estava concentrada em terras devolutas, sua apropriação não se deu sem conflitos. Os fazendeiros da região fizeram pedidos de arrendamento dessas terras ao governo estadual para a exploração e o cultivo. Geralmente, a terra era arrendada no prazo de quatro a dez anos, numa extensão de 400 hectares.[157] Os conflitos apareciam na demarcação da terra de cada um. Uma vez demarcado o espaço, instalava-se um barracão e contratavam-se os trabalhadores. Subsidiavam os alimentos, mas a um custo tão alto que o maniçobeiro raramente tinha dinheiro em haver no barracão. Costumava ter dívidas que o mantinham preso ao barracão, num sistema de escravidão disfarçada. Havia também maniçobeiros autônomos, pois, como a terra era devoluta, qualquer um podia demarcar uma área de maniçobal. No entanto, não era fácil o trabalho isolado – principalmente o escoamento da produção e a venda.

No início do século 20, além da maniçoba nativa, grande quantidade de maniçoba foi cultivada na região de São Raimundo Nonato, particularmente pelas Fazendas Serra (produção de 18 toneladas em 1911, empregando mais de quatrocentos homens)[158] e Jurubeba, ao sul do parque. Esta última foi integrada aos circuitos históricos do parque, com acesso em veículo com tração 4 × 4. A produção era escoada para as cidades de Petrolina (PE) e Juazeiro (BA), pela estrada de Remanso, em tropas de burro ou jumentos e conduzidas por tropeiros.[159]

O *crash* da maniçoba no Piauí aconteceu em 1913 pela concorrência da borracha do Oriente.

No início da Segunda Guerra Mundial, em 1940, com o bloqueio japonês da exportação da borracha da Ásia, houve novo incremento da produção, que durou até 1960, mas não conseguiu se sustentar. No período de 1956 a 1971, a produção de látex da maniçoba-do-piauí correspondeu a 42% do total dessa cultura produzida no país. Oficialmente, a exploração do látex no Piauí se encerrou em 1972.

Com o declínio do segundo ciclo da maniçoba, o sudeste do Piauí entrou em colapso. A região sofria da falta total de infraestrutura: energia, educação, saúde, saneamento. A energia elétrica só chegou a São Raimundo Nonato em 1978.

A transformação

Foi nesse momento de colapso econômico que as Missões Franco-Brasileiras de Arqueologia chegam ao sudeste do Piauí. Questões práticas e inovadoras foram se impondo para a transformação de uma área habitada por sertanejos completamente despossuídos em parque nacional; depois, outras medidas foram tomadas para sua conservação, tais como: retirada dos moradores de seu interior; interrupção do desmatamento para lenha, carvão e retirada de mel, da caça, das culturas de subsistência, proibição da indústria calcária. Foram providências agressivas ao modo de vida daquela sociedade, sendo necessário, para compensar, criar estratégias de sustentabilidade às comunidades a fim de reduzir a destruição do patrimônio natural e cultural. Tudo aconteceu em poucos anos, obrigando uma transformação profunda do modo de vida e da cultura da população local. Para uns foi mais fácil; para outros, nem tanto!

A consultoria internacional contratada por Niéde Guidon para desenhar o projeto de um parque analisou as potencialidades da região e concluiu que o turismo seria a opção mais viável de sustentabilidade – o que foi seguido por ela como um dogma. Niéde dedicou quarenta anos de sua vida, além da pesquisa científica, a preparar a região para o turismo. Tentou implantar o estudo de línguas em escolas, dinamizar a economia solidária transformando argila em cerâmica, viabilizar um fluxo de água equilibrado entre os períodos de seca e chuva, formar guias de turismo e, principalmente, construir um aeroporto! Seu discurso era (e ainda é) a necessidade de se construir um aeroporto internacional e um hotel 6 estrelas (sim, 6 estrelas!) para receber 5 milhões de turistas europeus por ano. Seria a redenção da região. Em uma de nossas visitas a sua casa, dentro do Centro Cultural Sérgio Motta, ela nos mostrou o projeto do escritório de arquitetura Dell'Agnese para um hotel 5 estrelas na Serra Vermelha, com uma piscina de borda infinita pendurada no paredão! O custo: 50 milhões de reais, solicitados ao Banco Mundial.

O aeroporto: projeto, sonho e irregularidades

O discurso de Niéde sobre a necessidade da construção de um aeroporto internacional em São Raimundo Nonato conseguiu convencer autoridades governamentais. A partir da década de 1990, o Instituto de Aviação Civil (IAC), em conjunto com o Serviço de Engenharia do II Comando da Aeronáutica (Comar), iniciou o processo de busca de local. Foi escolhido o sítio Remanso (Parecer Técnico 306 – CPT-3/99), a 8 quilômetros da cidade pela BR-324. O Decreto Estadual n. 9.778, de 22/11/1997, declarou de utilidade pública a área do sítio Remanso.

Em setembro de 2005, a Secretaria de Infraestrutura do Piauí (Seinfra) abriu licitação e publicou o "termo de referência para a contratação do projeto executivo do Terminal de Passageiros do Aeroporto Internacional de São Raimundo Nonato". O preço era de R$ 150 mil. O edital foi publicado duas vezes, mas não surgiram interessados. A partir daí, abriu-se uma Carta Pública, por meio da qual a empresa Executar Projetos foi convidada. O engenheiro Raimundo Dias Filho, então com 25 anos, com raízes, férias de infância e casa de avó em São Raimundo Nonato, foi chamado para levar o projeto adiante em 2007.

> Fiz o projeto dormindo; as ideias ficavam na minha cabeça, e num dia acordei com o desenho da capivara muito claro. O corpo seria o saguão principal; a cabeça, a área de desembarque; o rabo, a área de embarque. Pelas patas seria o acesso à pista. Eu costumo criar, trabalhar primeiro com a forma e depois com a função. Definida a forma do aeroporto, projetei uma grande cúpula de teto translúcido para entrar a luz

natural. O exterior tem uma concepção moderna, inserida na era tecnológica. Já o interior remete ao ar local da Caatinga. Colocamos um grande painel, do artista plástico Ostiano *Júnior*, mostrando a evolução pelos olhos da Arqueologia.[160]

Raimundo Dias Filho

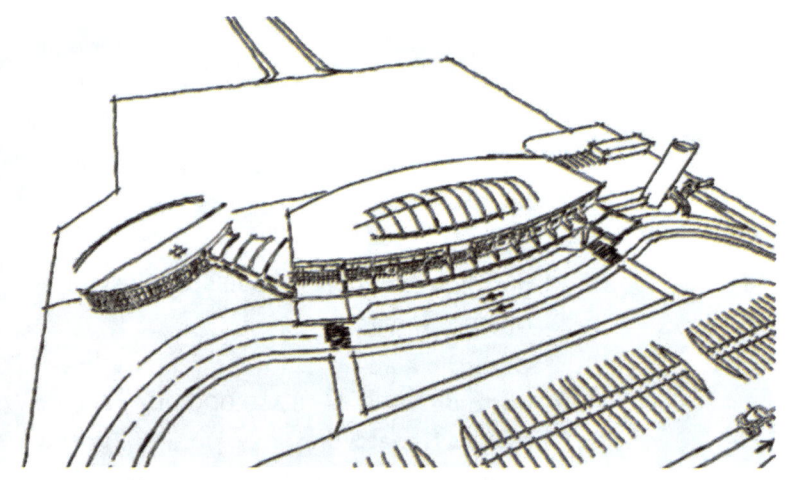

Projeto do Aeroporto Serra da Capivara.
Fonte: Raimundo Dias Filho.

Em entrevista à autora, no seu escritório em Teresina, em abril de 2019, Raimundo falou das inúmeras reuniões com o secretário da Seinfra, Antônio Avelino Rocha de Neiva, durante o ano de 2007. Importante deixar claro o ano de 2007. Numa delas, por decisão do secretário, o projeto foi modificado e adequado para ser um aeroporto de caráter nacional, visando à redução de gastos. De acordo com o projeto aprovado, o custo estimado do aeroporto, desde a terraplanagem até a pintura, confecção de jardins e limpeza geral, conforme planilha entregue à Seinfra, foi de R$ 10.490.186,5.[161]

As alterações não se referem apenas ao tamanho da pista. Há muito mais! É importante ressaltar que a mudança de categoria (de internacional para nacional) foi uma decisão ainda no momento do projeto, em 2007. Há todo um sistema de controle de dejetos da ala internacional, por exigência da Vigilância Sanitária, além da ala de restaurantes do segundo andar, diferenças na área de embarque e desembarque com sistema de alfândega e muitos outros detalhes que já foram alterados no projeto inicial.

ANO	N° DO CONVÊNIO	OBJETO	VALOR	DE	PARA
2002	n° 250/2002	Obras do aeroporto de São Raimundo Nonato	Não localizado	Ministério da Cultura	Seinfra Piauí
2003	41/2003	Obras do aeroporto de São Raimundo Nonato	5.968.923,14	Seinfra	Construtora Getel Ltda.
2008	149/2008	Obras do aeroporto de São Raimundo Nonato	3.859.650,32	Seinfra	Construtora Sucesso SA
2009	730692/2009	Obras do aeroporto de São Raimundo Nonato	8.330.000,00	Ministério do Turismo	Seinfra

Custos de construção do Aeroporto Serra da Capivara. Fonte: Sistema de Gestão de Convênios e Contratos de Repasse (SICONV).

O aeroporto foi inaugurado em novembro de 2015, com o custo final de R$ 25.597.404,56.

Há duas situações estranhas a respeito da construção desse aeroporto:

- Ter sido assinado um convênio e 23% do custo total do aeroporto ter sido repassado à Construtora Getel em 2003, sendo que a contratação do projeto do aeroporto aconteceu em 2007.
- A Construtora Sucesso pertencer a um senador do estado, João Claudino, do PTB do Piauí.

Inaugurado o aeroporto, apesar de rumores de que as companhias aéreas Azul, Avianca e Emirates estavam interessadas em operar por lá, nenhuma companhia se apresentou.

A partir de julho de 2016, uma empresa regional, a Piquiatuba Transportes Aéreos, com patrocínio – eufemismo de subsídios do governo do estado do Piauí –, iniciou um voo num pequeno avião Cessna 208 Caravan de nove lugares com rota Teresina–Picos–São Raimundo. Com duração de 2h17, os voos se tornaram frequentes, ocorrendo às segundas e quintas-feiras, custando R$ 285,00 só ida e R$ 530,00 ida e volta.

Foi uma rota que durou pouco e eu nem cheguei a percorrê-la, apesar de tê-la idealizado muitas vezes. Imagine descer sob o céu limpo do Piauí para os braços da Capivara! Em dezembro de 2017, os voos foram suspensos em razão de uma readequação de estratégias. De novo, o aeroporto está fechado; uma grande capivara-elefante branco em meio à Caatinga.

As irregularidades

A Construtora Sucesso, a Agência Nacional de Aviação Civil (Anac) e o governo do estado do Piauí foram condenados por irregularidades na confecção da pista, bem como por receberem valores indevidos de R$ 442.653,36. O julgamento ocorreu em 1ª Vara, em São Raimundo Nonato, no dia 11/12/2018. Essa sentença foi em atenção a uma ação do Ministério Público Federal (processo: 0003074-88.2015.4.01.4004), na qual foi determinado à construtora o ressarcimento do valor recebido indevidamente.

O Turismo como resposta à inclusão social

Tentando entender até onde o discurso do turismo tem capacidade de alterar a qualidade de vida local, fomos à busca dos indicadores que informam como está a vida dos piauienses no recorte da produção deste livro, isto é, até 2020. Utilizamos o critério de regiões imediatas do IBGE de 2017.[162] Incluímos, para contextualizar a capital do estado, Teresina e o próprio estado do Piauí.

Indicadores sociais da região

MUNICÍPIO	POPULAÇÃO	% POP. RURAL	IDH	% DE RECEITAS EXTERNAS	PIB PER CAPITA	% DE PESSOAS OCUPADAS	MORT. INFANTIL	TAXA DE SANEAMENTO	% PESSOAS ABAIXO LINHA POBREZA
Piauí	3.264.531		0,646		12.890,25	36,6	18,5	11,6	45,3
Teresina	861.442	6	0,751	65,0	22.597,68	35,3	15,15	61,6	38,6
Anisio de Abreu	9.098	50	0,594	96,5	7.077,40	6,0	46,67	18,6	53,6
Bonfim do Piauí	5.393	70	0,542	95,8	6.430,62	2,5	12,82	4,2	53,6
Caracol	10.866	61	0,552	----	6.742,17	4,2	12,82	34,6	56,9
Cel. José Dias	4.678	67	0,545	----	6.577,67	5,9	----	19,9	56,0
Dirceu Arcoverde	6.675	64	0,561	----	5.364,12	5,4	11,9	0,7	52,5
Dom Inocêncio	9.245	78	0,549	98,5	5.650,76	3,7	21,28	6,2	58,9

MUNICÍPIO	POPULAÇÃO	% POP. RURAL	IDH	% DE RECEITAS EXTERNAS	PIB PER CAPITA	% DE PESSOAS OCUPADAS	MORT. INFANTIL	TAXA DE SANEAMENTO	% PESSOAS ABAIXO LINHA POBREZA
Fartura do Piauí	5.074	74	0,548	----	5.104,44	4,2	13,89	1,5	56,7
Guaribas	4.556	71	0,508	----	6.783,90	5,0	16,95	29,2	61,4
Jurema	4.517	81	0,555	92,5	7.091,77	5,2	16,13	14,5	58,3
São Braz do Piauí	4.313	76	0,596	----	6.236,07	4,7	----	2,1	59,6
São Lourenço do Piauí	4.427	75	0,595	97,8	6.556,50	6,3	18,18	0,4	49,4
São Raimundo Nonato	34.535	34	0,661	89,5	11.543,54	11,8	21,92	4,4	45,8
Várzea Branca	4.913	77	0,553	96,9	6.146,35	4,1	27,78	4,0	59,4

Indicadores sociais da microrregião de SRN. Fonte: http://www.atlasbrasil.org.br/2013 – IPEA

São Raimundo Nonato, por ser a cidade-núcleo dessa região imediata, tem alguma singularidade, com indicadores melhores em razão de sua atividade de serviços ser determinante na economia, correspondendo a 55,8% do Produto Interno Bruto (PIB) local.

O que chama a atenção de maneira significativa é que todos os municípios dependem em mais de 95% de receitas do governo estadual ou federal, isto é, nenhum tem capacidade de gerar receita própria. São todos municípios constituídos por grandes latifúndios em que mais de 70% da população vive de agricultura de subsistência (feijão, milho, mandioca) e da criação de ovinos e caprinos. Além de tudo, a relação com o trabalhador da terra aqui é distorcida a favor do mais forte: a parceria é de 3 : 1, ficando o senhor da terra com três partes da criação ou colheita e o trabalhador com apenas um.

> Se nasce só um cabrito, meu pai tem direito a um quarto do animal. A cada um que nasce, vai acrescentando um quarto até ele ter direito a um animal inteiro. Então, precisam nascer quatro cabritos para meu pai ficar com um.[163]
>
> **Josiene de Jesus Souza,**
> **moradora de São Raimundo Nonato**

O Índice de Desenvolvimento Humano (IDH), que varia entre 0 e 1, levando-se em conta renda, educação e longevidade (saúde), mostra resultados considerados muito baixos na região. E já foram muito piores: há vinte e cinco anos estavam entre 0,2 e 0,3. O aumento considerável se deu por causa do acesso à educação, pois todos os municípios apresentam uma taxa ao redor de 95% de crianças matriculadas no primeiro ano do ensino fundamental.[164] Isso já seria uma lufada de esperança, mas não resiste à análise do indicador seguinte, o Índice de Desenvolvimento da Educação Básica (IDEB), que, num grau de 0 a 10, mede a qualidade da educação ofertada no país. Nessas cidades, esse índice varia entre 2 e 3!!! Isto é, a criança vai à escola, mas não apreende!

Inclusão social - Desafios

Desde o início do projeto, me angustio com a questão da inclusão social e não encontro resposta para ela. Só me vêm à mente os exemplos da Cerâmica da Capivara e dos apicultores dos povoados de São Vítor, dos Macacos e do Assentamento Nova Jerusalém. Eu me pergunto se esse modelo poderia ser replicado para outros produtos existentes na região.

Como transformar em economia solidária o couro dos cabritos e ovelhas, as numerosas fibras da região (caroá, buriti, carnaúba)? E o algodão orgânico? O empreendedorismo de impacto social é uma tendência testada em inúmeros projetos ao redor do mundo com bons resultados. Essa é uma discussão maior, envolvendo outros setores, mas lança uma luz de esperança sobre a vida de mais de 100 mil pessoas que habitam essa região.

E como o Parque Nacional da Capivara se insere nesse contexto?
– A saída é o turismo – bradou Niéde Guidon há quarenta anos.
Mas não é! O turismo é um caminho, porém não é o único.

Apesar de o PIB da área de serviços representar 60% do total do município[165], o setor alojamento e alimentação participa com 5%[166]. E é no setor de comércio varejista que a economia se alicerça, contribuindo com 50% do PIB.[167]

A estagnação das atividades oferecidas aos turistas (hotéis, restaurantes, pousadas...) nos últimos anos mostra que a vocação de São Raimundo Nonato é a prestação de serviços ligados a outros setores da economia e de caráter regional. O turismo é uma parte da economia local e pode e deve ser alavancado com iniciativas múltiplas.

Como alavancar o turismo no Parque Nacional da Serra da Capivara? O que chama a atenção de um turista quando ele decide visitar um parque nacional? O quanto o turismo arqueológico-cultural inserido no semiárido faz parte do interesse do turista brasileiro? Se faz necessário políticas públicas de incremento do turismo cultural e ecológico e projetos a médio prazo porque a cultura turística de uma sociedade não muda rapidamente.

Se os indicadores mostram que, do ponto de vista econômico, o parque não interfere significativamente na dinâmica de São Raimundo, do ponto de vista cultural a situação é completamente diferente. A descoberta das pinturas rupestres agregou à comunidade valores inexistentes anteriormente: autoestima, orgulho, pertencimento e acesso à educação e a bens culturais. Nesses quase cinquenta anos, ao permitir que centenas, talvez alguns milhares de jovens trabalhassem em ações no parque, quer auxiliando escavações, transcrevendo informações, protegendo pinturas, nas guaritas, nas patrulhas de vigilância, dirigindo veículos, quer sendo condutores de turistas, lhes foi permitido ampliar o universo cultural e perceber que a cultura poderia ser um bem acessível e de imenso valor. A chegada de universidades e cursos técnicos federais e gratuitos na área ampliou muito as possibilidades.

> Quando criança eu queria trabalhar no parque, queria ser guariteira. Quando ia imaginar que pude estudar, me tornar arqueóloga, fazer mestrado?[168]
>
> **Andrea Macedo**

Estamos em um momento histórico de expectativas quanto ao futuro, porém sem nenhuma certeza. São tantas as perguntas:

- Os turistas interessar-se-ão pelo parque arqueológico se aplicadas algumas estratégias de divulgação?
- Conseguirá o município equacionar os problemas de saneamento básico e abastecimento de água que estrangulam o turismo?
- Que ações de empreendedorismo de impacto social seria possível aplicar aqui com a possibilidade de aumentar – de maneira concreta – a renda de alguns segmentos?

Questões que desafiam os líderes, os sonhadores, os articuladores de políticas sociais e os responsáveis pelas políticas públicas, porque não se pode pensar um parque como uma ilha onde tudo funciona, rodeado por uma população em condições de miserabilidade severa.

Finalizado em setembro de 2019, Casa das Hortênsias.

REFERÊNCIAS

Introdução

1. Niéde Guidon em entrevista à autora em São Raimundo Nonato, em 2012.

Capítulo 1

2. Bianca Zorzi em depoimento à autora por e-mail, em 3 de abril de 2013.
3. Niéde Guidon em e-mail à autora, em 3 de janeiro de 2013.
4. Silvia Maranca em entrevista à autora, em 27 de fevereiro de 2013.
5. INÍCIO. **Miolo Wine Group**, [c2022]. Disponível em: https://www.miolo.com.br/o-grupo/. Acesso em: 20 dez. 2022.
6. Niéde Guidon em e-mail à autora, em 4 de janeiro de 2013.
7. Niéde Guidon em e-mail à autora, em 14 de fevereiro de 2013.
8. Niéde Guidon em e-mail à autora, em 20 de janeiro de 2013.
9. Niéde Guidon em e-mail à autora, em 15 de janeiro de 2013.

10. Niéde Guidon em e-mail à autora, em 3 de janeiro de 2013.
11. Niéde Guidon em e-mail à autora, em 13 de fevereiro de 2013.
12. CALCULADORA do cidadão. **Banco Central do Brasil**, 2022. Disponível em: https://www3.bcb.gov.br/CALCIDADAO/publico/corrigirPorIndice.do?method=corrigirPorIndice. Acesso em: 20 dez. 2022.
13. Silvia Maranca em diário não publicado e disponibilizado à autora durante entrevista, em 2013.
14. Idem.
15. Niéde Guidon em e-mail à autora, em 13 de fevereiro de 2013.
16. Silvia Maranca em diário não publicado e disponibilizado à autora durante entrevista, em 2013.
17. Idem.
18. PESSIS, A-M. Patrimônio e cidadania. *In*: I SEMINÁRIO INTERNACIONAL SOBRE PRESERVAÇÃO DA ARTE RUPESTRE NOS SÍTIOS DO PATRIMÔNIO MUNDIAL, 1., 2007, São Raimundo Nonato. **Anais** [...]. São Raimundo Nonato: Fumdham, 2007. Disponível em: http://fumdham.org.br/wp-content/uploads/2018/08/fumdham-fumdhamentos-v-2007-_599037.pdf. Acesso em: 4 jan. 2023.
19. Conceição Lage em entrevista à autora, em 1 de abril de 2019.
20. Idem.
21. Niéde Guidon – 17/11/2003. [*S. l.: s. n.*], 2016. 1 vídeo (70 min.). Publicado pelo canal Roda Viva. Disponível em: https://www.youtube.com/watch?v=R1Uu6xjN5nU. Acesso em: 4 jan. 2023.
22. Niéde Guidon em entrevista à autora, em dezembro de 2012.
23. PARENTI, F. M. **Le Gisement Quaternaire de Pedra Furada (Piauí, Brésil)**: stratigraphie, chronologie, évolution culturelle. Paris: Éditions Recherche sur les Civilizations, 2001.
24. Glória Velasco em uma interpretação de escavação sobre o Diário de Campo da FUMDHAM de 1978. Documento cedido à autora.
25. Silvia Maranca em diário não publicado e disponibilizado à autora durante entrevista, em 2013.
26. GUIDON, N; PESSIS, A. M.; MARTIN, G. Pesquisas Arqueológicas na Região do Parque Nacional Serra da Capivara e seu entorno. (Piauí

– 1998/2008). **FUMDHAMentos**, São Raimundo Nonato, n. 8, p. 4-64, jan. 2009.
27. **DIÁRIO de Campo**. São Raimundo Nonato: FUMDHAM, 1990.
28. **DIÁRIO de Campo**. São Raimundo Nonato: FUMDHAM, 1997.

Capítulo 2

29. Gisele Felice em entrevista à autora em São Raimundo Nonato, em 2013.
30. PESSIS, A-M. Patrimônio e cidadania. In: I SEMINÁRIO INTERNACIONAL SOBRE PRESERVAÇÃO DA ARTE RUPESTRE NOS SÍTIOS DO PATRIMÔNIO MUNDIAL, 1., 2007, São Raimundo Nonato. **Anais** [...]. São Raimundo Nonato: Fumdham, 2007. Disponível em: http://fumdham.org.br/wp-content/uploads/2018/08/fumdham-fumdhamentos-v-2007-_599037.pdf. Acesso em: 4 jan. 2023.
31. CAVALCANTE, L. C. D. *et al*. Conservação de Sítios de Arte Rupestre. **Revista de Arqueologia**, v. 21, n. 2, p. 41-50, 2008.
32. PESSIS, A-M. Imagens da Pré-História: Parque Nacional da Serra da Capivara. **Clio Arqueologia**, São Raimundo Nonato, v. 28, n. 1, p. 85, 2013.
33. PESSIS, A-M.; CISNEIROS, D.; MUTZENBERG, D. Identidades gráficas nos registros rupestres do parque nacional Serra da Capivara, Piauí, Brasil. **FUMDHAMentos**, São Raimundo Nonato, v. 15, n. 2, p. 33-54, 2018. Disponível em: http://fumdham.org.br/wp-content/uploads/2019/03/fumdham-fumdhamentos-xv--2018-n-2-_706581.pdf. Acesso em: 4 jan. 2023.
34. PESSIS, A-M. Imagens da Pré-História: Parque Nacional da Serra da Capivara. **Clio Arqueologia**, São Raimundo Nonato, v. 28, n. 1, p. 113, 2013.
35. Ibidem, p. 120.
36. Ibidem, p. 125.

37. MARTIN, G. **Pré-História do Nordeste do Brasil**. 5. ed. Recife: Editora Universitária da UFPE, 2008.
38. PESSIS, A-M. Imagens da Pré-História: Parque Nacional da Serra da Capivara. **Clio Arqueologia**, São Raimundo Nonato, v. 28, n. 1, p. 79-88, 2013.
39. ARAUJO, P.; CISNEIROS, D. Antropomorfos miniaturizados nas pinturas rupestres pré-históricas do Parque Nacional da Serra da Capivara. **FUMDHAMentos**, São Raimundo Nonato, v. 8, p. 60-93, 2016. Disponível em: http://fumdham.org.br/wp-content/uploads/2018/08/fumdham-fumdhamentos-xiii-2016-_702780.pdf. Acesso em: 4 jan. 2023.
40. PESSIS, A-M.; CISNEIROS, D.; MUTZENBERG, D. Identidades gráficas nos registros rupestres do parque nacional Serra da Capivara, Piauí, Brasil. **FUMDHAMentos**, São Raimundo Nonato, v. 15, n. 2, p. 33-54, 2018. Disponível em: http://fumdham.org.br/wp-content/uploads/2019/03/fumdham-fumdhamentos-xv--2018-n-2-_706581.pdf. Acesso em: 4 jan. 2023.
41. Idem.
42. KINOSHITA, A. *et al*. Electron spin resonance dating of megafauna from Lagoa dos Porcos, Piauí, Brazil. **Radiation Protection Dosimetry**, Oxford, v. 159, n. 1-4, p. 212–219, jun. 2014. Disponível em: https://doi.org/10.1093/rpd/ncu178 Acesso em: 20 dez. 2022.
43. Conceição Lage em entrevista à autora na UFPI (Teresina), em abril de 2019.
44. LAGE, M. da C. S. M. Contribuição da Arqueoquímica para o estudo da Arte Rupestre no Brasil. **FUMDHAMentos**, v. 2, p. 248-257, 2002.
45. Rodrigues Marian Helen G., chefe do ICMBio Parna Serra da Capivara, em entrevista à autora, em abril 2019.

Capítulo 3

47. ICMBio – Parna Serra da Capivara; acervo digital, p. 6-21.
48. Ibidem, p. 29.

49. Ibidem, p. 34.
50. Ibidem, p. 33-47.
51. PLANO de Manejo do Parque. Arquivos FUMDHAM, São Raimundo Nonato, 1991.
52. CALCULADORA do cidadão. **Banco Central do Brasil**, 2022. Disponível em: https://www3.bcb.gov.br/CALCIDADAO/publico/corrigirPorIndice.do?method=corrigirPorIndice. Acesso em: 20 dez. 2022.
53. GUIDON, Niéde. **Relatório das Atividades da Fundação Museu do Homem Americano, período de 9 de novembro de 1986 a 24 de agosto de 1987**. São Raimundo Nonato: Arquivos FUMDHAM, 1986-1987.
54. BRASIL. **Diário Oficial da União**, Brasília, DF, 8 ago. 1988.
55. PLANO de Manejo do Parque. São Raimundo Nonato: Arquivos FUMDHAM, 1991.
56. PARQUE. **FUMDHAM**, 2022. Disponível em: www.fumdham.org.br/parque. Acesso em: 4 jan. 2023.
57. Walmir Victor da Silveira, advogado, em entrevista à autora em SRN, em outubro de 2014.
58. ELA. **Jornal O Globo**, p. 1, set. 2004.
59. DISCURSO do deputado Paes Landim – PTB (PI). Sessão: 036.3.52.O. Data: 17/03/2005. Disponível em: https://www.camara.leg.br. Acesso em: 1 jun. 2022.
60. Walmir Victor da Silveira, advogado, em entrevista à autora em SRN, em outubro de 2014.
61. Walmir Victor da Silveira, advogado, em entrevista à autora em SRN, em outubro de 2014.
62. INÍCIO. **Red list**, [c2022]. Disponível em: https://www.iucnredlist.org/. Acesso em: 4 jan. 2023
63. SOUZA, M. S. R. de. O povo do Zabelê e o Parque Nacional da Serra da Capivara (PI): conflito socioambiental entre populações tradicionais e gestão de UC de proteção integral. In: XIX Congresso Brasileiro do CONPEDI, 19., 2010, Fortaleza. **Anais** [...]. Fortaleza, 2010. Disponível em: http://www.publicadireito.com.br/conpedi/manaus/arquivos/anais/fortaleza/3436.pdf. Acesso em: 4 jan. 2023.

64. SERRA Capivari. [S. l.: s. n.], 2013. 1 vídeo (40 min.). Publicado pelo canal UnescoPortuguese. Disponível em: https://www.youtube.com/watch?v=9576H-X39J8. Acesso em: 31 out. 2022.
65. Maíra de Souza Silva, moradora do Novo Zabelê e líder do movimento da construção do Museu, em entrevista à autora, em abril de 2019.
66. Joana França, diretora do Ensino Fundamental 2 no Colégio Santa Cruz, em São Paulo (SP), em entrevista à autora, em São Paulo.
67. Idem.
68. Idem.
69. Marian Helen G. Rodrigues, chefe do ICMBio Parna Serra da Capivara, em entrevista à autora, em abril de 2019.
70. SERRA da Capivara National Park. **Unesco**, s.d. Disponível em: https://whc.unesco.org/en/list/606. Acesso em: 25 jul. 2022.
71. CALCULADORA do cidadão. **Banco Central do Brasil**, 2022. Disponível em: https://www3.bcb.gov.br/CALCIDADAO/publico/corrigirPorIndice.do?method=corrigirPorIndice. Acesso em: 20 dez. 2022.
72. Rosa Trakalo, assessora administrativa da FUMDHAM em entrevista à autora, em outubro de 2014.
73. Plano de Manejo do Parna Serra da Capivara – FUMDHAM, 1991.
74. Plano de Ação Emergencial – ICMBio Parna Serra da Capivara, 1994.
75. Idem.
76. Marian Helen G. Rodrigues, chefe do ICMBio Parna Serra da Capivara, em entrevista à autora, em abril de 2019.
77. Niéde Guidon – 17/11/2003. [S. l.: s. n.], 2016. 1 vídeo (70 min.). Publicado pelo canal Roda Viva. Disponível em: https://www.youtube.com/watch?v=R1Uu6xjN5nU. Acesso em: 4 jan. 2023.
78. Niéde Guidon em e-mail à autora.
79. Niéde Guidon em entrevista à autora em São Raimundo Nonato, em 2013.
80. Gisele Felice em entrevista à autora, em 2014.
81. Bianca Zorzi, bióloga e, nesse tempo, coordenadora de Campo da FUMDHAM com a responsabilidade pelo Parque Nacional da Serra da Capivara, em entrevista à autora, em 2013.

82. FUMDHAM – Liberações Financeiras 2004 a 2013.
83. ICMBio – email da diretora à autora, em 29 maio 2019.
84. BRASIL. Ministério do Meio Ambiente. Plano de Manejo do Parque Nacional Serra da Capivara. **Gov.br**, 2019. Disponível em: https://www.gov.br/icmbio/pt-br/assuntos/biodiversidade/unidade-de-conservacao/unidades-de-biomas/caatinga/lista-de-ucs/parna-da-serra-da-capivara/arquivos/plano_de_manejo_parna_da_serra_da_capivara.pdf. Acesso em: 4 jan. 2022
85. Idem.
86. Idem.
87. BRASIL. Informações sobre visitação – Parna da Serra da Capivara. **Gov. br**, s.d. Disponível em: https://www.gov.br/icmbio/pt-br/assuntos/biodiversidade/unidade-de-conservacao/unidades-de-biomas/caatinga/lista-de-ucs/parna-da-serra-da-capivara/informacoes-sobre-visitacao-2013-parna-da-serra-da-capivara. Acesso em: 4 jan. 2023.
88. BRASIL. ICMBio contabiliza mais de 8 milhões de visitas às unidades de conservação em 2020. **Gov.br**, 2021. Disponível em: https://www.gov.br/icmbio/pt-br/assuntos/noticias/ultimas-noticias/icmbio-contabiliza-mais-de-8-milhoes-de-visitas-as-unidades-de-conservacao-em-2020. Acesso em: 4 jan. 2023.

Capítulo 4

89. Ata da Assembleia de Fundação – Arquivos FUMDHAM.
90. Estatuto – Arquivos FUMDHAM.
91. Silvia Maranca em entrevista à autora em 27 de fevereiro de 2013.
92. Arquivos FUMDHAM.
93. Arquivos FUMDHAM. Niéde Guidon, Relatório das Atividades da Fundação Museu do Homem Americano, de 9 de novembro de 1986 a 24 de agosto de 1987.
94. Arquivos FUMDHAM – Declaração, 15 de maio de 1987.
95. Idem.

96. CALCULADORA do cidadão. **Banco Central do Brasil**, 2022. Disponível em: https://www3.bcb.gov.br/CALCIDADAO/publico/corrigirPorIndice.do?method=corrigirPorIndice. Acesso em: 20 dez. 2022.
97. BRASIL. Diário Oficial da União, 8 de agosto de 1988.
98. Plano de Manejo do Parque – Arquivos FUMDHAM, 1991.
99. OLMOS, F. et al. *Lista comentada das aves do Brasil pelo Comitê Brasileiro de Registros Ornitológicos – segunda edição.* **Zenodo**, 2021. Disponível em: https://zenodo.org/record/5138368#.Y7XTAXbMLrc. *Acesso em: 4 jan. 2023.*
100. INÍCIO. **Plataforma Mais Brasil**, s.d. Disponível em: https://idp.plataformamaisbrasil.gov.br/idp/. Acesso em: 4 jan. 2023.
101. INÍCIO. **Plataforma Mais Brasil**, s.d. Disponível em: https://idp.plataformamaisbrasil.gov.br/idp/. Acesso em: 4 jan. 2023.
102. INÍCIO. **Plataforma Mais Brasil**, s.d. Disponível em: https://idp.plataformamaisbrasil.gov.br/idp/. Acesso em: 4 jan. 2023.
103. PESQUISAS. **FUMDHAM**, 2022. Disponível em: http://fumdham.org.br/pesquisas/. Acesso em: 4 jan. 2023.
104. ANÁLISE gráfica dos registros rupestres. **FUNDHAM**, 2022. Disponível em: http://fumdham.org.br/cpt_pesquisas_anexos/analise-grafica-dos-registros-rupestres/. Acesso em: 4 jan. 2023.
105. PALEONTOLOGIA do quaternário. **FUNDHAM**, 2022. Diponível em: http://fumdham.org.br/cpt_pesquisas_anexos/paleontologia-do-quaternario/. Acesso em: 4 jan. 2023.
106. FREITAS, A. G. de et al. Paisagem, clima e subsistência no sudeste do Piauí: estudos arqueopalinológicos no Sítio Toca da Baixa dos Caboclos. **Clio Arqueologia**, Recife, v. 37, n. 1, 2022. Disponível em: https://periodicos.ufpe.br/revistas/clioarqueologica/article/view/254548. Acesso em: 4 jan. 2023.
107. PESSIS, A. M. Introdução. **FUMDHAMentos**, v. 1., n. 1, p. 5.
108. Idem.
109. INÍCIO. **Cidadeverde.com**, [c2023]. Disponível em: www.cidadeverde.com. Acesso em: 18 out. 2022.

110. Girleide Oliveira, proprietária da Cerâmica Serra da Capivara, em entrevista à autora em abril de 2019.
111. Idem.
112. Marian Helen G. Rodrigues, chefe do ICMBio Parna Serra da Capivara, em entrevista à autora em abril 2019.
113. LIMA, R. Piauí tem dois municípios com a maiores produções de mel do Brasil, diz IBGE. **Cidadeverde.com**, 2021. Disponível em: https://cidadeverde.com/noticias/354920/piaui-tem-dois-municipios-com-as-maiores-producoes-de-mel-do-brasil-diz-ibge. Acesso em: 4 jan. 2023.
114. Rosa Trakalo em entrevista à autora em SRN, em 2013.
115. PESSIS, A-M. Introdução. **FUMDHAMentos**, v. 1. n. 1, p. 5.
116. GUIDON, N.; NUNES, L. B. A.; PESSIS, A-M. **A água e o berço do homem americano**. [S. l.]: Petrobras, 2011.
117. Idem.
118. Idem.
119. Idem.
120. Idem.
121. Idem.
122. Folha Meio Ambiente – Tania Martins/André Pessoa – 20 nov. 2010.
123. TARGINO, E. A crise da água no berço do homem americano. **Eco 21**, ed. 139.
124. MORAES, A. M. de. **Energia solar fotovoltaica no Piauí**: barreiras e potencialidades. Teresina: EDUFPI, 2013. Disponível em: https://www.researchgate.net/profile/Albemerc-Moraes-2/publication/311962984_Energia_Solar_fotovoltaica_no_Piaui_barreiras_e_potencialidades/links/58651a2708ae6eb871adb16b/Energia-Solar-fotovoltaica-no-Piaui-barreiras-e-potencialidades.pdf. Acesso em: 4 jan. 2023.
125. GUIDON, N. et al. A Lagoa dos Porcos: escavações arqueológicas e paleontológicas no sudeste do Piauí – Brasil. **FUMDHAMentos**, v. 15, n. 2, p. 03-31, 2018. Disponível em: http://fumdham.org.br/wp-content/uploads/2019/03/fumdham-fumdhamentos-xv--2018-n-2-_574573.pdf. Acesso em: 4 jan. 2023.

126. Idem.
127. Idem.
128. Elver Mayer/FUMDHAM.
129. KINOSHITA, A. *et al*. Electron spin resonance dating of megafauna from Lagoa dos Porcos, Piauí, Brazil. **Radiation Protection Dosimetry**, Oxford, v. 159, n. 1-4, jun. 2014. Disponível em: https://doi.org/10.1093/rpd/ncu178 Acesso em: 20 dez. 2022.
130. MAYER, E. Novas datações para fósseis da Serra da Capivara. **Tecnorupestre Wordpress**, 2013. Disponível em: https://tecnorupestre.wordpress.com/2013/07/08/novas-datacoes-para-fosseis-da-serra-da-capivara/. Acesso em: 25 jul. 2022.

Capítulo 5

131. PROFILE. **Research Gate**, 2017. Disponível em: https://www.researchgate.net/profile/Eric-Boeda. Acesso em: 4 jan. 2023.
132. **GUIDON, N.**; DELIBRIAS, G. Carbon-14 dates point to man in the Americas 32.000 years ago. **Nature**, London, v. 321, n. 6.072, p. 769-771, 1986.
133. PARENTI, F. M. **Le Gisement Quaternaire de Pedra Furada (Piauí, Brésil)**: stratigraphie, chronologie, évolution culturelle. Paris: Éditions Recherche sur les Civilizations, 2001.
134. GUÉRIN, C. *et al*. 2015a. Toca da Janela da Barra do Antonião, São Raimundo Nonato, PI: rica fauna pleistocênica e registro da Pré-História brasileira. *In*: SCHOBBENHAUS, C. *et al*. (eds.). **Sítios geológicos e paleontológicos do Brasil**, p. 131-137.
135. GRIGGO, C. *et al*. La faune du pléistocène supérieur – holocène ancien de la toca da pena (Piauí, Brésil) – Étude paléontologique. **Quaternaire**, v. 29, n. 3, p. 205-216, 2018. Disponível em: https://www.researchgate.net/publication/330954757_The_upper_Pleistocene_-_Early_holocene_fauna_of_toca_da_Pena_Piaui_Brazil_-_Paleontological_Study. Acesso em: 4 jan. 2023.

136. BOËDA, E. *et al.* Les Industrie pléistocènes du Piaui Nouvelles données. *In*: XVI CONGRESSO MUNDIAL DE LA UNION INTERNACIONALE DES SCIENCES PRÉHISTORIQUES ET PROTOHISTORIQUES, 16, 2011, Florianópolis. **Anais** [...]. Florianópolis, 2011. Disponível em: https://www.researchgate.net/publication/275640051_Les_Industries_pleistocenes_du_Piaui_Nouvelles_donnees_As_industrias_pleistocenicas_do_Piaui_Novos_dados. Acesso em: 4 jan. 2023.

137. GRIGGO, C. *et al.* La faune du pléistocène supérieur – holocène ancien de la toca da pena (Piauí, Brésil) – Étude paléontologique. **Quaternaire**, v. 29, n. 3, p. 205-216, 2018. Disponível em: https://www.researchgate.net/publication/330954757_The_upper_Pleistocene_-_Early_holocene_fauna_of_toca_da_Pena_Piaui_Brazil_-_Paleontological_Study. Acesso em: 4 jan. 2023

138. GUÉRIN, C. *et al.* 2015a. Toca da Janela da Barra do Antonião, São Raimundo Nonato, PI: rica fauna pleistocênica e registro da Pré-História brasileira. *In*: SCHOBBENHAUS, C. *et al.* (eds.). **Sítios geológicos e paleontológicos do Brasil**, p. 131-137.

139. LAHAYE, C. *et al.* Human occupation in South America by 20,000 BC: the Toca da Tira Peia site, Piauí, Brazil. **Journal of Archaeological Science**, v. 40, n. 6, p. 2840-2847, jul. 2013.

140. FARIAS, M.; LOURDEAU, A. Peuplement de l′Amérique du sud : l′apport de la technologie lithique. *In*: XVI CONGRESSO MUNDIAL DE LA UNION INTERNACIONALE DES SCIENCES PRÉHISTORIQUES ET PROTOHISTORIQUES, 16, 2011, Florianópolis. **Anais** [...]. Florianópolis, 2011. Disponível em: https://www.researchgate.net/publication/275640119_Peuplement_de_lAmerique_du_sud_lapport_de_la_technologie_lithique_Povoamento_na_America_do_Sul_a_contribuicao_da_tecnologia_litica_Poblacion_de_America_del_sur_la_contribucion_de_la_tecnologia_litica Acesso em: 4 jan. 2023.

141. Idem.

142. LAHAYE, C. *et al*. New insights into a late-Pleistocene human occupation in America: The Vale da Pedra Furada complete chronological study. **Quaternary Geochronology**, v. 30, p. 445-451, 2015. Disponível em: http://dx.doi.org/10.1016/j.quageo.2015.03.009. Acesso em: 4 jan. 2023.

143. FARIAS, M.; LOURDEAU, A. Peuplement de l´Amérique du sud : l´apport de la technologie lithique. *In*: XVI CONGRESSO MUNDIAL DE LA UNION INTERNACIONALE DES SCIENCES PRÉHISTORIQUES ET PROTOHISTORIQUES, 16, 2011, Florianópolis. **Anais** [...]. Florianópolis, 2011. Disponível em: https://www.researchgate.net/publication/275640119_Peuplement_de_lAmerique_du_sud_lapport_de_la_technologie_lithique_Povoamento_na_America_do_Sul_a_contribuicao_da_tecnologia_litica_Poblacion_de_America_del_sur_la_contribucion_de_la_tecnologia_litica Acesso em: 4 jan. 2023.

144. **Habitus**. Goiânia, v. 4, n.2, p. 673-684, jul./dez. 2006.

145. BOËDA, E. *et al*. New Data on a Pleistocene Archaeological Sequence in South America: Toca do Sítio do Meio, Piauí, Brazil. **PaleoAmerica**, v. 2, n. 4, p. 286-302, oct. 2016. Disponível em: https://edisciplinas.usp.br/pluginfile.php/4428535/mod_resource/content/1/New%20data%20on%20a%20Pleistocene%20archaeological%20sequence%20in%20South%20America%20Toca%20do%20S%C3%ADtio%20do%20Meio%2C%20Piau%C3%AD%2C%20Brazil%20%28Boeda%20et%20al.%202016%29.pdf. Acesso em: 4 jan. 2023.

146. LAYANE, C. *et al*. Another site, same old song: the Pleistocene-Holocene archaeological sequence of Toca da Janela da Barra do Antonião-North, Piauí, Brazil. **Quaternary Geochronology**, v. 49, p. 223-229, feb. 2018. Disponível em: https://doi.org/10.1016/j.quageo.2018.03.006. Acesso em: 4 jan. 2023.

147. VILLAGRAN, X. S. *et al*. Formation Processes of th Late Pleistocene Site Toca da Janela da Barra do Antonião – Piauí (Brazil). **PaleoAmerica**, v. 7, n. 3, p. 260-279, jun. 2021. Disponível em: https://doi.org/10.1080/20555563.2021.1931744. Acesso em: 4 jan. 2023.

148. ESTEVES, B. Fim da controvérsia? **Folha de S.Paulo**, 2014. Disponível em: https://piaui.folha.uol.com.br/fim-da-controversia/. Acesso em: 25 jul. 2022.
149. PROFILE. **Research Gate**, 2017. Disponível em: https://www.researchgate.net/profile/Eric-Boeda. Acesso em: 4 jan. 2023.
150. Entrevista à autora em outubro de 2016.

Capítulo 6

151. POPULAÇÃO do Piauí. **IBGE**, 2017. Disponível em: https://cidades.ibge.gov.br/brasil/pi/panorama. Acesso em: 4 jan. 2023.
152. LIMA SOBRINHO, B. **O devassamento do Piauí**. Rio de Janeiro: Companhia Editora Nacional, 1946. Disponível em: http://brasilianadigital.com.br/brasiliana/colecao/obras/385/o-devassamento-do-piaui. Acesso em: 4 jan. 2023.
153. RIBEIRO, Joaquim Agnelo. História do Piauí. Teresina: LETERA, pág. 13, 2003.
154. HISTÓRIA. **IBGE**, 2017. Disponível em: https://cidades.ibge.gov.br/brasil/pi/coronel-jose-dias/historico. Acesso em: 4 jan. 2023.
155. RIBEIRO, Joaquim Agnelo. História do Piauí. Teresina: LETERA, pág. 21, 2003.
156. PENA, B.; NEIVA, A. 1916, p. 191.
157. OLIVEIRA, A. S. de N. Catingueiros da Borracha: vida de maniçobeiro no sudeste do Piauí 1900-1960. **FUMDHAM**, São Raimundo Nonato, p. 34, 2014.
158. PENA, B.; NEIVA, A. 1916, p. 180.
159. OLIVEIRA, A. S. de N. Catingueiros da Borracha: vida de maniçobeiro no sudeste do Piauí 1900-1960. **FUMDHAM**, São Raimundo Nonato, p. 88, 2014.
160. Entrevista de Raimundo Dias Filho à autora, em abril de 2019.
161. Idem.

162. DIVISÃO regional do Brasil em regiões geográficas imediatas e regiões geográficas intermediárias. **IBGE**, 2017. Disponível em: https://www.ibge.gov.br/apps/regioes_geograficas/#/home/. Acesso em: 4 jan. 2023.
163. Josiene de Jesus Souza, moradora de São Raimundo Nonato, em entrevista à autora, em outubro de 2019.
164. POPULAÇÃO de São Raimundo Nonato. **IBGE**, 2017. Disponível em: https://cidades.ibge.gov.br/brasil/pi/sao-raimundo-nonato/panorama. Acesso em: 4 jan. 2023.
165. LIMA, L. D. *et al*. Informações socioeconômicas municipais – São Raimundo Nonato, Piauí. **Banco do Nordeste**, 2019. Disponível em: https://bnb.gov.br/documents/45799/1016353/S%C3%A3o+Raimundo+Nonato-PI+-+2019.pdf/3d92e2f9-b064-c856-eb1c-d1a3ab794847?version=1.0&t=1646848057203&download=true. Acesso em: 4 jan. 2023.
166. Idem.
167. Idem.
168. Andrea Macedo, arqueóloga da FUMDHAM/Inapas, em entrevista à autora, em outubro de 2019.

Cadernos especiais

Caderno 1
AS MISSÕES FRANCO-BRASILEIRAS DO SÉCULO 20

As Missões Franco-Brasileiras do Brasil se iniciaram, oficialmente, em 1973. As primeiras – as do Piauí, em 1973, 1974 e 1975 – foram exclusivamente de pesquisadoras brasileiras. Na próxima, em 1978, o primeiro grupo de cientistas franceses e seus alunos aportaram em São Raimundo Nonato, onde permaneceram por seis meses. As missões sempre foram coordenadas por Niéde Guidon, até sua aposentadoria em 1998. A partir daí, as pesquisas arqueológicas foram realizadas exclusivamente pela FUMDHAM por meio de fundos brasileiros de pesquisas – como CNPq e Fundep – até o ano de 2008, quando as Missões Franco-Brasileiras foram retomadas, persistindo até hoje. O coordenador atual é o professor Eric Boëda, da Universidade Nanterre, Paris X, e presidente da sub-Comissão "Amériques Pôle SHS, de l'archéologie et du patrimoine" do Ministério da Europa e dos Assuntos Estrangeiros da França, desde janeiro de 2019

Primeira missão - 1973

A fim de pesquisar, de desvendar o que havia por detrás das figuras rupestres vislumbradas por fotografias anos atrás, Niéde Guidon convidou Silvia Maranca e Águeda Vilhena de Moraes, ambas do Museu Paulista, para explorar a Serra da Capivara, no sudeste do Piauí. Niéde trazia os equipamentos de seu laboratório, algum recurso obtido junto ao governo francês, e Silvia tinha em mãos um Jeep Rural Willis, do PRONAPA (Programa Nacional de Pesquisa Arqueológica). Rodaram cerca de 2.800 quilômetros até chegarem à Várzea Grande, antigo nome da cidade de Coronel José Dias, onde fizeram sua base de operações. Foram 10 semanas de árduo trabalho (10 de abril a 20 de junho) e, ao final, quase 100 sítios arqueológicos foram visitados e catalogados.

> As "viagens" aos sítios durante esse período eram literalmente penosas. O carro chegava sempre só até muito mais longe de onde devíamos ir, sempre! Quando dava para chegar mais perto eram 15 quilômetros de distância, caso do Gongo. Em compensação, os 15 quilômetros eram subindo e descendo serra, cortando a Caatinga a facão para fazer picadas que permitissem a passagem nossa e, eventualmente, de um jegue que carregava água quando o guia sabia que não havia sequer um "pinga" no local (literalmente, da rocha pingava água). Naturalmente, subidas e descidas íngremes, debaixo de um sol escaldante e carregando instrumentos, comida, roupa, apetrechos vários, e a famosa Leika sempre com a Niéde após o episódio do Paraguaio.
> Quando a ida era muito penosa, uma subida muito ruim, eu me consolava com a volta, que seria na descida. Quando a ida era uma confortável descida, eu me torturava pensando na volta. Em geral, tínhamos as duas opções na ida e na volta, portanto, poucos problemas. Eu adotei uma estratégia que deu certo por algum tempo: cada vez que o guia falava o tanto de caminhada em léguas, eu calculava cada légua como 1 quilômetro, quando na verdade cada légua são 3 quilômetros, somente como autossugestão.[1]
> **Silvia Maranca**

Essa missão se iniciou na Toca do Paraguaio, sítio à beira da rodovia e bem conhecido dos mateiros. Num ritmo de trabalho intenso, mapearam dezenas de sítios nessas semanas.

> [...] Também não dava para medir cansaço! Chegando ao local era iniciar imediatamente o trabalho (fotos, anotações, montagem do acampamento) até as cinco da tarde, quando nos preparávamos para jantar e dormir. Isso era necessário, pois quanto mais se trabalhava rápido (e bem, ça *va sans dire*), mais cedo se voltava ao arroz, feijão e bode, que na volta do campo nos parecia banquete. Aliás, impossível contar as toneladas de tijolos de doce de leite que Águeda e eu consumimos. Niéde, coitada, como não é de comer doce, consumia as energias de que dispunha e geralmente ficava sem comer. No café da manhã, ela comia (quando havia) mandioca cozida na água com mel. Eu não podia nem ver e ficava com os olhos no meu Nescafé-leite em pó delicioso! Não faltando o meu café com leite de manhã eu era feliz (às vezes faltava, então eu sei o que significava). Aliás, devo dizer que tive sorte, pois sendo o "café com leite" de manhã meu alimento também espiritual (no sentido de que me confortava e levantava o humor) e considerando que uma chaleira raras vezes não fumegava de manhã sobre a fogueira, não podia me queixar.[2]
>
> **Silvia Maranca**

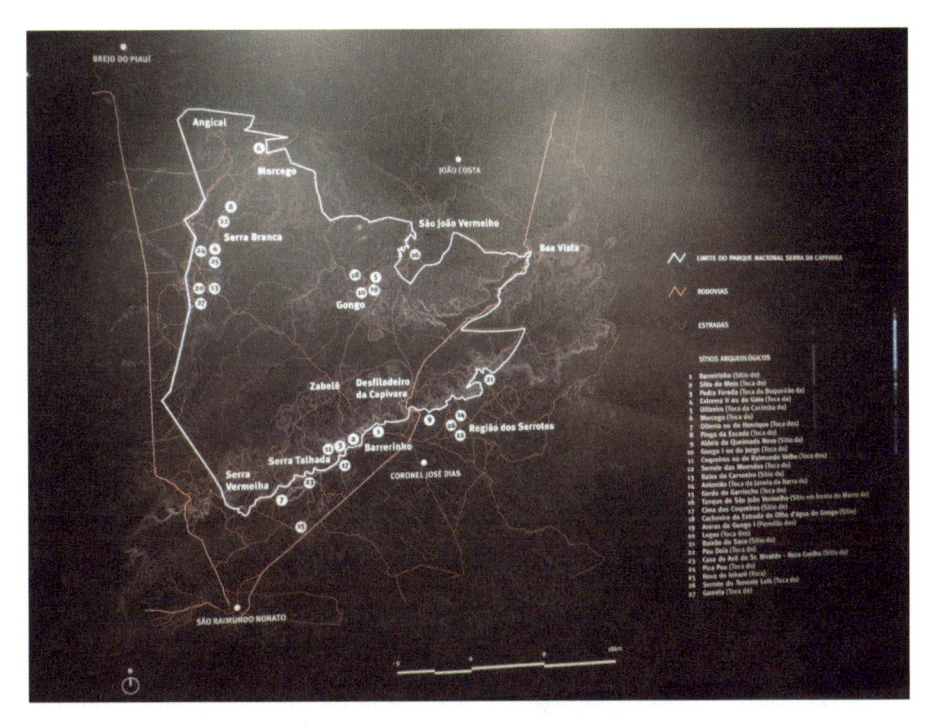

Mapa do Parque com registro de seus principais sítios arqueológicos.

Depois, numa outra etapa, passaram seis dias acampadas na Serra Branca sob os paredões rochosos pesquisando os sítios: Toca do Caboclo, Toca do Mulungu I, II e III, além das Tocas do Vento, do Forno, do Caboclinho, da Velha, do José Ferreira e do Pinhão, bem como do Acampamento do Lourinho. Na Toca do Caboclo, as figuras estavam muito estragadas, em tintas vermelhas, ocre, marrom e creme, cores inéditas até então. Mapearam sete painéis e encontraram desenhos representando uma "série de mascarados com pinturas corporais que se assemelham aos índios Krahô"[3], povo indígena que atualmente vive no norte do Tocantins e por onde Niéde havia passado na viagem de 1970, com Vilma Chiara, antes da chegada ao Piauí.

Na Toca do Vento, a maior de todas, mapearam-se os 32 painéis; na Toca do Caboclinho, a figura de mulher grávida. Já na Toca do Forno constataram vestígios de habitação recente dos maniçobeiros: um forno e paredes enegrecidas pela fumaça, escondendo as figuras. O ritmo das atividades foi intenso:

das cinco e meia da manhã, na marcha para a Toca do Caboclinho, depois o Acampamento do Lourinho, a Toca do José Ferreira e a Toca do Pinhão, totalizando quatro sítios e dezesseis painéis documentados![3]

Em meados de abril, outro desafio: a escavação do sítio da Aldeia de Queimada Nova. Três semanas de trabalho! Carpiu-se um quadrilátero de 45 metros, dividiram-no em lotes de 1 metro quadrado, escavaram e catalogaram cada um deles. Silvia Maranca coordenou esse trabalho, pela sua experiência em indústrias cerâmicas, adquirida nas escavações de Oaxaca, México.

O Gongo é um sítio arqueológico dos mais importantes do Parque Nacional, porque doze enterramentos foram encontrados no local ao longo dos anos. Ele era bem conhecido, mas de difícil acesso, distante 5 léguas (35 quilômetros), o que significava quase dez horas em cima de um jumento. Na Toca do Arapoá do Congo, encontraram a primeira sepultura e, segundo relato de um dos mateiros, em 1953 ele havia retirado uma urna funerária do local. Os sinais de fumaça nas paredes apagando o desenho das figuras e os paus para rede eram sinais da ocupação humana recente no abrigo.

A Toca do Gongo I, usada pelos maniçobeiros, não tem pinturas nas paredes e no teto. Ali foram encontradas mais duas sepulturas – uma de adulto e outra de criança – em perfeito estado de conservação. Havia uma rede de croá envolvendo os esqueletos. Em outra toca próxima (Toca do George), outros três sepultamentos, em urna, foram identificados: dois adultos e uma criança, enterrados em rede, sendo uma sepultura com cabaça em volta de cabeça, hoje exposta no Museu do Homem Americano, em São Raimundo Nonato, e mais três sepultamentos em urnas. As sepulturas estão dispostas em alinhamento. Ao todo, seis sepulturas, achadas em linha reta ao longo da abertura do abrigo.

No dia 20 de junho, findos os trabalhos, era hora de voltar. Em quarenta dias foram descobertos e identificados 58 sítios arqueológicos, catalogados 460 painéis, gastos 52 rolos de filme em fotografias e escavada uma aldeia com indícios de quinze casas, além da descoberta de urnas funerárias e materiais cerâmicos e líticos.[4]

[...] faço questão, sinto o dever mesmo, de dizer também que a beleza dos 53 sítios arqueológicos que foram localizados em 1973 (hoje temos mais de quinhentos), o interesse na pesquisa arqueológica, a beleza da paisagem e sobretudo a gentileza e garra dos habitantes foram determinantes para que pudéssemos passar por todos os obstáculos, eu diria com uma grande serenidade, e produzir os resultados que estão aí. Os nossos guias muito atenciosos e vigilantes me davam muita segurança, mas sobretudo Niéde, que sempre enfrenta as maiores dificuldades e desafios com coragem e serenidade invejáveis.

Ao entardecer, no acampamento, quando a luz não permitia mais o trabalho, mas possibilitava ficarmos ao redor da fogueira esperando a hora de irmos para a rede dormir, os nossos guias, geralmente caçadores, contavam coisas fantásticas e, às vezes fantasiosas, como Nilson Parente, por exemplo, que relatava a caça a dezenas de onças, mas comprovava somente uma, com a exibição de uma pele de onça-vermelha, sempre a mesma. As pegadas das onças estavam em toda parte, nas areias dos baixões sobretudo, aquelas marcas redondas inconfundíveis! Claro está que se há fezes de vaca é porque há vacas, pensava eu, é um indício inquestionável. Eu tinha dúvidas era quanto às brilhantes caçadas dele.[5]

Silvia Maranca

Protocolos adotados de registro de informações

Com o objetivo de padronizar as informações, as pesquisadoras trabalharam com dois protocolos: um para descrever os sítios arqueológicos e outro para o registro das figuras rupestres.

Para sítios

1	Altura total do fundo do Baixão ao alto da chapada		
2	Largura total do Baixão		
3	Tipo de rocha	Nome	
		Cor	
		Granulação	
		Estratificação	
4	Tipo de formação	Paredão	
		Abrigo	
		Gruta	Altura
			Largura
			Profundidade
5	Fazer croquis da formação		
6	Orientação geral da formação	Orientação da abertura (se gruta)	
		Orientação das paredes pintadas	
7	Tipo de solo		
8	Vegetação	Tipo	
		Distribuição	
9	Fonte de água próxima	Rio	Permanente ou Temporária
		Córrego	
		Olho-d'água	
10	Conservação		
11	Acesso		
12	Fazer fotografias		
13	Fazer decalques das pinturas		

Protocolo para sítio arqueológico na Serra da Capivara. Fonte: FUMDHAM, Cadernos de Campo.

Para pinturas

1	Numeração		
2	Dimensão		
3	Localização em relação ao tipo de rocha	Arenito	
		Conglomerado	
		Granulado	
4	Localização em relação à formação rochosa	Plana	
		Nicho	
		Saliência	
5	Figuras isoladas	Zoomorfas	
		Antropomorfas	
		Fitomorfas	
		Sinais geométricos	
6	Figuras agrupadas	Tipos de associações	
7	Cor das pinturas		
8	Técnicas das pinturas	Positiva	
		Negativa	
		Contorno	Sim
			Não
9	Superposição de figuras		
10	Posição dos painéis em relação ao outro		
11	Distância entre os painéis		
12	Fazer o decalque de cada uma		

Protocolo para descrição das pinturas rupestres da Serra da Capivara. Fonte: FUMDHAM, Cadernos de Campo.

Segunda missão - 1974

Foi realizada em 1974, sob a chefia de Silvia Maranca, com a participação de Águeda Vilhena e Lina Kneip. Niéde Guidon, ocupada com as aulas e a tese de doutorado, permaneceu em Paris. Foi uma missão mais curta, porém emblemática, pois foi uma iniciativa do Museu Paulista – não do Ministério de Assuntos Estrangeiros da França.

> [...] Mas foi uma missão que o diretor do museu na época praticamente nos obrigou a fazer (porque Niéde não vinha, então não era para ter), acho que ele pensava tornar a Missão do Museu Paulista, não sei. Fato está que como eu que fui com Águeda e Lina Kneip, uma arqueóloga do Museu Nacional do Rio de Janeiro, eu que chefiei a missão. A fiz curtinha, ficamos uns vinte dias só, e levei o pessoal para outros lados... na Serra das Confusões.
> [...] Naturalmente, apesar de ter sido uma missão paralela ao trabalho da Missão franco-brasileira, os sítios não tinham nada a ver com isso, obviamente, e foram registrados e juntados ao resto do material, porque uma coisa é o fato de não ter sido uma missão a mais no projeto franco-brasileiro. Outra coisa é que sempre material arqueológico era da região, aliás ela foi também publicada não lembro por quem... digamos que foi como um filho fora do casamento entende, mas somente isso...[6]
>
> **Silvia Maranca**

O principal sítio catalogado nessa missão foi a Toca do Pinga Velho, o primeiro da Serra das Confusões. No povoado de São Braz e no Serrote Limpo Grande, encontraram urnas funerárias e depois, na Serra Nova, mapearam a Toca do Salitre. São Braz do Piauí, hoje município, tem toda a sua área urbana assentada em um sítio arqueológico. É comum encontrarem-se urnas funerárias e ossos humanos durante a realização da fundação de uma casa.

Muito desse material se perde, mas alguns habitantes procuram o escritório local do IPHAN para realizar o resgate arqueológico.

Terceira missão - 1975

Ela aconteceu no período entre 10 de maio e 4 de julho. Niéde Guidon e Silvia Maranca partiram de São Paulo em um roteiro de cerca de 2 mil quilômetros percorridos em cinco dias. Niéde tinha 42 anos e Silvia... bem, nunca consegui saber. A missão durou cinquenta e seis dias e foram documentados sessenta sítios, e mais quatro – descritos anteriormente – foram refeitos. Estabeleceram-se em Vargem Grande, no mesmo hotel de dona Delphina; e, nessa primeira etapa, trabalharam nos sítios arqueológicos da estrada Vargem Grande: São João do Piauí. Tinham como guias José Santinho de Souza e Durval Paes Dias. Concentraram esforços principalmente nos abrigos das Serras Branca, do Tenente, da Escada e do Bojo, lugares com "grande" quantidade de fontes d'água. Os locais com a denominação "Pinga" significavam proximidade de nascentes ou de gotejamento de rochas. Nesses locais úmidos, a vegetação é de Caatinga cerrada com árvores de grande porte.

A cada dia viajavam cerca de 30 quilômetros de carro e estacionavam no início das trilhas, donde prosseguiam a pé até os sítios. O relevo era sempre acidentado e as tocas estavam em todo lugar: no alto, na chapada ou embaixo, nos grotões e nas várzeas. Tudo era percorrido com muita dificuldade, tanto pela precariedade da picada quanto pelo peso dos equipamentos e da matula. Quando as pinturas estavam acima, era necessário colher dois paus no mato e deles fazer uma escada para que as pinturas fossem alcançadas e decalcadas. A Toca do Olho-d'água da Cota é descrita no Cadernos de Campo.

> [...] É um longo desfiladeiro de 5 léguas (30 quilômetros) ladeado por dois altos paredões de 15 a 30 metros de altura; na cabeceira o Baixão é estreito (20-40 metros) e mais para baixo se alarga (existem roças). Nós entramos pela cabeceira; ao longo da descida é uma sucessão de

abrigos dos dois lados com paredes favoráveis a pinturas. O Baixão dá vazão às águas da chuva, que devem descer com grande violência... sobram poucas figuras que são pouco visíveis porque foram estragadas pela água, pelos fogos ateados no Baixão (destinados a matar cobras e morcegos), pela erosão, por depósito de poeira.[7]

Niéde Guidon

Em fins de maio, outra empreitada de vulto: a Toca da Baixa Verde, distante 4 léguas do ponto onde deixavam o carro. Usaram mulas para montaria e levaram quatro horas para chegar. Encontraram uma cacimba no Baixão e plantação de melancias e milho. A Caatinga beirava o abrigo, um paredão de 40 metros de altura.

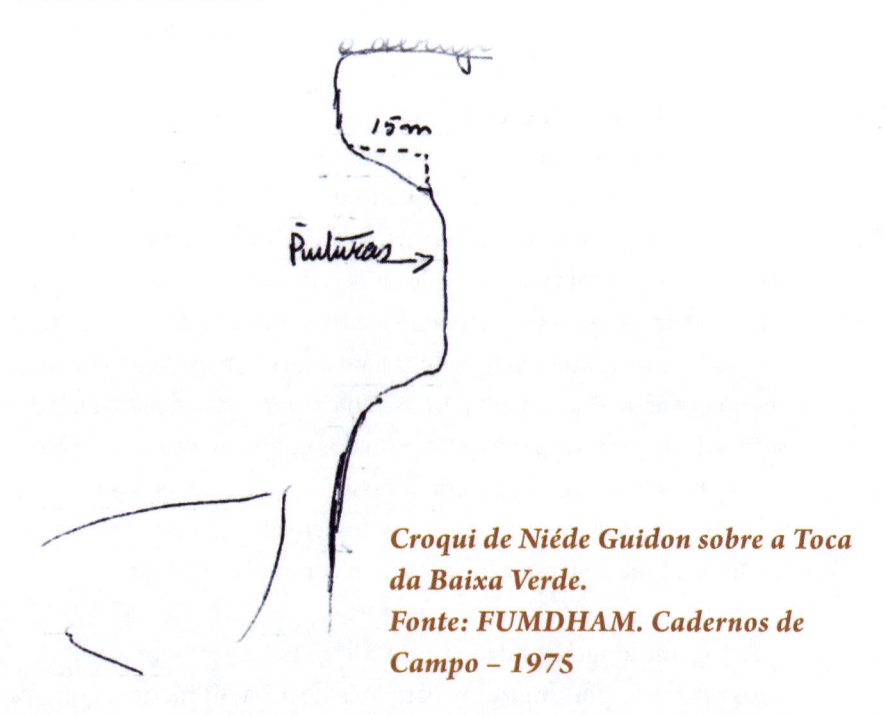

Croqui de Niéde Guidon sobre a Toca da Baixa Verde.
Fonte: FUMDHAM. Cadernos de Campo – 1975

[...] Terão que ser refeitos todos os relevés; muitos desenhos estão sobre conglomerado; muitos, em nichos; há muitas dificuldades para fazermos os relevés *comme il faut*. São necessários um girau enorme e varas para se poder copiar os desenhos, é preciso permanecer ao menos dois dias no local para fazer o serviço; portanto, levar redes e comida para acampar. Há uma cena com duas árvores e antropomorfos, semelhante às cenas da Serra da Capivara e Serra Branca.[8]

Niéde Guidon

A característica dessa missão foi a ousadia do roteiro; chegaram aos pontos mais longínquos: Serra Branca, Angical, Alegre, Curral Novo, extrapolando as fronteiras de municípios. Foi nessa expedição que descobriram a maior figura existente no parque, na Toca do Veado, onde, a quase 2 metros acima do solo, havia um grande veado com 1,92 metro de extensão. Sob a cabeça do veado, dois mascarados. Em cima há outro veado. Em seguida, a 2,20 metros de altura, outro veado com 1 metro de extensão. Seguindo na mesma direção e altura, outro veado, um antropomorfo e uma ema. A 70 centímetros desse grupo e a 2,30 metros de altura do solo, há um veado com 1,60 metro de extensão.[9]

Visitaram a Fundação Padre Lira em Curral Novo (hoje município de Dom Inocêncio) e mapearam os sítios às margens do rio Gameleirinha. Com a visão do imenso trabalho que teriam nos próximos tempos, tomaram a decisão de alugar uma casa mais confortável em São Raimundo Nonato.

[...] Niéde havia alugado uma casa próxima ao hospital, sem vê-la. Encarregada dessa árdua missão, fui para lá. Apinhada de casas ao redor e sem banheiro, me pareceu problemática, mesmo se na cidade sempre ficávamos poucos dias. Corri para a Prefeitura onde Niéde estava para dizer-lhe que não havia banheiro, e ela se deu ao luxo de não acreditar no que eu dizia. Certamente, segundo ela, eu não havia visto o banheiro... No deserto se vê o que não existe; aqui não se vê o que existe e pronto! O problema foi que, chegando à casa e constatando, como eu dissera, que não havia banheiro, Niéde me disse: "Eu te mando ver uma casa e você é incapaz de ver que falta o banheiro. Não posso confiar em você nem para isso (se referia às macroestruturas, imagino eu)". E *não adiantou argumentar. Evidentemente ela não havia prestado nenhuma atenção ao que eu falava, portanto realmente para ela eu omiti a informação. Como crianças e adultos viviam botando a cara na nossa casa, os dias em São Raimundo, aliás,* as noites, eram praticamente passeios de carro para fora da cidade.¹⁰

Silvia Maranca

No dia quatro de julho, o último em campo, visitaram no município de Canto do Buriti a Toca do Buraco do Pajeú, uma toca singular, pois abrigava uma lagoa em seu interior. Nas paredes enegrecidas perceberam água pingando. Havia vestígios de desenhos pouco nítidos e muitos blocos caídos, alguns deles com gravuras.

Quarta missão - 1978

Difícil dizer se essa missão foi mais importante ou apenas mais complexa que as anteriores. Preparada em Paris, ela foi multidisciplinar: participaram arqueólogos, biólogos, geomorfólogos, museólogos, fotógrafos, estudantes de graduação e pós-graduação; alunos ou colegas de trabalho de Niéde Guidon. O objetivo era mapear, além dos sítios arqueológicos, a fauna, flora, a geomorfologia da Caatinga, além das primeiras escavações. Franceses eram a maioria – agregados a Niéde, além de Silvia Maranca e Vilma Chiara –, vinda especialmente para algumas aulas no I Curso de Especialização em Arqueologia, na Universidade Federal do Piauí. Os guias? Francisco, Faustino, Dutra, Mario e Nivaldo. Um guia recebia CR$ 30,00 por dia de trabalho, o equivalente a R$ 40,00¹¹ nos dias de hoje.

[...] A vantagem é que uma missão permanente tem recursos permanentes, então tem recurso todo ano. Todo ano eu apresentava o orçamento do que eu ia precisar para pagar as passagens, minha e dos meus alunos, pagar as pessoas que trabalhavam aqui, a permanência no Brasil, e tudo isso então era uma maneira de eu ter certeza de que anualmente eu poderia vir. E a partir de [19]78 a gente vinha todos os anos fazer pesquisa aqui.[12]

Niéde Guidon

O grupo se alojou em uma casa previamente alugada por José Bastos Lopes, em São Raimundo Nonato; nesse ano, havia chegado a eletricidade. A casa era destinada a escassos dias de descanso, todo o resto era gasto em penosas caminhadas sob o sol, escavações, esticados em precário equilíbrio a decalcar pinturas, tendo de conviver com a fome, a sede, abelhas, insetos e cobras. Afora algum processo alérgico ou desarranjos intestinais, nada de grave aconteceu. Imagina-se a novidade para os habitantes da região a presença de gente tão diferente atraída por lugares onde sempre viveram. "Que procuravam?", perguntavam-se.

A escavação da Toca do Paraguaio

Nessa missão aconteceu a escavação da Toca do Paraguaio, o primeiro sítio mostrado à Niéde por ocasião da primeira visita à região, em 1970, quando fotografou as pinturas ali existentes. Usando a experiência em detectar sinais nas rochas, as informações dadas pelos caboclos e sua intuição, Niéde sabia onde escavar. Ela e Suzana Monzon, uma arqueóloga argentina e sua colega de trabalho em Paris, iniciaram o trabalho em um ponto específico na Toca do Paraguaio guiadas pela intuição de Niéde. Não deu outra! Pedaços de quartzo lascados pelo fogo apareceram de maneira abundante, já no primeiro dia; no oitavo dia, viram fragmentos de ossos. Em sequência, conforme prosseguiam a escavação, outro osso e duas vértebras; além de abundante material lítico e uma mancha escura no terreno cheia de folhas junto a pequenos vestígios de ossos. A escavação prosseguiu ainda mais cuidadosa; por fim, acharam um crânio humano com alguns cabelos.

Quando toda a sepultura foi limpa, supuseram pela posição dos ramos vegetais que o sepultamento fora intencionalmente coberto por ramos. Dois dias depois, descobriram um segundo crâneo e, após isso, todo o esqueleto. Ocupando uma fossa retangular, ele estava deitado com a cabeça apoiada sobre uma pedra achatada, seu crânio fraturado, sem maxilar inferior e os dentes em má conservação. Dos braços estendidos ao longo do corpo, faltavam-lhe a parte inferior do braço esquerdo e as mãos; permanecia com seu lado direito completo, do cóccix e da perna. Da esquerda restava-lhe a metade da parte superior, e os pés, em bom estado, estavam cruzados o direito sob o esquerdo.

As escavações prosseguiram. Outra sepultura – em formato de fossa circular – foi descoberta com um indivíduo sentado, em posição fetal, com os joelhos contra o queixo. Peças de pequenas pedras lascadas acompanhavam os dois corpos encontrados.

Esses esqueletos se encontram expostos no Museu do Homem Americano, em São Raimundo Nonato.

Posteriormente se iniciou a escavação do Boqueirão da Pedra Furada, sem sequer imaginar as repercussões com as datações dos carvões encontrados em uma fogueira.

E havia mais outro desafio: explorar a região da Boa Vista, ao norte de Vargem Grande, em direção a São João do Piauí. Era longe, muito longe, nas precárias estradas, após horas de viagem em um veículo com tração e, depois, em jegues ou a pé. Essa região corta a linha demarcatória do Parque Nacional e está fora dos seus limites. Foram nove dias de acampamento na Fazenda do Barreiro. Buscavam por uma sepultura na Toca da Boa Vista I, já previamente informados dela. Encontraram material lítico em quartzo e calcedônia: um raspador duplo, raspadores carenados e, junto à abundante quantidade de carvão, ossos, possivelmente humanos. Na sequência, um fragmento de crânio. Frustrante, pois nenhuma sepultura foi encontrada!

Em uma das tardes, na volta da exploração da Toca da Boa Vista II, foram abordados por um morador solicitando socorro: havia uma mulher doente, necessitando de atendimento no hospital em São João do Piauí. Socorro nunca se nega. O homem foi em busca da mulher, retornando duas horas e meia depois, transportando-a numa rede. Alterações de planos necessárias, só retornaram à Toca da Boa Vista II às dez horas da noite.

Festa no 14 de julho! Celebração do fim da missão e data nacional da França. Foram dezenove sítios arqueológicos pesquisados em 154 dias, dezessete pessoas envolvidas, sendo dez franceses, três brasileiras e quatro guias, além dos inúmeros informantes, movimentando cultural e financeiramente os municípios de São Raimundo Nonato e São João do Piauí, acordando os piauienses para sua imensa riqueza patrimonial. Em articulação com a prefeitura local, criou-se o Centro de Pesquisas Interdisciplinares, embrião do futuro Museu do Homem Americano e guardião legal de todo o acervo, sob a responsabilidade de José Bastos Lopes. Nada saía de lá, nada se perdeu nesses quase cinquenta anos de trabalho.

Quinta missão - 1980

Essa missão, a primeira depois da criação do Parque Nacional da Serra da Capivara (1979), durou quatro meses, de 25 de junho a 20 de outubro.

> [...] Devo fazer uma divisão nítida entre as missões de 1973 a 1980 e as posteriores, isso porque 1980 marca a chegada da energia elétrica da Usina Boa Esperança, do Maranhão, e com ela a Rede Globo, o plin-plin que se ouvia à noite em toda a cidade, a água encanada, os sofás, cadeiras plásticas, armários e camas, que poucas pessoas possuíam até então e que as novelas transformavam em desejos incontroláveis. Eu me lembro que vinham vendedores, sobretudo de Fortaleza e Brasília, com milhares de mostruários, e pegavam encomendas de geladeiras, congeladores (até então raros e movidos a querosene); enfim, tudo o que podia ser usado e movido a eletricidade.[13]
>
> **Silvia Maranca**

Muitos da missão anterior voltaram: Suzana Monzon, Laurence Ogel, François, Catherine de Swener e Bernadette Arnoud. Além de Niéde Guidon e Silvia Maranca, duas novas cientistas participaram dessa missão e se ligaram de maneira visceral à história da Serra da Capivara, permanecendo até os dias de hoje como figuras estratégicas dentro da FUMDHAM. Anne-Marie Pessis, doutora em Antropologia Visual – Cinematografia[14], e Gisele Felice, jovem estudante de Geografia da Universidade Federal do Rio Grande do Sul, vieram participar dessa missão.

Anne-Marie trouxe novidades tecnológicas: as filmagens como instrumento de registro não apenas das figuras – como dos sítios e da paisagem –, mas também um novo protocolo do registro das pinturas, que foca o detalhamento das figuras em relação à posição dos personagens individuais ou posição de uns em relação aos outros. Apresentam-se em painéis ou isoladas; descrição dos movimentos dos personagens, objetos, cores; superposições de figuras. Diversas eram as técnicas empregadas nos desenhos e gravuras: com ou sem contornos, picotados, geométricos, com preenchimento, traçado filiforme em antropomorfos.[15] A partir daí foram identificadas características próprias, o embrião da Teoria das Tradições que Anne-Marie e Niéde viriam a formular alguns anos mais tarde.

Privilegiam o estudo da Toca do Sítio do Meio o registro das pinturas e uma primeira sondagem evidenciando diversos níveis de carvão. Um grande bloco caído dentro da toca os atrapalhou, e o trabalho foi interrompido para a retirada. Quando as sondagens retornaram e conseguiram chegam à base da rocha, não havia muitas novidades além dos carvões.

> [...] Havia naquela época uma diferença técnica de escavação entre a escola francesa e a americana. Enquanto a americana limitava suas sondagens até o final do Pleistoceno, 12 mil anos atrás, a escola francesa protocolava que deveria escavar até o fim, até a base da rocha.[16]
>
> **Niéde Guidon**

No Sítio do Mocó, retomaram as escavações feitas em 1978. Decepção, pois pouca coisa se encontrou: um lítico aqui e ali, cinzas de fogueira... A região da Serra Branca, com trilha de visitação aberta ao público em 2014, já os encantava desde 1973, mas nessa expedição houve uma exploração cuidadosa. Ali, principalmente nas Tocas da Extrema, foram encontradas – ao lado do Boqueirão da Pedra Furada – as mais ricas pinturas do Parque Nacional, com destaque para o desenho de uma grande onça e de pinturas em rara cor preta, além de outras em amarelo. Eram figuras de veados, árvore, mascarados, incisões em forma de ponta de lança e muitos antropomorfos.

Fizeram pequena sondagem, após a qual apareceram cacos de cerâmica, lisos e corrugados, restos de duas fogueiras. Tomaram-se amostras da areia, recolheram os achados e deixaram a sondagem nesse ponto. Retornaram à Toca da Extrema para um período mais longo, de quase três semanas. A toca tem esse nome devido à sua posição: está exatamente no limite dos municípios de São Raimundo Nonato e São João do Piauí. Nilson Parente, um dos mais antigos guias, os acompanhou. Nilson relembrou as festas de São João na Serra Branca, algumas décadas atrás, quando ali viviam os maniçobeiros. Ele, que vivia no povoado do Zabelê, atravessava a Caatinga com a sanfona às costas; quando chegava na ponta da Serra Vermelha, soltava um rojão para avisar que estava chegando, que o baile era só uma questão de tempo... Recomeçaram a escavação, mas as condições do solo apresentavam elevado grau de dificuldade. Havia muitos blocos de rocha tombados, com textura semelhante à parede do teto. Os painéis estavam perturbados por restos de cupins e carvões de fogueiras recentes.

Outro polo de pesquisa foi a região do Angical, no extremo noroeste do parque – hoje, o "Circuito do Angical", uma das trilhas de visitação do Parque Nacional da Serra da Capivara. Encontraram a Toca do Pinga do Tenente, onde mais da metade tinha sido destruída por fogo recente. Alguma coisa teria de ser feita por eles mesmos; o Estado não conseguia cumprir seu papel, constataram.

Em uma equipe heterogênea trabalhando sob condições físicas muito difíceis, a convivência entre elas nas diferentes situações de dificuldades cotidianas aumentava paulatinamente as tensões do grupo. Uma das principais queixas era sobre o autoritarismo de Niéde Guidon, anotam no caderno de campo.

Havia também queixas sobre a qualidade do trabalho ou a postura dos colegas de equipe. Cansaço! Cansaço! Nada mudava, Niéde continuava a liderar os trabalhos, ignorando a rebeldia de seus alunos. O trabalho terminou após quase noventa dias de atividades. Dos 39 sítios pesquisados, privilegiaram a escavação do Sítio do Meio e da Toca da Extrema. No tocante às figuras, toda a Teoria das Tradições Nordeste e seus estilos: Serra da Capivara e Serra Branca foram gestadas e refletidas nessa expedição.

Sexta missão - 1981

Foi uma Missão curta, de quinze dias. No Caderno de Campo de Niéde Guidon há a descrição detalhada de todo o trabalho realizado, mas nenhum registro de quem estava com ela. Cinco sítios foram trabalhados: Sítio do Meio, Caldeirão dos Rodrigues, Baixa Açoite Cavalo, Toca do Gongo e Arapoá do Gongo.

Niéde tinha a estratégia de pagar aos mateiros por cada novo sítio descoberto e pela vigilância contínua dos já conhecidos. Então, quando chegava, os guias que a ajudaram na missão anterior a procuravam, trazendo novidades. Em 1981, ela registrou que Nivaldo a procurou informando a descoberta dos sítios Europas, Canoas e um no Rio Piauí; no Perigoso não encontrou nada; recebeu CR$ 15 mil, o equivalente a pouco mais de R$ 1.600,00 nos dias de hoje.[17] Nilson achou sítios no Zabelê. Ao mesmo tempo que conversava com os guias sobre os novos sítios, ela preparava com eles o trabalho dos próximos dias: a limpeza ou abertura das picadas até cada local a ser estudado.

Outra jornada importante foi a escavação da região do Gongo e o achado de suas sepulturas. O acesso à região do Gongo hoje se dá pelo município de João Costa, desmembrado em 1997 de São João do Piauí. Sua população é de 3 mil habitantes e pouco se beneficia do parque. Tentando reverter em parte a questão, em 2013 a FUMDHAM decidiu preparar o circuito turístico do Gongo para visitação. Não ajudou muito; para ter acesso a esse circuito, é necessário um carro com tração 4 × 4, indisponível em São Raimundo Nonato para aluguel.

Sétima missão - 1982

Essa missão durou quarenta e cinco dias, de 21 de junho a 5 de agosto. Seu foco foi a escavação no Boqueirão da Pedra Furada, já iniciada nas missões de 1978 e 1980. Tinham em mãos laudos das escavações anteriores que mostravam a idade de 17.000 a 25.000 anos BP para alguns líticos. Mais que nunca era necessário aprofundar as escavações. Não foi um trabalho fácil; havia pouca água (comprada em galões), além de calor, mosquitos à noite e barbeiros, causadores da doença de Chagas. Das pessoas locais a fazer o trabalho bruto na escavação, Nivaldo era o parceiro de primeira hora com salário de CR$ 15 mil (R$ 1.600,00 nos dias atuais)[18]. Para os trabalhadores avulsos, a diária era de CR$ 500,00 (R$ 26,00)[19] com alimentação. Foram quatro nessa primeira semana. Trabalharam na limpeza dos sedimentos das escavações anteriores. No meio das atividades, depois de reclamação generalizada, o salário subiu para CR$ 700,00 (R$ 38,00)[20] por dia.

Em um dos dias, um grupo de macacos agrediu os trabalhadores.

> Sim, lembro-me perfeitamente! Estávamos escavando na Pedra Furada e os macacos viviam por lá, pois havia água naquela antiga catarata. Quando chegávamos de manhã eles subiam pelas árvores e acabavam lá no alto do paredão! E como ficavam com raiva por não poderem ficar tranquilos, se juntavam, arrastavam grandes blocos de rocha e jogavam em cima de nós![21]
>
> **Niéde Guidon**

Depois de seis semanas de trabalho de campo, era o momento de encerrar as escavações, embalar o material e encaminhar para datação as pedras e os pedaços de carvão, além de deixar os equipamentos sob a guarda de José Lopes. Nesse tempo já havia financiamento do CNPq para os trabalhos, só repassado para instituições. O NAP, ligado à UFPI, funcionava muito bem como articulador para as missões. Dentro da Universidade, porém, criava desconforto e queixas. Chegava um dinheiro grande e nada ficava lá.[22]

Oitava missão - 1983

Missão curta e enxuta, de dez dias, entre 16 e 25 de maio, da qual apenas quatro pessoas participaram: Niéde Guidon, Daniel Rossi, Bernadette Arnoud e Anne-Marie Pessis. Iniciaram com a limpeza na Toca do Garrincho I e, depois, trabalharam no Boqueirão da Pedra Furada para fazer o posicionamento das pinturas. A constatação de que a diversidade dos estilos correspondia a uma diversidade de culturas obrigou a um retrabalho contínuo para que nenhum detalhe fosse deixado de fora. Depois, foram feitas a limpeza das gravuras e as sondagens na Toca do Buraco do Pajeú com o achado de blocos caídos. O achado de blocos caídos com pinturas é de um valor inestimável. Nessa situação, é possível a datação da pintura de maneira indireta, ao se datar – por termoluminescência – a placa rochosa com a pintura.

> Na parede vertical há as mãos vermelhas e vestígios de pinturas, há gravuras que foram feitas sobre as pinturas. Nos blocos gravados que estão no chão, além das gravuras muito patinadas, há vestígios de amoladores e, associados a estas, gravuras mais recentes, simples, retas, retas paralelas e às vezes um pequeno antropomorfo. Os polidores e essas gravuras em reta são mais recentes que as outras gravuras.[23]
>
> **Conceição Lage**

Croqui dos grafismos na Toca Da Entrada do Pajeú.
Fonte: FUMDHAM. Cadernos de Campo – 1983.

Nona missão - 1984

Foi uma missão de 37 dias, entre 19 de junho a 25 de julho. Essas missões mais curtas coincidiam com as férias nas universidades francesas. Para alguns, era apenas um retorno, entre eles Niéde Guidon, Silvia Maranca, Laurence Ogel, Anne-Marie Pessis, Laure Emperaire. Para outros, era a primeira vez: o arqueólogo italiano Fabio Parenti – que à época era aluno de doutorado de

Niéde Guidon – e Adauto Araújo e Márcia Chame, da Fundação Oswaldo Cruz, do Rio de Janeiro. Philippe, um jornalista do *Libération*, os acompanhou.

Retomaram a escavação do Boqueirão da Pedra Furada, iniciada em 1978. Fábio Parenti começou a buscar material para sua tese; no nível XIX, encontrou, entre blocos, restos de carvão (8080 ±120 anos BP; data calibrada 7.420 – 6805 anos BP). Mais fundo, notaram outras fogueiras de tamanho variável, onde o carvão e as cinzas escorreram pelo declive. Chegaram ao nível XXV, com abundante material lítico.

Concomitante, no Barreirinho, Silvia Maranca coordenou a escavação com quatro estudantes da Fundação Oswaldo Cruz e da UFPI. Que experiência para esses jovens algumas semanas na Caatinga, trabalhando das seis da manhã às três da tarde sob o sol ardente do semiárido, com gosto de terra na boca, pouca água e dormindo em redes sob as estrelas e a multidão de insetos! E o trabalho não se findava aí. Depois de uma curta parada, começavam os trabalhos de laboratório: limpar, classificar e embalar os materiais coletados, preencher fichas de catalogação, fazer a manutenção dos equipamentos... Entre plantações de algodão encontram manchas escuras de terra com abundância de cacos de louça e cerâmica. Fizeram escavações de superfície: curiosamente, encontraram um botão com a inscrição "London Make".

Claramente, Silvia Maranca era a mestra conduzindo os estudantes em seus primeiros passos numa escavação, ensinando as técnicas básicas.

> Na realidade e após estes dezoito dias de trabalho, obtivemos somente a evidência de três fundos de cabana (manchas de terra preta) e alguma coleta de superfície. É interessante o fato de que a forma das Manchas III e I uma vez desenhadas, muito semelhante ao que me faz crer ser essa a forma real. Alguns estudantes chegam sem conhecimento nenhum das técnicas de escavação, o que impede um avanço rápido nos canteiros. Na verdade, consegue-se que os estudantes que nunca escavaram um sítio aberto lito-cerâmico adquiram familiaridade com técnicas e material, além do sítio em si.[24]
> **Silvia Maranca**

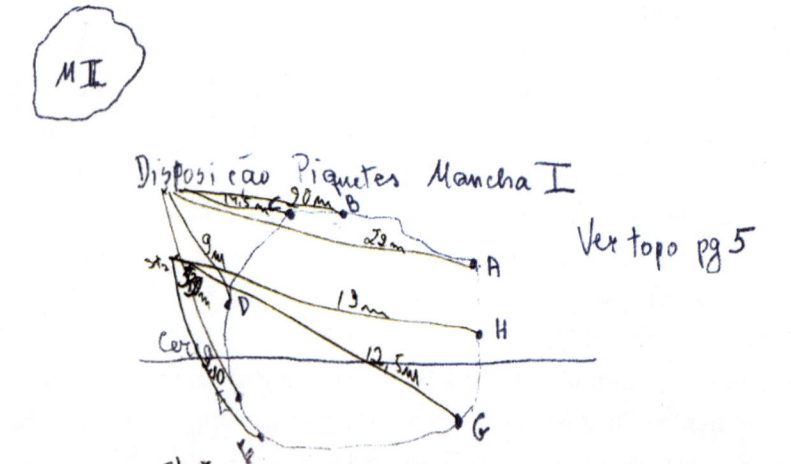

Barreirinho. Croqui das manchas.
Fonte FUMDHAM: Cadernos de Campo, 1984.

Mas não é só isso. Foi encontrado, no setor D da M. II, um tembetá, provavelmente em jadeíte, junto a alguns ossos de fauna e aparentemente nada mais. Laure trouxe uma raposa que o pessoal havia pegado no *piège* (armadilha), um animal lindo, ela vai levar para o acampamento do BPF para fotografar e também para Adauto e Márcia verem; depois vai soltar outra vez! Esta noite mesmo ela estará livre.[25]

Silvia Maranca

As Missões sempre terminavam em festas. Motivos para celebrar? Inúmeros: além dos sete sítios trabalhados, conhecer a celebração da Festa de São Gonçalo.

> O pessoal na casa está há dois dias preparando o terreiro para a roda de São Gonçalo que será sábado e Anne Marie e Philippe virão para filmar. Hoje eles matam o boi e a criação. A roda de São Gonçalo é feita para propiciar bons resultados na colheita e consta normalmente de vinte "rodas" de vinte e cinco minutos de duração cada – é preciso chamar os denominados "puxadores" que sejam competentes. Ontem à noite já começaram a chegar convidados e D. Carmelita, que é a organizadora, oferece comida ao povo, no caso: boi e criação[26].
>
> **Silvia Maranca**

Décima missão - 1985

Durou trinta e sete dias, de 11 de julho a 17 de agosto. Fabio Parenti, como um mouro, escavava cada palmo do Boqueirão da Pedra Furada em busca dos carvões queimados nas fogueiras ancestrais ou de pedras quebradas para a confecção das ferramentas. Desse trabalho sairia uma tese que alimentou por mais de vinte anos a polêmica da antiguidade do homem na América do Sul. Fátima Luz, integrante da primeira turma de Especialização em Arqueologia, de 1978, integrou-se definitivamente à equipe, assim como a piauiense Maria da Conceição Lage, química e especialista em Arqueologia. Nessa missão, ela realizou um extenso trabalho de visita e coleta de pigmentos em 24 sítios arqueológicos. Estudou o *Toá*, nome local para o pigmento óxido de ferro, o mais usado nas pinturas rupestres em todo o mundo, retirando material dos abrigos, do chão e também das paredes das casas do povoado do Zabelê.

O Serrote do Sansão, região de relevo acidentado, com vários sumidouros, mostrou-se inacessível pela presença de uma colmeia de abelhas Europa e outra de Arapoá (abelha local) na parede. As abelhas do Serrote do Sansão voltariam a assustar os pesquisadores: no ano seguinte, Niéde Guidon sofreu o seu mais grave acidente. No interior de uma das grutas, foi picada por milhares de abelhas Europa. Precisou ser hospitalizada com sério risco de vida. Felizmente respondeu bem ao tratamento.

Foi nesse ano que Philippe Guillemin, responsável pelas missões no exterior do Ministério de Relações Exteriores da França, acompanhado da pró-reitora da UFPI, Marlene Eulálio, visitou a Serra da Capivara. Ele retornava dez anos depois para avaliar os resultados obtidos pelas missões nesses anos.

Décima primeira missão - 1986

Não há registro dessa missão nos cadernos da FUMDHAM, mas temos notícias dos eventos que lá ocorreram: picada das abelhas em Niéde e criação da FUMDHAM. Áureo Pereira de Araújo, do Ibama, visitou o Parque Nacional para avaliar o processo de demarcação das divisas.

Décima segunda missão - 1987

Missão com duração de seis meses – de 7 de julho a 16 de dezembro –, foi toda preenchida pela escavação do Boqueirão da Pedra Furada. Participaram dela Niéde Guidon, Fabio Parenti e alguns estudantes. Foram vinte e quatro semanas de escavação diária, em que encontraram 31 fogueiras em diferentes níveis, além de centenas de líticos.

O protocolo da escavação utilizado pela equipe foi o seguinte:

Dados necessários de cada fogueira
- Medidas (c, l, espessura)
- Descrição da estrutura (fases, inclinação)
- Área de fogo e área de refugo (área de dispersão das cinzas)
- Composição da estrutura (blocos, seixos, tamanhos)

- Tipo de sedimento de preenchimento
- Vestígios associados (mais o material de peneira)[27]

A regra era escavar inicialmente em frente a paredões bem pintados – bem no início da rocha –, pois as gravuras são a mais evidente demonstração de ocupação humana. Já havia sido assim na Toca do Paraguaio e nas Tocas do Gongo. Fabio Parenti já tinha no bolso a datação dos carvões do nível XIX, escavados dois anos antes: 17 mil anos!

Era um novo momento da história da ocupação do continente americano.

A cada passada na enxada um plano, uma camada ou um nível, isto é, cerca de 10 centímetros de profundidade.

Árduo trabalho. Escavar no Parque Nacional da Serra da Capivara nunca é um trabalho fácil, requer entusiasmo e disciplina para suportar a dureza do clima. Em um dia qualquer, a natureza concede uma pausa, quer por causa das abelhas – que, incomodadas com a presença humana, os agridem –, quer pelo fogo na roça da Pedra Furada, pois, aproveitando o período antes da chuva para preparar o terreno para a agricultura, os moradores, como é hábito, colocaram fogo no mato. O fogo não parou na altura das picadas demarcatórias e subiu até a toca. Todo o terreno foi queimado, deixando uma camada cinzenta no solo. Uma grande quantidade de cinza foi levada à escavação. A prática de queimadas persiste; é uma das principais responsáveis pela degradação ambiental na região. O desmatamento atua diretamente na diminuição dos níveis da água superficial e nos aquíferos, levando a cidade de São Raimundo Nonato ao colapso no abastecimento de águas em que hoje se encontra.

Um certo teatro também é necessário numa escavação.

> Decidimos deixá-la [a fogueira] até quando foi possível por causa de visitas dos argentinos e Silvana. Deixa-se a fogueira 1 para desmontagem depois das visitas.[28]
>
> **Fabio Parenti**

Concomitante à escavação do Boqueirão da Pedra Furada, outra equipe – liderada por Maria de Fátima da Luz – partiu para seis dias de pesquisa na Serra Branca na Toca da Pinga do Boi. Caminharam a partir do Chaves por três horas até o local onde um olho-d'água escorria em cascata. Colocaram as redes; recolheram água em vasilhas. A toca a ser pesquisada ficava ainda a 1 quilômetro do acampamento. Atividade para o dia seguinte.

> A vegetação circundante do sítio Toca do Pinga do Boi é mata, com árvores de pequeno porte; os vegetais que estão nesta área são: jatobé, canduru, mufimbu, pau-d'arco-branco, angico-de-bezerro, pitomba-de-leite e outros. Já a vegetação entre a Toca do Pinga da Escada e a Toca do Pinga do Boi é o cerrado, aparecendo as seguintes espécies: macambira, rança estreves, alecrim-de-chapada, goela-de-velho, malva, cipó e capim.[29]
> **Maria de Fátima da Luz**

Inicialmente, foram feitos o reconhecimento da gruta e a topografia; depois, as sondagens. A primeira, de 2 metros de profundidade, ocorreu embaixo de um paredão com grande concentração de figuras. Por quatro dias os estudantes fizeram a revisão das pinturas da Toca do Pinga do Boi, e seu Nilson continuava a sondagem com a enxada; a 1 centímetro de profundidade apareceram os primeiros indícios de uma camada arqueológica: um pedaço de cerâmica com 1 lítico, razão suficiente para interromper a escavação com a enxada e continuar com a colher de pedreiro e pincel. Novos líticos e um bloco rochoso caído. Depois, duas fogueiras próximas de pedaços de parede rochosa, mas sem que esses pedaços de parede tivessem indícios de terem sido utilizados para fogueira. Uma mão de pilão feita em pedra foi cuidadosamente recolhida e, junto com sedimentos da rocha e os carvões, encaminhada para análise.

Décima terceira missão - 1988

Coordenada por Fabio Parenti, foi a mais longa, com atividades o ano inteiro, de 18 de janeiro a 31 de dezembro. Foram cinquenta semanas de escavação diária! Talvez nem possamos nominar de nova missão. Retomaram a escavação do Boqueirão da Pedra Furada, agora na Escavação Leste.

> Paulo corta o nariz do Pedro: cuidado com os facões...
> Saída adiantada por causa de transporte médico em SRN (mulher do Eleimar)...
> Continuamos o trabalho de escravo na área de caída leste...
> Domingo de reflexão em solidão (plano de tese).[30]
>
> **Fabio Parenti**

Se pensarmos no processo técnico da escavação, em que o terreno é subdividido em quadrículas para um detalhamento minucioso dos achados, temos também que – em outro momento – juntar as informações de cada quadrícula por nível de sedimentação. Raramente os níveis são estáticos. Os declives naturais do terreno e a movimentação dos sedimentos causada pelas chuvas fazem as informações terem que ser corrigidas a cada momento, como na composição de um mosaico, em que cada peça só tem um local a ser encaixada.

Durante as cinquenta semanas de trabalho, em momentos usando até dezoito trabalhadores a revolver a terra mais a cooperação de alguns estudantes, o Boqueirão da Pedra Furada foi um grande canteiro de obras. Usaram um sistema de transporte para mover a terra como utilizado em minas: vagão e trilhos. Ele tinha a capacidade de retirar dezoito baldes de terra a cada viagem; 115 quilogramas, o que era muito para a estrutura montada.[31]

A chegada das pesquisadoras Bernadette e Hélène Valladas permitiu um momento de aprendizagem sobre o comportamento das fogueiras.

Observações sobre a fogueira experimental

Depois de oito horas de fogo, os seixos apresentam-se bem avermelhados. Os blocos de arenito, pelo contrário, ficaram de cor amarela. Ambos quebram, sendo que os seixos de quartzo preferem quebrar na superfície, como se estivessem sendo "descascados". As fraturas logicamente não apresentam bulbo, e a superfície está rugosa. O centro do fogo, menos oxigenado, fica preto, e os arredores, oxidados, são de cor rosa. A terra em volta, misturada com as cinzas, que são abundantes na parte periférica da fogueira, fica de cor variável do marrom-amarelo até o cinza. Perto dos blocos de arenito recebe os produtos da desagregação deles, virando de cor amarelo-avermelhada.[32]

> As primeiras ocupações humanas no BPF, então, instalaram-se entre os blocos e a parede, lascando umas pedras e fazendo umas raras fogueiras, isso tudo na área centro-leste do abrigo. A oeste delas devia ter uma área úmida ou, pelo menos, sujeita a inundações em época de chuva.[33]

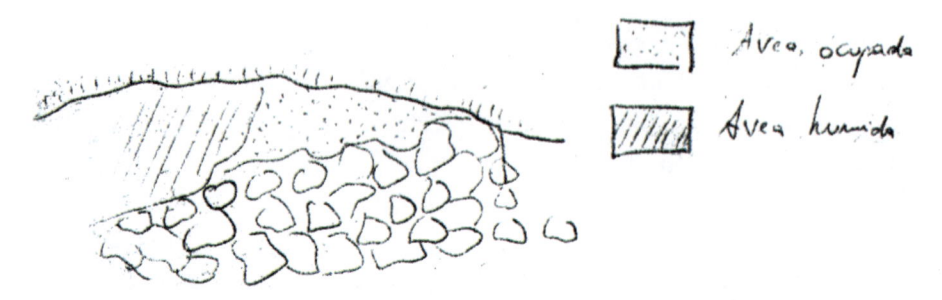

Croqui de ocupação do Boqueirão da Pedra Furada. Fonte: Fabio Parenti: FUMDHAM, Cadernos de Campo, 1988.

> Doze peças enviadas para GIBSON; através de Niéde. Paralelamente envio para Beta-Analytic a amostra de carvão procedente da fogueira 32, situada na Escavação Leste, no setor C1, na beira do corte N-S, com o objetivo de precisar a datação da camada 8, estimada entre 20 mil e 25 mil anos.[34]
> **Fabio Parenti**

Décima quarta missão - 1989

Teve duração de 2 de janeiro a 31 de maio. A escavação do Boqueirão da Pedra Furada estava terminada, após dez anos de trabalho! Fábio Parenti começou, então, o minucioso trabalho de examinar o material recolhido e anotar suas observações, a saber:

A. Revisão das pedras classificadas como "lascamento natural" para:
1. recuperar os fragmentos de siltito trabalhado e introduzi-los na classificação;
2. contar as peças com traços de fogo;
3. contar as peças com um só lascamento.

B. Contagem do peso de carvão de todo o setor leste e construção de histograma/fase de escavação.

C. Revisão e catálogo das fogueiras aparecidas nas escavações dos setores Oeste e Central (anos [19]78-87): Não tem condição de conhecer:
1. o número exato;
2. a estrutura e o tipo de cada fogueira.

> A documentação é extremamente confusa e contraditória; há denominações como: "várias fogueiras" (?!), "fogueiras", "fogueira nova" para a mesma fase de decapagem.
> Por que não foi feito um simples cadastramento progressivo? Como sempre, são poucos e claros documentos que sobrevivem à usura dos anos, e não montanhas de verbosidades, "hipóteses", "conjecturas", não suficientemente amarrados nos fatos. Talvez seja um positivismo barato, mas, nesse caso, é melhor do que um neopositivismo barato![35]
>
> **Fabio Parenti**

Nos primeiros dias de fevereiro, além de continuar o fichamento da escavação de 1982, começou a experimentação controlada do lascamento. O primeiro problema a ser esclarecido era a diferença entre percutor duro e percutor mole.

Com a chegada de Bernadette Arnoud, Hélène Valladas e Niéde Guidon, a rotina de documentação e sondagem de novos sítios prosseguiu.

A sondagem no poço na roça do Nestor foi a seguinte, de acordo com a figura a seguir.

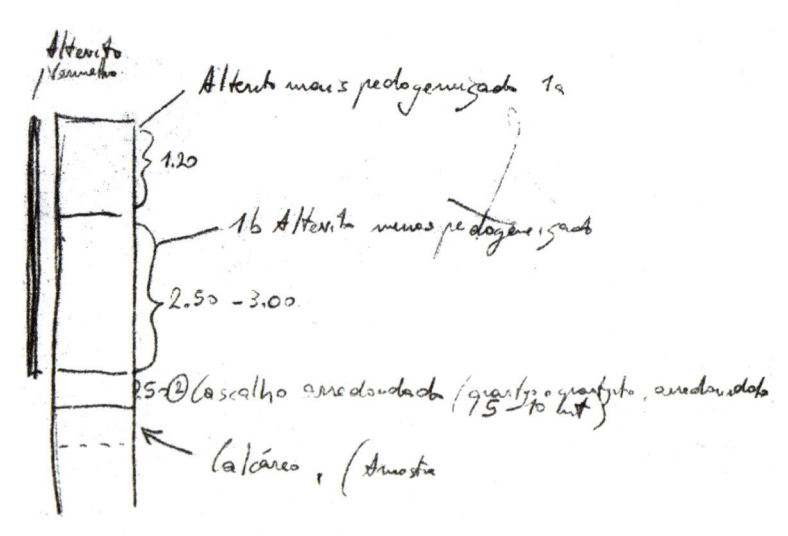

Croqui da sondagem no poço da roça do Nestor.
FUMDHAM – Diários de Campo 1989

Exploraram a Toca do Euclides – a cerca de 1.500 metros da casa, com geométricos amarelos no teto e vermelhos na parede. É um nicho alto, a cerca de 1,50 metro acima do solo. O solo é passagem da torrente. Depois, enfrentaram na Serra Branca o Baixão do Chaves: onze tocas novas, uma com gravuras. Descreveram o lugar: Toca da Subida do Cruzeiro, bela vista sobre a planície e a entrada do Baixão das Mulheres. Safári fotográfico: Caetetus – buracos nos barros, tatus e raros mocós.

E as explorações continuaram em abril: Zabelê, Baixão das Andorinhas, Baixão Serra Vermelha, Roça Raimundão, Toca da Baixa das Cabeceiras.

Em maio, exploraram o Angical e, seguindo para leste, chegaram ao Alegre, continuando no Baixão, que dá acesso à Toca do Morcego.

Décima quinta missão - 1990

Teve duração de 16 de abril a 17 de julho de 1990.

Patrícia Pinheiro e Fátima Luz, arqueólogas, começaram a escavar o sítio do Perna I em abril de 1990. Esse local já havia sido escavado anos antes, entre 1986 e 1987. Era parte da metodologia fazer uma sondagem prévia e, a partir daí, definir uma escavação.

De todos os relatos anotados nos Cadernos de Campo da FUMDHAM, este é o mais rico em análises pessoais diante dos entraves que vão surgindo no cotidiano de um trabalho em campo.

Rotina da escavação, a conversa solitária do arqueólogo

Obs.: não sei se vale a pena tentar reencontrar as estações com todos esses erros. Como vamos ter que fazer um outro plano, inclusive em outra escala, penso que poderíamos implantar novas estações e, a partir delas, marcar no novo plano os pontos 0, 1, 2 e 3 já materializados no sítio, tendo, assim, novas medidas. E o essencial é que elas seriam muito mais seguras e confiáveis, além de existirem alguns piquetes do quadriculamento anterior a partir dos quais nos basearíamos para a implantação das novas quadrículas.

Terminamos de desobstruir a segunda sondagem, e três homens continuaram a limpeza na parte já escavada. Outros capinaram toda a área defronte ao abrigo e para oeste, até uma baixada onde dará para ser jogada uma parte do sedimento, pois o lado oposto, onde era colocado antes o sedimento, é muito alto e longe e, portanto, teremos que dividir a terra nesses dois locais...

Com muito custo, eu, a Fátima e o Zé posicionamos (implantamos) mais três estações: A, B e C. Como estamos utilizando escala muito grande, 1/25, os erros das estações 1, 2 e 3 aumentam muito e refletem-se nas novas estações. Estou utilizando essa escala para tentar uniformizar o registro gráfico do Perna (planos de Lídia= 1/25).

Obs.: insisto que deveríamos ter feito o que eu pensei a respeito das estações, mas não tenho segurança ainda e não sei o que a Niéde pensaria a respeito...

Obs.: o vento carrega muitas folhas para dentro da escavação. Caem seixos quase que diariamente do teto, e alguns quebram-se ao bater em algo duro no chão.

Obs.: tenho pensado que esses vestígios talvez sejam recentes, seja pela superficialidade deles, seja pelo fato de que caçadores acamparam nesse abrigo (caçadores contemporâneos). No entanto, não tenho muita certeza.

Obs.: este trabalho requer muita atenção, pois tenho que me preocupar ao mesmo tempo tanto com os vestígios que surgem como com a apresentação do solo, a peneiração, o controle dos baldes, o registro gráfico das etapas do trabalho, as etiquetas, as cobras...

Obs.: só agora vim perceber o erro da implantação das quadrículas; estas não foram feitas pela diagonal e, por isso, apesar de terem as medidas exatas, não têm ângulos de 90°. No entanto, não posso mais refazer tudo, pois muitos vestígios já foram coletados (erro meu por não ter verificado a implantação).

Pela forma como apresentam-se os painéis pintados e pelo local onde foram encontrados os pedaços de parede pintada, acredito que um dia toda esta enorme parede do abrigo tenha sido pintada.

Às vezes fico pensando na relação entre os dois painéis do abrigo. Há uma diferença técnica entre eles, mas há algo que os interliga.

Hoje tive o prazer de escavar no -8-13, onde apareceram pedaços de parede pintados e quatro pequenas concentrações de carvão com terra queimada, lasquinhas de fogo e outras que parecem produto de debitagem; o sedimento é muito vermelho e duro, por baixo do qual há uma areia fofa e de cor amarronzada. Essa camada pode ser vista no corte central que corresponde ao N5 (escavação anterior ao N4).

Obs.: essa grande concentração de carvão do -8-13 denominarei de Fogueira 1, pois pode ser de fato uma fogueira, mesmo não apresentando uma estrutura com pedras. Pensei na possibilidade da utilização de forquilhas para assar a carne, pois o carvão e o sedimento são muito engordurados (o carvão tem um brilho), mas não encontrei nada que pudesse evidenciar o local de tais forquilhas.

Há a possibilidade de ser uma fogueira tal qual fazemos hoje para nos esquentar. Na trincheira começamos a utilizar a roldana devido à profundidade. Estamos trabalhando mais na trincheira, pois já estamos chegando à rocha; falta muito pouco a ser retirado. Está ficando lindo!

Vou a São Raimundo Nonato (SRN) levar o Doba, que está muito doente, e o Chico.

A ausência de vestígios ósseos (exceto alguns ossos encontrados no trabalho anterior) pode ser explicada, primeiro, pela destruição desses vestígios por ação da acidez do solo e, segundo, devido aos grupos de caçadores terem por "costume" descarnar os animais no local da caça (há raros ossos da microfauna).

As pequenas concentrações de carvão encontradas bem junto à parede rochosa têm algumas explicações: ou é refugo de fogões, ou o carvão foi removido das próprias fogueiras pelo vento forte ou por uma enchente.

A mancha gordurosa e preta que vem apresentando-se no 13+18 transforma-se agora na primeira estrutura real da escavação.

É uma fogueira composta por muitos blocos de arenito, pequenos seixos, alguns fragmentos e lascas e um pouco de carvão. Chamarei essa estrutura de Fogueira 2; acredito que ela se estenderá mais para Oeste por causa da mancha que segue para esse lado. O carvão está sendo coletado cuidadosamente com pinças e colocado em saco limpo.

Os blocos de arenito queimado são muito frágeis e uma boa parte já virou sedimento.

Obs.: me preocupa o fato de que o sedimento que está sendo despejado esteja num nível mais alto que a área que está sendo escavada. Isso pode provocar um desastre no período das chuvas.

Encontramos uma fogueira 3+8 embaixo do painel de pinturas; mesma localização de onde foi tirado o carvão para a datação de 9.500 e 10 mil anos.[36]

Patrícia Pinheiro

Escavar nunca é uma tarefa fácil, do ponto de vista das condições de trabalho: calor, sol inclemente, poeira, posições desconfortáveis, períodos longos de trabalho, água e alimentação insuficientes... Contudo, essa é a rotina de um arqueólogo.

> Demarcamos a área de onde foi retirado o carvão para as datações de nove e dez mil anos.[37]
>
> **Patrícia Pinheiro**

Décima sexta missão - 1991

Destinada ao projeto de conservação dos sítios danificados, coordenado por Conceição Lage; envolveu uma equipe de dezessete trabalhadores, além da coordenadora e de um motorista. Durou todo o ano de 1991 e se estendeu até o seguinte.

Equipe de conservação dos sítios arqueológicos[38]

Durval	Nivaldo (Doba)	Bety	Fátima
Nivaldo	Patrícia	Nilson	Aurélio
Litelton	Nidovaldo	Durval	
José Nei	Zé do Gesso	Juarez	
Edivaldo	Cleonice	José Alves	

Também se inicia o cadastramento – via GPS – dos sítios sob a responsabilidade de Cris Buco. Nesse ano houve um movimento de organização espacial do parque: verificação de circuitos, posicionamento por GPS, desenho de mapas... enfim, o envolvimento de pessoas de campo e também a contratação de desenhistas e fotógrafos.

Nessa missão, a partir de janeiro, ocorreu a escavação da **Gruta do Garrincho** e posteriormente, em julho, o início de escavação no Sítio do Meio, onde foram encontrados carvões datados de 8 mil e 9 mil anos AP. Aqui, além do trabalho arqueológico, foi necessário um trabalho cartorial limitando terras dos proprietários Wilmar e Afonso; limitando área de apoio do Barreirinho do Sr. Nivaldo Coelho; bem como o desenho do parque na planta do Sítio do Meio para registro em cartório.[39]

Décima sétima missão - 1992

Teve duração de 10 de agosto a 24 de setembro de 1992.

O movimento cartorial de compras e registro de terras prosseguiu pela FUMDHAM; eram áreas que continham sítios arqueológicos e estavam fora do perímetro do Parque Nacional.

Joel Pellerin, geomorfólogo francês presente desde a missão de 1978, chegou em janeiro para os trabalhos estratigráficos na Toca do Garrincho, nos Serrotes. Também ocorreu a construção dos NACs, especificamente no Barreirinho.

Em junho, a equipe de arqueólogos retomou a escavação da Gruta do Garrincho e em agosto as escavações do Sítio do Meio, de posse da datação de fogueiras de até 9 mil anos AP.[41]

Décima oitava missão - 1993

Teve duração de 12 de julho a 26 de novembro.

Com a chegada dos "franceses", em julho, a escavação do Sítio do Meio foi retomada. Carvões abundantes e agrupados apareceram em algumas camadas.

Fabio Parenti escavou o Caldeirão dos Rodrigues.

> A área que vai ser escavada é muito extensa; ela inclui uma trincheira transversal no Baixão. A queda do grande bloco deve ser anterior a *18 mil anos*, porque o sedimento escavado na sondagem 80 tem essa idade no fundo.[42]
> **Fabio Parenti**

No meu entender agora, a sequência teria sido a seguinte:
1) escoamento dos Boqueirões num nível mais acima do atual;
2) erosão destes;
3) depósitos de pé de serra com possível ocupação humana dentro dos abrigos (isso antes de 20 mil);

4) caída de blocos entre 30 mil e 20 mil;
5) ocupação humana do fim do Pleistoceno e Holoceno.
Às 13h já mudo de opinião, o ponto 1 é falso porque se trata de uma brecha de preenchimento da falha que destacou um pedaço de arenito.[43]

Fabio Parenti

Necessidades

Para segunda-feira precisa:

1. trenzinho;
2. armador para setor 1;
3. tábuas.

- Arrumação do pau para construção do elevador logo debaixo do Caldeirão.
- Montagem de roldana para subida de material do lado do Caldeirão.[44]

Foram muitas semanas de trabalho em altura, variando de seis a dez trabalhadores. Num desse dias, Fabio relatou:

> Visita da Niéde que manda escavar o fundo do setor I para ver se é possível escavar debaixo do grande bloco. O objetivo dela seria encontrar vestígios arqueológicos pleistocênicos a qualquer custo, mesmo tendo ecossistema material.[45]

Outra fogueira:

> Aparece uma forte concentração de carvões com 3 blocos de arenito bem avermelhados. Trata-se de uma fogueira plana (estrutura 2, relevo 1/10). Acima dela foi encontrado um núcleo de sílex; estamos provavelmente em ST1, enquanto estratigraficamente não encontramos a base da camada preta inferior da sondagem '80.

Depois da escavação, a estrutura dela era a seguinte: três blocos enfincados e um apoiado; entre eles uma forte concentração de carvões, em grandes pedaços, pequenos blocos de arenito fortemente aquecidos, fragmentos de quartzo – tudo foi coletado (etiqueta 41875).
Minha hipótese é que elas (as curetes) estejam em relação à arte rupestre. De fato tudo indica que este sítio fosse no Holoceno um lugar onde só se fazia algo em relação às pinturas. Tem pouquíssimo material lítico e não tem estruturas, a não ser pequenas, e numa área constrangida, debaixo da parede pintada.[46]

Décima nona missão - 1995

Teve duração de 12 de abril a 29 de agosto, com escavação da Toca dos Coqueiros por Niéde Guidon, Gisele Felice e Cris Buco.
No início, nas primeiras camadas encontram:

> o contorno de um forno polinésio, com uma mancha branca interna, carvões e alguns líticos e, já na primeira decapagem, a presença de líticos sob a forma de lascas e seixos lascados, e ossos de animais de pequeno porte. Novos blocos são descobertos em grande quantidade.[47]

No fim da decapagem 09 (início da 10), apareceram traços de

> uma fogueira (+/- 1/1m). Ao meio-dia essa fogueira revelou-se uma "fossa culinária"; a presença de muitas cinzas finas e pouco carvão dentro dessa estrutura levou-nos a crer que seja de fato "fossa culinária"... Esses são os sinais de que o fogo foi deixado consumir-se até o fim, aquecendo os seixos e o solo em volta. Dentro dessa fossa encontramos microfauna, carvão e lascas de sílex e quartzo.[48]

No setor 2, as escavações mostraram outra fogueira, e "as evidências indicam uma ocupação de aproximadamente 7 mil anos", segundo Guidon.

Após essa etapa, iniciou-se a decapagem 3 e foi possível constatar a presença de material lítico e resto de madeira orgânica. Ao final do dia, foi detectada a presença de um coprólito humano na quadrícula 16, a aproximadamente 50 centímetros à direita da fogueira.

> Tal descoberta despertou interesse da professora e colegas, pela semelhança com o mesmo tipo de material encontrado na Pedra Furada em escavação anterior.[49]

> Aliado a todo esse processo de escavação, nos foram passadas técnicas de quadriculamento, de desenho das peças e proteção dos achados; e, para tanto, recebemos orientação da professora Guidon como também do técnico em topografia Aurélio. Recebemos também orientação de fichas para fotografia e etiquetas das peças.[50]
>
> **Xico, Washington**

Minhas observações

1) conhecer um canteiro preparado, contato com os instrumentos de trabalho e seu manuseio;

2) foi relevante participar da busca de um sítio em campo aberto;

3) escavar: compreendi que escavar não é passar o pincel ou a pazinha; é, sobretudo, pensar o que se faz, como se faz e qual a finalidade da busca: como recolher vestígios deixados pelo homem num determinado espaço ocupado por ele.

Para fazer bem-feito, precisa-se de paciência, atenção e procedimento técnico correto (além da postura, comportamento e sentido de equipe). Estar sempre atento ao que acontece em todo o canteiro: arrumação das passarelas (tábuas), homogeneidade nas decapagens (das quadras), plotagem (por nível ou por triangulação), desenhar todo o início de decapagem para então "levantar" as peças existentes etc.

4) a descoberta de uma fogueira na trincheira transformou-se em grande lição: a junção da experiência, do conhecimento e muita intuição;

5) a orientação do trabalho:

a) a metodologia: aplicada na escavação parece-me muito segura em relação ao domínio total de cada nível estratigráfico e à localização de cada vestígio encontrado dentro deles;

b) a disciplina: é outro ponto de destaque no trabalho;

c) a corresponsabilidade de cada membro da equipe com os resultados da escavação é o ponto que amarra a técnica aplicada ao trabalho e à sua metodologia.[51]

Josué

Segunda escavação: Serrote

Aconteceu a partir de julho, e participaram Fabio, Joel Pellerin, Anne, Sônia, Onésimo, Luís, Fabiano e mais dois motoristas (de caminhão e retroescavadeira, esta usada inicialmente para a limpeza da entrada do sítio). Joel foi sempre o profissional de linha de frente, pois fazia a primeira leitura das camadas estratigráficas do local. Tratava-se de uma gruta, em cujo fundo havia uma fenda preenchida por uma rocha.

Depois da limpeza da entrada e do interior da gruta, iniciaram o quadriculamento que ordenaria as escavações.

Na escavação do corte V-W encontrava-se um dente de um grande cervídeo na brecha suspensa na entrada da gruta, logo acima da escada.[52] Foram quarenta dias de trabalho!

Vigésima missão - 1996

Um trabalho de marcação de 280 tocas com GPS foi realizado por Cris Buco,[53] cujos objetivos eram os seguintes:

1. reconhecer os sítios;
2. preencher fichas do modelo novo;
3. posicionar os sítios com o GPS Garmin 45;
4. colocar piquetes nas trilhas e nas Tocas;
5. tirar fotos de identificação para conferência dos nomes dos sítios no laboratório.

Iniciam pela região da Cambraia em junho de 1996. Seus participantes eram Cris Buco, Rubens, Zé Alves, Sr. Nivaldo e Sr. Raimundo Velho do Cambraia, que hoje mora em Coronel José Dias e, junto com o pai, mostrou as Tocas em questão para a equipe franco-brasileira na primeira vez (década de 1970).

> Toca do Estevo 3: vale a pena ver de novo, principalmente pela onça.[54]
>
> **Cris Buco**

> A Toca dos "potes" em questão é a Toca da Baixa dos Caboclos, e o guia que nos levou até o local foi o Benjamim Ferreira Cavalcanti... Não vimos potes, mas vimos fósseis humanos (parte de um crânio).
> Há também pinturas geométricas de cor ocre, líticos e cacos de cerâmica. As pinturas foram prejudicadas com a queimada que fizeram para abrir a roça na frente da Toca.
> Dizem eles que fizeram a roça porque antes avistavam um vulto branco saindo da mata e indo para trás da "cara" deles, e uma "luzinha" azul-clarinha.

> Quando abriram a roça resolveram "fuçar" na Toca cavando e acharam cabelos em um crânio; levaram para casa e ninguém lá conseguiu dormir. Então devolveram a cabeça para o lugar dela e não mais "buliram".
> Que bom! A Toca está protegida![55]
>
> **Cris Buco**

Expedição à Fazenda Cana Brava - Município de Jurema

Foi realizada sob o comando da arqueóloga Claudia Alves, a pedido de Niéde Guidon, para um salvamento arqueológico. O local era rico em urnas funerárias e cerâmicas encontradas pelo proprietário durante a aragem do terreno para o plantio de bananas. Este fez contato com a FUMDHAM e, após a visita de Niéde ao local, organizou-se o salvamento arqueológico.

> Pela urgência de liberar a área para o plantio, resolvemos empregar medidas práticas que pudessem resgatar o maior número de informações sobre a Pré-História e ao mesmo tempo liberar as terras. Decidimos realizar uma coleta superficial, plotando em planta a distribuição dos vestígios. Os vasos cerâmicos seriam retirados em "casulos" feitos de guso?; já que cada uma delas poderia levar em torno de 15 dias se fossem retiradas por decapagens.[56]
>
> **Cláudia Alves**

> Como no setor de plantação de bananas havia uma plantação rasteira que dificultava a visualização e coleta do material optamos, por sugestão do Sr. Antonito, por soltar as ovelhas para pastarem nessa área.[57]
>
> **Cláudia Alves**

Encontraram muito material cerâmico e dez urnas enterradas, nas quais foram usadas as técnicas de engessamento para posterior escavação em laboratório.

> [...] pensando que um grupo maior facilitaria a coleta do material, resolvemos levar todos os interessados. Saímos de S. Raimundo Nonato por volta das 8h em um ônibus com trinta alunos, mais o motorista e Viviane Castro, que veio da UFPE para participar dos trabalhos de campo desse sítio. Ela ficou empolgada com a ideia de estudar o material para a sua dissertação de mestrado. Não tinha ideia de como era difícil coordenar uma equipe tão grande, principalmente um grupo tão heterogêneo de alunos, em sua maior parte do 2º grau.
> Em Anísio de Abreu encontramos três machados semilunares encontrados (originalmente) em Cana Brava. Estavam com o proprietário de uma mercearia que nos deixou apenas fotografá-los.[58]
>
> **Cláudia Alves**

Vigésima primeira missão - 1997

Teve duração de 30 de abril a 19 de julho de 1997.

Sítio Alto de Cima dos Coqueiros - Um enterramento?

A Dra. Niéde afirmou que o sítio é diferente de todos.

> Eu diria se estivesse no Xingó que era um ritual de enterramento, porém não conheço o contexto para emitir opinião; acho que é muito significativa essa grande concentração de seixo sobre uma área central que foi objeto de uma pequena elevação para em seguida serem colocados os seixos.
> Trata-se de uma área plana e agradável com árvores (semelhante a um bosque).[59]

Sítio da Toca dos Coqueiros

A primeira fase iniciou-se em 1º de maio sob a responsabilidade da professora Cleonice Vergne, orientanda de Niéde Guidon na Universidade

Federal de Pernambuco. De início, evidenciaram-se dois bolsões de materiais como lascas, estilhas pequenas, blocos de arenito, folhas e pequenas madeiras (galhos), carvão, ossos (resto alimentar?). O segundo bolsão era diferente:

> o sedimento é arenoso, escuro e solto com a presença de lasca, carvão, ossos, mais parece ser o borralho de provável fogueira não estruturada; o bolsão 1 é que apresenta características de área de fogo.[60]

Uma segunda fase foi realizada de 9 a 19 de julho de 1997 sob a coordenação de campo de Cláudia Oliveira.

Um esqueleto, o ZUZU

No terceiro dia de escavação surgiu o início de um crânio que não está bem conservado. Houve um desgaste na superfície do osso, porém podemos observar em algumas partes restos de pigmento de cor vermelha. Foi evidenciado o esqueleto que estava em posição fetal, depositado sobre o sedimento. Do lado esquerdo os ossos estão bastante friáveis, mas completos.

Na altura do ??? [palavra não compreendida na digitalização] inferior tem a presença de uma ponta de flecha em quartzo. O esqueleto está depositado sobre um sedimento escurecido, talvez resultado de fogueira. No limite das falanges do esqueleto foram recolhidos carvão, líticos, ossos (restos de alimentos); todo o sedimento foi recolhido para posterior análise. O fato interessante foi o surgimento de uma lesma. Continuamos a decapagem da área ampliada, e no setor 2 evidenciou-se uma ponta de flecha. É um sítio bastante questionador que deve ser cuidadosamente trabalhado.

Fizemos a impregnação de cola nos ossos, após a secagem iniciamos o engessamento com "bandagens", e elas começaram a escorrer no entorno do esqueleto. Ficou que o crânio e a costela estão diretamente sobre os blocos.

O esqueleto está rodeado de blocos que foram todos desenhados e levados para o laboratório para posterior reconstituição para exposição.

> [...] e iniciamos a descida da área para realizar o engessamento do esqueleto a partir dos membros inferiores até atingir as costelas e o crânio e finalizar o engessamento.
> Apareceu outra lesma.
> Ontem evidenciamos uma ponta de flecha fragmentada e muito, muito bonita.[61]
>
> **Cleonice Vergne**

Curso de Arqueologia

Como parte da programação, foi oferecido para os alunos do Sítio do Mocó um curso de Introdução à Arqueologia, do qual participaram seis alunos do primeiro grau menor (o que equivale aos 2º ao 6º anos do ensino fundamental).

Primeiro alguns conceitos de Arqueologia e suas disciplinas auxiliares e depois a organização de uma escavação com a explicação das etapas do trabalho.

Vigésima segunda missão - 1998

Janeiro de 1998

Foi iniciada a primeira campanha em fins de janeiro e coordenada pela arqueóloga Irma Asón, à época em fase de doutorado na Universidade de Valencia, Espanha, com o tema "Grupos Pré-Históricos da Microrregião do Seridó". Pesquisaram os temas a seguir.

Toca da Baixa dos Caboclos

Em 27 de janeiro, após cinco horas de *viaje de aquí* a São Raimundo iniciaram com uma sondagem no local *"e nos fue imposible trabajar, pues las abejas empezam a atacarnos."*[62] No dia seguinte iniciaram as escavações, nas quais, segundo informações, haviam encontrado ossos.

[…] Por el momento las abejas nos están dejando tranquilos porque la mayoría de ellos ha bajado al valle a recolectar polen. Son 6h30min.

[…] Delimitamos el área cuadriculado en la campaña anterior y comenzamos a limpiarla retirando el estrato superficial. Alrededor de las 11h tuvimos que encender una hoguera porque las abejas estaban volviendo y empezaron a atacarnos. El fuego los calmó y pudimos seguir trabajando.

Por la tarde continuamos el trabajo de limpieza. Entre las cuadrículas 47 y 48 en este 1º estrato apareció una casija de cerámica muy fragmentado. Parece que no se trata de una urna funeraria, auque esto es algo que todavía debo comprobar.[63]

Irma Asón

Coisas práticas e fundamentais: o financiamento

Hoy vamos a limpiar y dejar preparado el abrigo para la semana que viene (si es que el ayuntamiento de São João do Piauí ha liberado el dinero).

Estoy esperando la visita de Niéde porque necesito dinero para poder pagar el trabajo de la familia del señor Genésio además de la gallina "caipira", el cabrito y la harina de mandioca que nos hemos comido.

Aquí no ha llegado ningún coche de la Prefectura de São João por lo que me temo que de dinero nada de nada.

Será una pena si no llega el dinero porque el sitio promete; creo que todavía hay mucho material por descubrir.[64]

Irma Asón

Urna Funerária

Eliete hizo el "mapeamento" de los fragmentos de la urna para después poder reconstruirla en laboratorio. Al retirar los fragmentos superiores vimos que dentro de la urna había restos humanos.

Decidí no enyesar pues no salía lo ¿??, la urna estaba muy fragmentada e iba a ser una perdida de tiempo y material. Así que decidí excavar in situ.

Empezamos a evidenciar el cuerpo; vi que estaba bien conservado. Podría decirse que incluso mejor que los otros.

Se ha conservado todo el pelo aunque el cráneo parece aplastado, tiene una especie de sales incrustados en todo el cuerpo. Podría ser sal o aluminio lo que explicaría la excelente conservación de los restos humanos que aparecen en este abrigo. También explicaría porque estamos todos con el sistema respiratorio irritado, principalmente yo. El sedimento de este abrigo debe tener algún componente que irrita y reseca nariz y garganta; también puede ser que esto esté causado por la gran cantidad de excrementos de animales que hay en el abrigo. Después en laboratorio comprobé el buen estado de conservación del muerto; una de las manos está totalmente momificada y perfectamente conservada.[65]

Irma Asón

Toca da Extrema 2

Aqui havia sido encontrada uma flauta datada posteriormente em 2.900 anos AP, razão que motivou a continuação da escavação, iniciada em fevereiro.

[...] no setor do Bloco 2 apareceu uma grande e estruturada fogueira. [...] A fogueira 10, bem estruturada com blocos, foi desmontada de forma que possa ser montada novamente [Museu?] e os carvões coletados para datação.[66]

Cleonice Vergne

Toca de Cima dos Coqueiros (Zuzu)

A partir de março, "junto com a Dra. Niéde, começamos a escavação-desmontagem do Zuzu".[67]

[...] Nilton usou material metálico (papel-alumínio para fazer a modelagem) [...] Até agora retiramos parte da bacia e a metade do crânio... No interior do sepultamento encontramos também ossos de microfauna.

Depois da primeira decapagem foram retirados: os dois ilíacos, um fêmur, tíbia e perônio direito. Foram evidenciados o osso sacro, algumas vértebras e parte (pequena) das costelas do lado direito mais a perna esquerda... Na segunda decapagem foi retirada a tíbia esquerda, o pé esquerdo, o calcâneo direito, as costelas, a omoplata e, do lado direito, mais uma vértebra que ficou grudada no sedimento compactado das costelas.[68]

Cleonice Vergne

Toca da Baixa dos Caboclos - 4ª campanha de escavação
Março de 1998

El viaje en Ceres es muy cansado, porque este camino no es uno camino, es una máquina de tortura.

Los objetivos a cumplir en esta campaña son los siguientes:

– intentar terminar de excavar completamente el área noreste del abrigo;

– hacer un sondeo en el lado noroeste debajo de las pinturas.

Este era también uno de los objetivos que se establecieron en la campaña anterior pero que no pudo ser realizado porque en principio íbamos sólo para limpiar y delimitar el área a excavar, pero en esa limpieza... apareció la urna nº. 9 "Pororoca"...

De momento, están apareciendo bastantes lascas de cuarcito. Esta es la 2ª decapagem, hasta ahora han aparecido solamente lascas de cuarcito".

Tuvimos que salir despavoridamente del abrigo a las 5h ya que las europas estaban empezando a bajar y a atacar.

Esta mañana hemos llegado al sitio a las 7h30min. Los propósitos del día son:

– terminar de excavar la segunda área;

– abrir un sondeo (1m × 1m) en el lado SW del abrigo donde están las pinturas.

Por suerte estos días está amaneciendo nublado, lo que nos facilita el trabajo por la mañana.

Cuando terminó la excavación del sector NE, di por terminada la 4ª y última campaña de excavación del abrigo sob roca Toca da Baixa dos Caboclos en el municipio de genésio de Oliveira. Después de almorzar salimos a São Raimundo Nonato.[69]

Irma Osón

Cadastramento dos Sítios da Serra Branca- Março de 1998

Em março houve um novo cadastramento dos sítios da Serra Branca, bem como uma avaliação dos trabalhos de recuperação ali realizados pela equipe de Conceição Lage, no ano de 1991. Este trabalho foi realizado pela arqueóloga Irma Asón.

Foram recadastrados 41 sítios arqueológicos, todos os quais, em 2013, foram alvo do projeto "Na Trilha dos Maniçobeiros", integrando-se ao circuito histórico-arqueológico.

Toca da Igrejinha

Rellenamos tanto la ficha de catastro como las fichas elaboradas por Conceição Lage para el trabajo de conservación de los sitios con pinturas rupestres.

Se trata de un abrigo bajo roca de arenisca que debió albergar un gran painel con pinturas rupestres. Hoy en día sólo se conserva parte de un seriado. El resto ha debido disgregarse de la pared; en este yacimiento también existen bloques con grabados (de pequeño tamaño).

Existen evidencias de vandalismo; en este abrigo ya se han realizado trabajos de restauración intentando tapar los grabados hechos por los vándalos.

Descubierto en 1983.[70]

Toca do Caboclinho

Este sitio se encuentra a unos 200 m de la carretera. Es un abrigo sobre roca de arenisca; las pinturas se encuentran bien conservadas y predomina la tradición nordeste.

El abrigo no tiene mucha incidencia solar pero sí correo por las paredes, numerosos torrentes de agua afectan la parte de las pinturas.

En este abrigo el equipo de conservación ya realizó algunos trabajos como limpieza de cupón y Maria Pobre y la implantación de "pingadeiros" para evitar que el agua de lluvia resbale por las paredes y destruya las pinturas.[71]

Toca do Vento

A este sitio se accede directamente con coche porque la carretera llega hasta él; se trata de un abrigo sobre roca de arenisca.

El painel de pinturas tiene unos 89 m de largo; predomina la tradición nordeste aunque también hay agreste. Las paredes del abrigo sufren de exfoliación.

Descubierto en 1973.[72]

Toca do Mulungu 1

Abrigo bajo roca de arenisca con pinturas rupestres, en su mayor parte de la tradición geométrica auque también hay presencia de la tradición agreste.

Las pinturas estaban recubiertas de hollín porque aquí hubo una casa. El equipo de conservación limpió gran parte de ese hollín.

El estado de la pared es de regular a malo y el painel tiene unos 30 m de largo.

Descubierta en 1973.

Sin posibilidad de excavación. Queda a 250 m da Toca do Vento.[73]

¿Cuál sitio?

Antigua casa de maniçobeiros construida en un abrigo con pinturas rupestres. Las pinturas están completamente cubiertas por hollín de las hogueras de los maniçobeiros.[74]

Toca da Laura

Abrigo con pinturas de la tradición agreste en roca de arenisca. Presencia de musgo indicador de retención de humedad; las pinturas no están en muy buen estado de conservación.

La pared está exfoliándose aunque parezca una desagregación lenta.

Sin posibilidad de excavación.[75]

Toca do Caboclo da Serra Branca

Abrigo bajo bloque de arenisca, abierto a los 4 puntos cardinales. El bloque sufrió erosión formando un arco; una ventana abierta al calle.

Las pinturas de este sitio son de la tradición nordeste y salitre predominando esta última. El conjunto se encuentra en muy buen estado de conservación, si bien el yacimiento ya fue trabajado por el equipo de conservación de las pinturas rupestres. Las pinturas son de color rojo oscuro, medio y claro y también amarillo.

Sin posibilidades de excavación, no hay sedimento para excavarse.

Por lo general, las representaciones humanas son de pequeño tamaño, la mayor tiene unos 40 cm. de largo.

El painel sufre exfoliación aunque las desconchones fueron en su mayor parte reconsolidadas. El acceso al yacimiento no es tan fácil como los otros, hay que andar unos 550 m encuesta arriba en suelo con mucho declive.

El sitio se encuentra en la cima de la cuesta; un poco más abajo están las casas de los maniçobeiros. También afecta a la pared del abrigo el cupón y la Maria Pobre que ya fueron en parte limpiadas.

¿Erosión x agua?

Sin posibilidad de excavación.

Descubierto en 1973.[76]

Toca do Zé Paes

Abrigo bajo roca, este abrigo no presenta painel pintado pero si parece tener grabados aunque pocos y de escaso valor estilístico.

Parecen más bien marcas de haber afilado algún instrumento puede que lítico o puede que metálico, quizá algún cazador actual haya afilado su "facão" en la piedra. En este abrigo hay restos de un homo moderno y parece que es muy frecuentado por cazadores porque cuando llegamos allí, todavía estaban los palos que se apoyan a la pared para amarrar las redes.

También aparece parte del piso como si hubiese sido pulido y con unos hoyos que talvez hayan servido para moler alguna cosa. El abrigo está a unos 3 m sobre el suelo por lo que es un buen lugar para protegerse de los jaguares, por eso es frecuentado por cazadores.[77]

Toca do Zé Ferreira

Abrigo con pinturas rupestres "gemelo" a otro que se encuentra a escasos metros en frente (Toca do Pinhãozinho). Las pinturas se encuentran en muy mal estado de conservación; se trata de un bloque gigante de arenisca, aislado, las pinturas rodean el bloque.

Descubierto en 1973.

Sin posibilidad de excavación.[78]

Toca da Extrema 1

Es un abrigo dentro de un bloque aislado de arenisca. Las pinturas se encuentran en un pésimo estado de conservación.[79]

Toca da Extrema 2

Se trata de un abrigo con un gran painel de pinturas superpuestas de varias tradiciones y sub tradiciones: Nordeste, Agreste, Salitre y un painel con pinturas en color negro.

Las pinturas se encuentran en buen estado de conservación porque estaban bastante protegidos al ser un abrigo profundo y porque estaban protegidos por grandes bloques de arenisco (hoy en el Museo del Hombre Americano).

El yacimiento fue excavado a inicios de este año (98), trabajo del cual participé. El abrigo se encuentra en la vera de la carretera de servicio del circuito Serra Branca del Parque Nacional.[80]

Toca do João Arsena

Abrigo que se encuentra algo sobreelevado. El painel pictórico recuerda mucho al de la Toca da Extrema 2 por esa especie que parece existir en estos abrigos por la superposición de pinturas de diferentes tradiciones.

En la superficie del abrigo, en una especie de escalón formado por bloques de arenisca y sedimento, Zé Luís encontró dos varitas.[81]

Toca do Veado

Abrigo que se encuentra en un bloque aislado. Su estado de conservación es de regular a malo.[82]

Toca do Visgueiro 1

Abrigo en un bloque aislado. Su estado de conservación es regular, aunque fue limpiado. Está afectado por fenómeno de exfoliación.[83]

Escavação na Toca dos Coqueiros

Teve duração de 6 de outubro a 16 de outubro, com a colaboração do grupo pertencente ao salvamento arqueológico para a represa do Xingó, no Rio São Francisco, entre Canindé do São Francisco (SE), sob a coordenação de professora Cleonice Vergne. Continuaram o trabalho na Toca dos Coqueiros, onde no ano anterior um esqueleto foi encontrado.

> Dividi o pessoal entre escova, peneira e balde; eles iriam se revezar nesse sentido. Eles acham o sítio agradável uma vez que estão acostumados ao sol, só acharam o sítio pequeno, porque antes só tinha sítio grande. Neste dia retiramos 181 peças, e o pessoal ainda está adaptando-se.[84]
>
> **Cleonice Vergne**

Segundo dia:
> Temos a fogueira 1, o que atrasou um pouco a decapagem devido à quantidade de vestígios evidenciados.
> Foram recolhidos sedimentos dos variados pisos, e o material é bom, bem lascado e muito estilho. Foram recolhidas 325 peças.
> O sol começa no abrigo às 12h30min, trabalhar sob ele é que é inclemente.[85]
>
> **Cleonice Vergne**

Terceiro dia:
>Começamos às 5h30min para parar mais cedo, pois não dá para ficar no abrigo depois das 14h; vamos levar direto as 8h de trabalho, depois paramos definitivo para almoçar...
>Foram recolhidas 260 peças nas 6 quadrículas; todas com uma grande quantidade de vestígios.[86]

Recebemos a visita da TV Senac, que filmou a escavação hoje com a participação dos arqueólogos Miriam, Ana, Gisele, Jorlan e Manuel; eles ficaram no sítio apenas durante a manhã. Adauto, Vânia e João também visitaram o sítio com três pessoas que chegaram à fundação.

Quinto dia:
>Foi um dia de conferência, estávamos impressionados com a quantidade de vestígios nessa pequena área e com tão pouco? de sedimento que separa o material de uma decapagem para outra. Terminamos o dia retirando 230 peças desse piso.[87]

Nono dia:
>Apesar de retirar os blocos, depois de um pouco de sedimento começam a surgir outros blocos embaixo, o que denota que ou houve uma grande queda de bloco do paredão ou estes foram trazidos pelo homem. Na área que estamos escavando temos painel de pintura de tradição nordeste.
>A 10ª decapagem está afundando bem como na B13, no local que tenho elevação cinza, que até agora só foi evidenciado vestígio, mais nenhuma indicação de esqueleto: acho que aquela hipótese de tumba está fora.
>Em novembro daremos continuidade a esta escavação.
>Forramos o piso com as tábuas para protegê-lo melhor.
>Demos como encerrada a escavação no dia de hoje (16/10/1998). Os meninos estão com saudades e querem voltar. Foi uma boa campanha.[88]

REFERÊNCIAS
Caderno 1

Primeira Missão - 1973

1. Silvia Maranca, em diário não publicado.
2. Idem.
3. DIÁRIOS de Campo. São Raimundo Nonato: FUMDHAM, 1973
4. Idem.
5. Idem.
6. Silvia Maranca, em diário não publicado.

Segunda Missão - 1974

7. Silvia Maranca, em diário não publicado.

Terceira Missão - 1975

8. GUIDON, Niéde et al. **Diários de Campo.** São Raimundo Nonato: FUMDHAM, 1975.
9. Idem.
10. DIÁRIOS de Campo. São Raimundo Nonato: FUMDHAM, 1975.
11. Silvia Maranca, em diário não publicado.

Quarta Missão - 1978

12. CALCULADORA do cidadão. Banco Central do Brasil, 2022. Disponível em: https://www3.bcb.gov.br/CALCIDADAO/publico/corrigirPorIndice.do?method=corrigirPorIndice. Acesso em: 20 dez. 2022.
13. Niéde Guidon, em entrevista à autora em dezembro de 2012.

Quinta Missão - 1980

14. Silvia Maranca, em diário não publicado.
15. PESSIS, A-M. Currículo do sistema currículo Lattes. [Brasília], 4 jan. 2023. Disponível em: http://lattes.cnpq.br/9909740978358301. Acesso em: 4 jan. 2023.
16. DIÁRIOS de Campo. São Raimundo Nonato: FUMDHAM, 1980.
17. Niéde Guidon em entrevista para a TV Cultura, em 29 de setembro de 2014.

Sexta Missão - 1981

18. CALCULADORA do cidadão. **Banco Central do Brasil**, 2022. Disponível em: https://www3.bcb.gov.br/CALCIDADAO/publico/corrigirPorIndice.do?method=corrigirPorIndice. Acesso em: 20 dez. 2022.

Sétima Missão - 1982

19. Idem.
20. Idem.
21. Idem.
22. Niéde Guidon em e-mail à autora, em 2013.
23. Conceição Lage, em entrevista à autora, em outubro de 2019.

Oitava Missão - 1983

24. GUIDON, Niéde *et al.* **Diários de Campo.** São Raimundo Nonato: FUMDHAM, 1983.

Nona Missão - 1984

25. MARANCA, Silvia *et al.* **Diários de Campo.** São Raimundo Nonato: FUMDHAM, 1984, p. 18.
26. Idem, p. 22
27. Idem, p. 25

Décima segunda Missão - 1987

28. PARENTI, Fabio et al. **Diários de Campo.** São Raimundo Nonato: FUMDHAM, 1987, p. 10.
29. Ibidem, p. 12.
30. LUZ, Maria de Fátima da et al. **Diários de Campo.** São Raimundo Nonato: FUMDHAM, 1987, p. 33.

Décima terceira Missão - 1988

31. PARENTI, Fabio *et al.* **Diários de Campo.** São Raimundo Nonato: FUMDHAM, 1988.
32. Idem.
33. Idem.
34. Idem.
35. Idem.

Décima quarta Missão - 1989

36. PARENTI, Fabio et al. **Diários de Campo.** São Raimundo Nonato: FUMDHAM, 1989.

Décima quinta Missão - 1990

37. PINHEIRO, Patrícia *et al.* **Diários de Campo.** São Raimundo Nonato: FUMDHAM, 1990.
38. Idem.

Décima sexta Missão - 1991

39. **DIÁRIOS de Campo.** São Raimundo Nonato: FUMDHAM, 1991.
40. Idem.

Décima sétima Missão - 1992

41. **DIÁRIOS de Campo.** São Raimundo Nonato: FUMDHAM, 1992.
42. Idem.

Décima oitava Missão - 1993

43. PARENTI, Fabio *et al.* **Diários de Campo.** São Raimundo Nonato: FUMDHAM, 1993.
44. Idem.
45. Idem.
46. Idem.
47. Idem.

Décima nona Missão - 1995

48. **DIÁRIOS de Campo.** São Raimundo Nonato: FUMDHAM, 1995.
49. Idem.
50. Idem.
51. XICO, Washington *et al.* **Diários de Campo.** São Raimundo Nonato: FUMDHAM, 1995.
52. JOSUÉ *et al.* **Diários de Campo.** São Raimundo Nonato: FUMDHAM, 1995.
53. **DIÁRIOS de Campo.** São Raimundo Nonato: FUMDHAM, 1996.

Vigésima Missão - 1996

54. **DIÁRIOS de Campo.** São Raimundo Nonato: FUMDHAM, 1997.
55. BUCO, Cris. **Diários de Campo.** São Raimundo Nonato: FUMDHAM, 1997.
56. Idem.
57. ALVES, Claudia *et al.* **Diários de Campo.** São Raimundo Nonato: FUMDHAM, 1997.
58. Idem.
59. Idem.

Vigésima primeira Missão - 1997

60. **DIÁRIOS de Campo.** São Raimundo Nonato: FUMDHAM, 1997.
61. VERGNE, Cleonice *et al.* **Diários de Campo.** São Raimundo Nonato: FUMDHAM, 1997.
62. Idem.

Vigésima segunda Missão - 1998

63. ASÓN, Irma *et al.* **Diários de Campo.** São Raimundo Nonato: FUMDHAM, 1998.
64. Idem.
65. ASÓN, Irma *et al.* **Diários de Campo.** São Raimundo Nonato: FUMDHAM, 1998.
66. Idem.
67. VERGNE, Cleonice *et al.* **Diários de Campo.** São Raimundo Nonato: FUMDHAM, 1998.
68. Idem.
69. Idem.
70. ASÓN, Irma *et al.* **Diários de Campo.** São Raimundo Nonato: FUMDHAM, 1998.
71. Idem.
72. Idem.
73. Idem.
74. Idem.
75. Idem.
76. Idem.
77. Idem.
78. Idem.
79. Idem.
80. Idem.
81. Idem.
82. Idem.
83. Idem.
84. Idem.
85. VERGNE, Cleonice *et al.* **Diários de Campo.** São Raimundo Nonato: FUMDHAM, 1998.
86. Idem.
87. Idem.
88. Idem.
89. Idem.

Caderno 2
Diário de uma jornada

30 de setembro de 2012, Santiago (Chile)

Eu havia agendado uma conversa com a Lourdes, a proprietária da Primavera Editorial, aproveitando a coincidência de estarmos ao mesmo tempo em Santiago. Tinha acabado de voltar da Serra da Capivara e acreditava que poderia escrever um livro sobre a história do parque. Fui pedir seu apoio e falar das minhas inseguranças, e ela foi muito receptiva com a ideia. Discutimos detalhes, e Lourdes me convidou para *un asado* à noite, pois queria inaugurar seu terraço em Las Condes com um churrasco.

Ela e seu marido compraram a carne e um *asador* de origem chinesa e pernas mancas, além dos acompanhamentos. Junto com o *asador* veio um assoprador, cuja manivela era de plástico, e eu, no ímpeto de ajudar, acabei quebrando. Claro, fiquei desolada, afinal era uma convidada.

17 de outubro de 2012, Pindamonhangaba

Mandei o primeiro e-mail para Niéde Guidon, ao qual ela respondeu em 20 minutos. Fiquei entusiasmada. Corri a mandar cópia para a Lourdes. Niéde me aconselha a escrever sobre o parque e me fala dos dois livros já lançados: o de Solange Bastos e o de Elizabeth Drévillon, este publicado na França.

20 de outubro de 2012

Sábado. Estou sem faxineira e ainda há coisas do Piauí para guardar. Quando terminei, todos os meus músculos estavam em hipertonia, em sístole! Me pergunto se essa hipertonia não é uma somatização, uma invenção do meu cérebro... Nenhum diagnóstico, nenhum exame alterado.

26 de outubro de 2012

Continuo conversando com Niéde Guidon por e-mail. Quando lhe pergunto sobre os documentos, me diz que todos os documentos desde 1973 estão arquivados na FUMDHAM. Penso que está na hora de voltar.

Há dois dias tive intensa dor abdominal que durou 36 horas. Precisei de algumas horas no hospital. Diagnóstico? Talvez as aderências da cirurgia do ano passado.

28 de outubro de 2012

Fiz contato com a minha amiga Glória Velasco desde os tempos do Grupo Escolar e a convidei a participar desse projeto. Tenho pouca experiência em pesquisas acadêmicas e ela – professora aposentada da Universidade Federal de São Carlos – é muito mais experiente que eu.

14 de novembro de 2012

Comprei as passagens para o Piauí. Vamos eu e Glória.

1º de dezembro de 2012

Acertando com Niéde os últimos detalhes de nossa entrevista:
[Eu] *Se possível, informe, por favor, hora e local.*
[Niéde] *Você pode vir ao Centro Cultural Sérgio Motta, ao lado do Museu do Homem Americano! Está aberto a partir das 8.*
[Eu] *A quem eu devo procurar no Centro Cultural?*
[Niéde] *Eu!*

2 de dezembro de 2012

Chegada a São Raimundo Nonato. Viemos de avião até Petrolina e alugamos um carro no aeroporto. Nos hospedamos no Hotel Real, bem no centro. Precisei pedir para mudarmos de quarto, porque o oferecido não tinha janelas, era claustrofóbico.

3 de dezembro de 2012

Entrevista com Niéde Guidon. Fiquei emocionada. Depois, fomos conhecer todos os laboratórios da FUMDHAM. Então, nos apresentou Bianca Tizianel – coordenadora do parque –, e combinamos de conhecer o parque com ela no dia seguinte.

4 de dezembro de 2012

Visita ao Parque com Bianca.

À noite fomos comer uma galinhada com Rosa, responsável pelos projetos sociais da FUMDHAM e que nos contou muita coisa. A área de projetos sociais é a minha praia por causa do IA3, então foi fácil acompanhar o caminho dos financiamentos desses projetos.

17 de dezembro de 2012

Voltei preocupada com o nódulo pulmonar de Niéde. Pode ser blastomicose, causada por um fungo presente em cavernas, mas ela respondeu que ninguém sabe a origem dessa infecção.

9 de janeiro de 2013

Comecei a escrever as primeiras páginas. Intensa troca de e-mails com Niéde. Ela chegou a São Paulo para tratamento médico e está abrindo um momento em sua agenda para nos encontrarmos. Que maravilha!

14 de janeiro de 2013

Assisti a todos os vídeos do YouTube sobre Niéde Guidon e a Serra da Capivara. Tudo é superficial e muito repetitivo. Falam a mesma coisa. Quero mais. Pedi socorro a Niéde, e ela disse que a Rosa Trakalo, que trabalha lá desde 2012, conhece todos os documentos. Copiou-a no e-mail.

20 de janeiro de 2013

Fiz contato com Rosa Trakalo pedindo documentos. Niéde segue contando sua história. Falou da partida do Brasil, do acolhimento de Annete Emperaire.

30 de janeiro de 2013

Rosa não responde. Vou a Paraty para passar meu aniversário lá. Estou fazendo um mosaico para lá: uma moldura de espelho com o casario do Centro Histórico.

3 de fevereiro de 2013

Comemorei meu aniversário com Alexandre, meu filho. Fomos conhecer Trindade e ela me lembrou a Punta del Diablo, no Uruguay. À noite, bolo, espumante e jazz.

12 de fevereiro de 2013

O Papa Bento 16 renunciou ontem ao seu mandato. É reconfortante saber que alguém pode desistir de tudo quando não tem mais força e energia. É como eu me sinto algumas vezes. Bia (Beatriz Nascimento), especialista em *self-healing*, me falava que o meu problema de espasmos deve ser um problema de modulação do sistema neurológico; o músculo não devolve a resposta ao binômio contração – relaxamento.

Passei 5 dias do Carnaval na Casa das Hortênsias, fiz doce de goiaba e me reaqueci para contar a história da Serra da Capivara.

14 de fevereiro de 2013

Quero voltar à Serra da Capivara no início de março. Niéde acabou de me escrever que está saindo de férias para a França dia 28 de fevereiro. Não devermos nos encontrar. Ela me passou o contato de Silvia Maranca.

Tenho trocado intensa correspondência com Niéde desde que nos encontramos em São Raimundo Nonato. Tenho muitos relatos pessoais dela nessa primeira fase do contato com as pinturas rupestres e dos tempos em que viveu na França. Sei que tenho na mão um material precioso de valor histórico inestimável.

28 de fevereiro de 2013

Acabei de chegar de São Paulo, de uma entrevista com Silvia Maranca. Ela me recebeu muito bem em seu apartamento na Vila Madalena, serviu café feito em cafeteira italiana e contou um pouco de sua vida: da irmã gêmea e daquelas coisas que só os gêmeos fazem. Por exemplo, na prova de proficiência inglesa para ir para a Universidade nos Estados Unidos, a irmã foi fazer o exame no lugar dela, pois sabia mais inglês... Silvia tem um jeito leve e bem-humorado de contar as coisas. Falou do pai, executivo das indústrias Matarazzo. Mesmo todas as dificuldades do sertão do Piauí, em sua fala, ganham um colorido menos trágico. Silvia produziu um documento ímpar sobre os primeiros tempos da Serra da Capivara. É um relato humano, das emoções de cada uma das pessoas que participaram do início dessa jornada. Encaminhou uma cópia.

Contudo, a parte mais intensa da entrevista foi por causa das picadas de abelhas em Niéde. Elas haviam feito um pacto de que, se algum acidente grave acontecesse a uma delas, caberia à outra tomar as providências para o resgate de modo que se pudesse chegar a um centro médico avançado. Quando Niéde ficou seriamente ferida pelas abelhas, com risco de choque anafilático, ou insuficiência renal aguda e com chances concretas de morte, Silvia se angustiou muito. Deveria ou não chamar um helicóptero e trazê-la para São Paulo? Niéde estava inconsciente e ela, a seu lado, não sabia o que fazer. Escureceu e ela deixou para a manhã seguinte a decisão. Ficou a velar a amiga por toda a noite... Pela manhãzinha, exausta, cochilou. Acordou com Niéde fazendo barulho, querendo ir para casa, comer e trabalhar, como se nada tivesse acontecido...

3 de abril de 2013

Bianca Tizianel, coordenadora do parque, me mandou um depoimento pessoal sobre a sua primeira chuva no sertão. Muito legal. Esse material mais o diário de Silvia e os e-mails de Niéde permitiram desembrulhar o primeiro capítulo. Tenho 16 páginas escritas. Ulalá!

21 de abril de 2013

Troquei a viagem ao Piauí por uma viagem para a Toscana com meu filho. Três semanas bebendo vinho e perambulando pelos pequenos lugarejos de lá. Vou rever a estátua do Davi, de Michelangelo. Acho que está na Academia! Também vou mostrar para o Alexandre os lugares de onde nossos ancestrais vieram.

3 de junho de 2013

Emendei a viagem à Toscana com outra para o Uruguai. Estava marcada há muito com a Confraria de Vinho. Meu cérebro deu um nó com a troca tão abrupta de idioma. Espanhol e italiano se misturam muito, e nunca sei a que idioma pertence uma palavra quando ela vem solta à minha cabeça, fora de um contexto. Agora é hora de voltar à rotina. Olhei para o texto escrito e são 21 páginas prontas.

Voltei a me defrontar com os Cadernos de Campo da FUMDHAM, aquela brochura que os pesquisadores levavam para as trincheiras e em que anotavam tudo: as informações técnicas, os croquis, as impressões pessoais. Estas são as que mais me interessam, têm o conteúdo dramático necessário que me permite sentir a alma e as emoções do pesquisador em sua rotina. Não é um material fácil, essa área não é familiar para mim, então há um nível de esforço muito grande para decodificá-lo.

11 de junho de 2013

De maneira mais irregular, continuo trocando e-mails com Niéde e penso que ela me contou tudo sobre as três primeiras missões. Bem, terminei o relatório da terceira missão, a de 1975.

30 de junho de 2013

De tanto cortar cerâmica para fazer mosaico com postura errada, fiz uma hérnia de disco cervical. Muita dor. Hoje, sábado, pedi socorro para o Eduardo – meu osteopata – para uma sessão de urgência.

14 de julho de 2013

Olha um conselho: *"concentre seus esforços em atividades de alto retorno e não gaste seu tempo em tarefas de baixa produtividade, que não valem a pena"*.

Em relação ao trabalho da Serra da Capivara, muitas vezes acho que divago demais em tarefas sem importância.

16 de julho de 2013

Tudo perde a importância e a sequência; um diagnóstico de carcinoma papilífero da tireoide arrasa com minha rotina e meus planos de apressar o livro da Capivara. Tou pasma!

26 de julho de 2013

Como se precisasse viver a vida de maneira muito intensa, com medo de ela se perder, estou encaminhando duas coisas novas ao mesmo tempo: o fim da reforma da Casa das Hortênsias e o tratamento do câncer.

7 de agosto de 2013

Estou me organizando para voltar a São Raimundo pela terceira vez. Fiz um contato com Bianca Tizianel e acabei de receber sua resposta: **não está mais na direção do parque** (tem outros planos para sua vida). Ela me pôs em contato com Fernando Tizianel, seu marido e chefe do parque.

19 de agosto de 2013

Foi uma manhã fria de domingo quando nos encontramos em Viracopos: Glória (minha parceira de pesquisa), Pily (sua amiga de longa data) e eu, com destino a São Raimundo Nonato, no Piauí, numa longa viagem que começava com um voo da Azul – de Campinas a Salvador – e, depois, de

Salvador a Petrolina. Por fim, num carro alugado em Petrolina, mais 4 horas de viagem até São Raimundo, no sudoeste do Piauí, o nosso destino final.

Foi a primeira vez que viajamos pela Azul. Boa experiência! Avião pequeno, fabricado pela Embraer, com quatro poltronas por fila, uns 120 lugares, suponho. Pontualíssimo; tive sensação de aparelho ágil.

Essa viagem tem um objetivo claro: pesquisas na FUMDHAM e entrevistas em campo que permitam ter material suficiente para um livro sobre o Parque Nacional da Serra da Capivara, um dos lugares mais bonitos do Brasil e que os brasileiros ignoram. Ignoram por falta de informação, ignoram por termos uma cultura litorânea e adorarmos férias em praia. Por fim, ignoramos porque o acesso é muito difícil.

No avião, vindo para cá, contava à Pily sobre como descobri a Serra da Capivara: nem era a minha opção; vinha para Petrolina, interessada nos vinhos do Vale do São Francisco e, pela proximidade – se é que 300, 400 km sejam perto –, acabei acoplando a Serra da Capivara à viagem. Voltei encantada e enfeitiçada. Os sítios arqueológicos, plenos de pinturas rupestres a céu aberto (únicas no mundo), me cativaram. Daí a nascer um projeto de um livro sobre eles foi só mais um passo. Dez meses depois, volto pela terceira vez, agora com as "meninas de Espanha", para mais uma furiada. Desta vez, Niéde Guidon estará ausente. Não teremos seus depoimentos contundentes. Todavia, é ocasião única de compreendermos como as coisas funcionam sem ela.

20 de agosto 2013

São Raimundo Nonato – primeiro dia.

O dia está luminoso, começou brilhante, e uma brisa fresca faz do caminhar (pela sombra) uma atividade muito agradável nesta manhã de segunda-feira. Café da manhã com tapioca e cuscuz de milho, com o programa de Ana Maria Braga ligado na TV e conversando com *chefs*, criando um contraponto à culinária regional que acabei de provar. É inexorável a imposição culinária do Sul, com a TV sendo o veículo comum de conversa entre todos os brasileiros. Em alguns lugares aqui, em São Raimundo, se encontra o mineiro pão de queijo no café da manhã, algo impensável há 15 anos.

A caminho do Museu do Homem Americano para pesquisas em seu centro de documentação e posterior encontro com Elizabete Buco. Depois eu conto.

Elizabete não apareceu, esqueceu-se de nós. Depois de manifestar nosso desconforto, as portas do Banco de Dados se abriram e tivemos acesso aos Cadernos de Campo. Todos! Houve momentos emocionantes, como quando lemos a descrição do achado de um esqueleto durante uma escavação.

Almoço no Restaurante Homus, na rua dos bancos. Depois, embaixo de um sol ardido, uma entrevista com Fernando Tizianel, do ICMBio, nome atual do antigo Ibama, chefe do Parque da Serra da Capivara. Fernando nos colocou à disposição um documento jurídico fundamental, o de processo de criação do parque e o processo de indenização dos moradores do Zabelê.

Fim de tarde. Estamos hospedadas na Pousada Zabelê, que fica na parte alta da cidade, a uns 400 metros do centro comercial da cidade. Há alguns equipamentos turísticos ao redor: uma boa padaria em uma esquina e uma pizzaria na outra.

Na padaria, onde estamos agora, além de se beber cerveja regional com um nome erótico – a similar nordestina da cerveja Devassa –, se pode observar a lua cheia que começa a surgir no céu. Que fique claro que o céu de São Raimundo Nonato é um dos mais belos, onde a ausência de poluição luminosa permite à lua e às estrelas se exibirem com esplendor.

21 de agosto de 2013

Dia de visitar o local onde foi o povoado do Zabelê. Fernando, o chefe do parque, foi muito gentil em colocar seu motorista à nossa disposição. Privilégio, porque o local fica dentro do Parque Nacional da Serra da Capivara e não está incluso entre locais de visitação turística permitida. Estradas solitárias, quase abandonadas, um retão dentro da Caatinga. Descendentes de Vitorino Paes Landim viveram por gerações no local e, como a exploração da maniçoba exigiu mais terras para ampliação do cultivo, novas pessoas chegaram, principalmente de Pernambuco, resultando na criação da comunidade Zabelê.

Com a criação do parque a permanência das pessoas nesse vilarejo se tornou insustentável, pois elas viviam exatamente no meio dele. A sua retirada foi traumática e gerou uma ferida incurável na memória dos interessados. Mesmo em melhores condições atuais que na vida do Zabelê, o que se perdeu foi um espaço sacralizado pelas tradições. Mais que isso, a violência da retirada compulsória ficou gravada em fogo na memória. E isso não tem volta.

24 de agosto de 2013, Pindamonhangaba

Cheguei hoje do Piauí, viagem recheada de dor e também de apreensão: *E se não for uma hérnia cervical, e sim uma metástase óssea?*

Vim cheia de material conseguido junto ao acervo do ICMBio.

22 de outubro de 2013, Pindamonhangaba

Seguro-saúde dando problema de cobertura para um procedimento da cirurgia. Tive de apelar para a Ouvidoria. Trabalhando os papéis do acervo do ICMBio. Tem de tudo: desde o decreto do Delfim Neto encaminhando a criação parque para o General Figueiredo até a cópia da nota fiscal de dez folhas de xerox. Há de se ter paciência.

3 de novembro de 2013

"Niéde está uma pessoa amarga, muito amarga, e eu tenho dificuldade de lidar com isso, porque é uma amargura inconsolável... Não há nada a ser dito." Escrevi isso para um amigo enquanto contava sobre o ritmo dos trabalhos da Capivara. Estou me preparando para as coisas práticas da cirurgia: fazer supermercado e deixar comida pronta para os próximos dias. Lembrar de sacar o dinheiro do caixa eletrônico e deixar os pagamentos em dia.

5 de novembro de 2013

Estou em casa; a cirurgia foi simples e bem-sucedida. Acalmou o meu medo da anestesia geral. Não há sutura externa, apenas cola com Dhermabond ou Dermabhond. Dor leve para engolir e mexer o pescoço. Ontem foi um dia tenso: influenciada pelo anestésico, entrei em fase de euforia; me sentia bem e liberei todas as minhas companhias, achando que ia ficar bem. Horas depois, lembrei que não havia tomado o tal do paratormônio, e era urgente que o fizesse, porque se a produção do paratormônio fosse afetada na cirurgia eu tinha de repô-lo num prazo muito rígido. O efeito eufórico havia passado, e eu sentia dor, muita dor e estava sozinha. Tive de sair para ir até a farmácia. Chovia, estava escuro e eu não podia mexer o pescoço pela dor. Não enxergava as laterais do carro porque precisava mover o pescoço para olhar o espelho. Deu vontade de chorar de impotência.

Preciso lembrar as pessoas de não acreditarem na minha fase de euforia após a anestesia geral.

7 de novembro de 2013

A cicatriz do meu pescoço arde e incomoda. Está inchada, tornando algumas posições muito desconfortáveis. Baixa energia, fazendo nada. Livro da Capivara parado.

9 de dezembro de 2013

Felipe, meu terapeuta, disse que o meu silencio em relação à Niéde é uma coisa minha. Não adianta eu colocar as minhas expectativas nela. Isso é uma questão minha.

31 de dezembro de 2013

Sabe, os dias são iguais. A cada dia o exercício da tenacidade, o errar e acertar, as conquistas e fracassos. Um dia após o outro como uma braçada atrás da outra quando se nada no mar... Muitas conquistas este ano: a reforma da Casa das Hortênsias, a viagem ao Piauí, o andamento do projeto do livro sobre o parque. Agora é celebrar!

5 de fevereiro de 2014 - Pindamonhangaba

Ontem trabalhei o dia todo no projeto do livro. Rendeu. Niéde respondeu ao meu e-mail perguntando sobre a figura do José Lopes Bastos.

14 de abril de 2014

Lentamente reintroduzo a Capivara na minha vida. Estou dando conta das escavações da Toca do Paraguaio e fiquei muito emocionada quando li sobre encontrarem dois esqueletos lá. Estavam escavando a Niéde Guidon e uma arqueóloga argentina, colega de trabalho dela em Paris.

5 de maio de 2014

Converso com a Niéde sobre o aeroporto. Nada de inauguração, nada de operação. Sinto que já pertenço a esta cidade, fico torcendo para que as coisas possam dar certo aí. Nos meus momentos de ócio em SRN ficava me perguntando se conseguiria morar ali, ter uma pousada e me envolver com as questões do parque. Penso que não conseguiria me adaptar aqui: a diferença cultural, a aridez da paisagem (fui criada dentro da floresta da Mata Atlântica), o calor... Acho que sempre vou amar São Raimundo e o Piauí à distância. Vir aqui de quando em quando, aprender a olhar e admirar essa natureza tão exótica e voltar para casa. Claro, a minha formação política dos tempos de faculdade me faz ser muito sensível à questão social, fico lidando com a estatísticas, os IDHs, vendo quais são os principais gargalos, pensando em soluções. Porque elas existem.

4 de junho de 2014, Casa das Hortênsias

A reforma da Casa das Hortênsias, a casa em meio à Mata Atlântica, ficou pronta depois de um ano de idas e vindas. A última empreiteira que contratei – a peso de ouro – foi muito profissional. Cumpriu prazos e cronogramas e entregou a casa muito bonita. Há muitas janelas de vidro, pois é uma casa para se olhar para fora. Gosto muito de escrever aqui porque, sem a interferência de internet, telefone, televisão ou pessoas, eu não desfoco. Fico amadurecendo as ideias até elas chegarem a frases que podem ir para a tela.

Tenho me debruçado por muitas horas sobre todas as 22 missões franco-brasileiras chefiadas por Niéde Guidon. Apesar de ter trechos muito interessantes, são textos áridos, escritos por profissionais muito técnicos. Então, sua compreensão não é imediata. Desafiador.

1º de julho de 2014. Pinda

À noite, vou para Campos do Jordão para a abertura do Festival de Inverno. A OSESP vai interpretar a Nona Sinfonia de Beethoven, sobre a regência de Alsop. Será brilhante! Claudio Brichetto vem de Paraty e sua formação de pianista erudito faz dele a companhia ideal para o programa.

20 de agosto de 2014, Casa das Hortênsias

Passando uma semana na Casa das Hortênsias, só focada no capítulo das missões. Interessante. Eu não tenho dúvidas de que quero construir um livro com esse tema.

A casa recém-reformada ficou muito confortável. Apesar de estar frio, é muito agradável trabalhar na mesa da sala olhando a floresta pelas amplas janelas. À tarde, quando o sol se torna bastante inclinado, uma luz dourada ilumina as árvores, e eu não me canso de me encantar com essa maravilha. À noite, acendemos a lareira e tomamos vinho.

30 de agosto de 2014, Pindamonhangaba

Depois de uma semana fora, tento me apropriar de minha casa novamente. Resgato a tecnologia "Cinco S" de organização japonesa. São cinco conceitos muito interessantes:

- SEIRI – senso de utilização;
- SEITON – senso de organização;
- SEISO – senso de limpeza;
- SEIKETSU – senso de padronização e também de saúde;
- SHITSUKE – senso de disciplina e autodisciplina.

Sempre que estou um pouco perdida no cotidiano, tento fazer uma reflexão em cima disso. Os mais difíceis para mim são o segundo e o quinto princípios. Gasto minha vida tentando ser organizada e autodisciplinada e muitas, muitas vezes me frustro.

2 de setembro de 2014

Sonhei com Niéde esta noite: estava em São Raimundo com Gloria, Alexandre e meu pai na casa de Niéde. Era fim de tarde. Meu pai enreda Niéde e Glória num jogo de baralho. Eu quero trabalhar e fico insistindo com a Gloria para abandonar o jogo. Niéde se mantém sempre com uma postura formal e polida.

11 de outubro de 2014

Parto para o Piauí em três semanas. Tenho acelerado as leituras. A mais cruel de todas é a tese de Fabio Parenti sobre a escavação do Boqueirão da Pedra Furada e a descoberta das mais antigas datações do continente. É um texto muito duro: todo em francês, língua que não domino, sobre um assunto que não domino, cheio de tabelas que me confundem. Muito difícil avançar. Tenho um namorado novo que morou na França, então tenho certa expectativa de que ele possa trabalhar esse texto para mim e me entregar mastigado, mas ele não se entusiasmou muito com a ideia.

Analisando a produção antes de viajar: tenho 54 páginas escritas e muita leitura, muita informação. Por enquanto o livro está estruturado assim:

- Capítulo 1 – A história da descoberta das pinturas rupestres por Niéde Guidon
- Capítulo 2 – As Missões Franco-Brasileiras
- Capítulo 3 – Atos do Governo (em que abordo a criação, demarcação e implantação do parque do ponto de vista dos órgãos administrativos)
- Capítulo 4 – FUMDHAM
- Capítulo 5 – O parque – estruturação, sítios e roteiros
- Capítulo 6 – Os projetos sociais
- Capítulo 7 – O Museu do Homem Americano
- Capítulo 8 – SRN e o ambiente em torno do parque, os indicadores sociais

30 de outubro de 2014

Partida para São Raimundo Nonato. Embarcamos por Guarulhos, pela Avianca, até Petrolina.

Tenho agenda com Niéde para segunda-feira e tenho muitas questões a conversar com ela. Além de uma nova decodificação do trabalho, estou interessada nos financiamentos. De onde vem o dinheiro para manter essa estrutura?

Chegamos a Petrolina e percebemos que a seca castiga aqui também, o Rio São Francisco está bem baixo. O aeroporto tem o jeito de cidade do interior. Você desce por escadas no meio da pista e tem o primeiro contato com a temperatura local. Sempre quente, com a brisa que fala de imensidões, de grandes territórios sem barreiras geográficas. E assim começamos em terras nordestinas. Num momento em que o preconceito do sul e sudoeste para com essa cultura se exacerbou por causa das eleições presidenciais. É preciso vir aqui, ver e conversar com as pessoas para compreender por que elas votaram em Dilma Roussef.

2 de novembro de 2014, São Raimundo Nonato

Nada mudou nesta cidade de pouco mais de 32 mil habitantes, no sudoeste do Piauí, desde a última vez, um ano atrás. Continua sem chover há meses. Faz o calor de sempre. A cidade é muito malcuidada, como se os gerentes, que se chamam prefeitos, não tivessem nenhum compromisso ou responsabilidade nisso.

O que há de novo é o aeroporto: após 14 anos de construção (incluindo zilhões de reais desviados pelo governo do estado do Piauí), ficou pronto. Tem a forma de uma Capivara e – informação a confirmar – seu projeto é de um arquiteto de Teresina. Ainda não foi inaugurado. Há alguns trâmites: o mais importante será escolher as companhias aéreas a operar. Depois instalar a alfândega, Polícia Federal... bombeiro... essas coisas. Vamos ter de esperar uns seis meses para tudo isso acontecer.

A próxima etapa será a construção dos mega-hotéis para receber turistas estrangeiros a visitar o parque. Vimos na casa de Niéde Guidon um desses projetos. O grupo Dell'Agnese, o mesmo que fez o projeto do Museu da Natureza, entrou com um pedido do Banco Mundial, no valor de US$ 50 milhões para construir um resort na Serra Vermelha.

Apreciamos todos os detalhes do projeto: fica no alto de uma *cuesta* e sua piscina de borda infinita se projeta além, no vazio, suspensa no ar. São 37 suítes, me parece. Preciso conferir. E aí eu percebo a falta de ousadia na cidade. Já era hora de os empresários locais estarem se organizando para receber tão sofisticado visitante. Cadê um embelezamento da cidade? Cadê o estímulo ao artesanato? Cadê os restaurantes fofinhos? Gisele, a arqueóloga da Universidade Federal do Vale São Francisco, nos disse que os proprietários daqui não investem porque não têm certeza do retorno. De fato, nesta semana, a cidade está vazia de turistas.

Abstraindo-se dos problemas urbanos, o entorno é de uma beleza excepcional. A Caatinga nessa época de seca fica toda branca, cobrindo os imensos chapadões. Os monumentos de pedra, em arenito amarelo ou vermelho e recobertos por milhares de figuras rupestres, tornam esse ambiente único no mundo.

É a quarta vez que venho aqui e esse assunto cada dia me é mais familiar. E, a cada dia, descubro novos detalhes em que o treinamento do olhar só faz ressaltar.

5 de novembro de 2014, São Raimundo Nonato

Estamos partindo para o Parque da Serra das Confusões agora, sete horas da manhã de um dia que promete sol e 37° de temperatura. Vamos com nosso carro até Caracol e lá contratamos um guia em veículo traçado para ir ao parque.

Fim de tarde: foi uma boa surpresa. Caracol tem 15 mil habitantes e hospeda um imenso parque, quatro vezes maior que o da Serra da Capivara. É um parque muito precário em estrutura, mas majestoso no seu relevo. Os dobrões da Serra da Confusão, grandes paredões de arenito de cumes arredondados, impressionam. Há grutas belíssimas e 3 sítios de pinturas rupestres abertos a visitação: a Toca do Alto do Capim, a Toca do Enoque e a Toca do Moquém.

Fátima Luz, arqueóloga que estava escavando o sítio ENOQUE, na Serra das Confusões, morreu há um mês em um acidente de trânsito na estrada para Teresina.

Ainda é uma região de turismo futuro. Um dia poderei falar: "Quando estive lá, não havia nada". Nem sei se somos privilegiadas de, aos 60 anos, desbravar pedaços de brasis que poucos andaram. Sobre todos os aspectos, valeu a pena!

7 de novembro de 2014, São Raimundo Nonato

Dia de Serra Branca. Muita emoção e deslumbramento. Poucas palavras, porque a nossa vivência de hoje foi superlativa. Um patrimônio pessoal imensurável.

10 de novembro de 2014, São Raimundo Nonato

A chuva chegou.
Choveu.

O inverno começou ontem na Caatinga com a chegada da primeira chuva. Milagrosa chuva! Linda chuva! O dia acordou cinzento e fresco, lá pelas onze horas foi escurecendo mais e ouvimos um trovão. Trovão! E a água começou a cair farta, fazendo enxurrada.

Na entrada da pousada, eu ria sozinha enquanto me molhava e tentava filmar todos os sinais da chuva. Durou uma hora, o suficiente para lavar a cidade, lavar a nossa alma. Pura alegria de sentir, pois é muito mais que ver a minha primeira chuva no semiárido.

Mais tarde, numa ida para conhecermos o aeroporto inacabado e inacabável, olhávamos para a vegetação com outro olhar. O que havia de verde realçava-se muito mais depois de a poeira ter-se ido. As pequenas e as grandes flores ficaram mais visíveis. Vermelhos, rosas e amarelos ganhavam destaque.

Não vamos ver, pois estamos a partir, mas em três dias tudo muda. Tudo ficará verde, espantando de vez a aridez da Mata Branca.

Último dia em SRN, aproveitamos muito. Saio com a cabeça a mil, mas com demandas concretas. Há ainda meia dúzia de entrevistas com pessoas icônicas do processo: Anne-Marie Pessis, Eric Boëda, Fabio Parenti, Conceição Lage, Adauto Araújo e Marcia Chame.

11 de novembro de 2014, Pindamonhangaba

O balanço cultural da viagem foi muito rico: conhecer a Serra das Confusões e a Serra Branca me deu a dimensão dum país ainda desconhecido, ainda selvagem. Há as impressões da Caatinga; às vezes, ainda tenho estranheza com tanta secura, quero jogar uma aguinha para que a árvore verdeje. Tenho dificuldades de pensar e planejar um jardim de pedras e cactos; nasci dentro da Mata Atlântica! A Caatinga ainda me causa estranheza, mas já sei ver sua beleza, ainda mais se – de permeio – se interpõe o paredão de uma *cuesta*.

Somado à leitura do ano todo com as informações obtidas na viagem, tenho material para todo o livro. Agora é disciplina e muito trabalho.

27 de novembro de 2014, Pinda

Gasto minhas manhãs com a Capivara; hoje trabalhei mais de três horas para produzir uma página. Bom texto!

2 de dezembro de 2014

Trabalhei superconcentrada por 3 horas; desde que cheguei do Piauí, escrevi sobre 13 missões por 23 páginas. Quero produzir um bom texto. Para esse capítulo ainda há as entrevistas a fazer. Depois, mais 3 capítulos: a FUM-DHAM, o parque e as missões de Eric Boëda. Prazo de um ano.

5 de dezembro de 2014

Falei por quase duas horas, por telefone, com o Fabio Parenti. Foi uma surpresa. Mandei um e-mail para o endereço da Itália, acreditando que ele estava lá. Meia hora depois veio sua resposta. Estava em São Paulo e disponível para falar comigo àquela hora.

Liguei.

Não foi uma conversa fácil. Me questionou muito. Parecia que ele estava num dia ou num momento em que sua vida não estava fluindo. Aproveitou para desabafar.

Quando desliguei o telefone, além de muita anotação, tinha zerado minha energia.

Ai, preciso de um pouco de poesia para me energizar. Borges.

23 de janeiro de 2016 Pinda

Recomeço.

Parei por um ano o projeto de contar a história do Parque Nacional da Serra da Capivara, nem sabia que iria fazer isso. Fui adiando, adiando, colocando a minha energia em outro projeto que, à época, foi mais importante: transformar a Casa das Hortênsias numa casa-hotel. Nesses primórdios de janeiro, venho voltando. Voltando lenta, assustada, com receio de abandonar de novo. E há um sentimento de perda. Um ano atrás, o texto estava pronto na minha cabeça, todas as informações pululando pelas minhas sinapses. E isso tudo se foi. Terei de garimpar tudo de novo. Recomeço lendo o meu livro referência, a obra de Solange Bastos. Ela está falando de Luzia, o esqueleto mais antigo do Brasil, descoberto por Annette Emperaire em Lagoa Santa, MG. Luzia tem 11 mil anos.

Anotações para o livro...

Pleistoceno foi o período quaternário que ocorreu entre 1,8 milhões e 11 mil anos atrás. Foi nesse período que viveu a megafauna, extinta ao final deste. Mas, também, foi o tempo em que a maioria das plantas e animais hoje existentes se originou. Do Pleistoceno Superior – período entre 50 mil anos até 12 mil anos AP – temos vestígios humanos, restos paleontológicos e coexistência do homem com a megafauna.

Holoceno é o nome dado aos últimos 11 mil anos da Terra. Ele começa ao fim da última Era Glacial, ou Idade do Gelo. Desde então, apenas pequenas mudanças no clima aconteceram. A população humana no início do período Holoceno era de cerca de 5 milhões de habitantes. Foi nesse período que a humanidade começou e expandiu as atividades agrícolas, a domesticação dos animais e a construção de cidades. Foi também o período em que as migrações se multiplicaram por todos os cantos do planeta.

Paleontologia: estudo dos animais extintos. Descubro que nada sei sobre essa última Era Glacial. Fiquei surpresa ao saber que restaram 5 milhões de pessoas na Terra ao fim dela. Hoje, 2017, há 7,5 bilhões de pessoas.

Teoria da Migração Americana por Walter Neves: dois grupos de origem distintas chegaram à América há cerca de 14 mil anos: Paleoamericanos (grupo de Luzia) e Mongoloides.

Serra da Capivara. Tenho lacunas no parque; preciso ir à Toca do Paraguaio; alojamento dos pesquisadores em SRN; Sítio do Congo (onde há muitos esqueletos); desfiladeiro da Capivara e Sítio da Toca da Tira Peia (Eric Boëda).

25 de janeiro de 2016

Veja! Adoro escrever, adoro fazer blog, falar das minhas vivências, acompanhar o rumo dos meus pensamentos. Ontem, vi um documentário sobre a evolução humana, como saímos dos primatas e chegamos ao *Homo sapiens*.

Hominídeos: o hominídeo mais antigo é o *Australopithecus*, que surgiu de 8 a 2 milhões AP na África. Lucy tem 3,2 milhões de anos e é uma *Australopithecus afarensis*. Lucy está no Museu de História Natural de Adis Abeba, na Etiópia.

Duas linhagens evoluíram a partir do *Australopithecus*: 1,8 milhão de anos, *H. robustus*, que era vegetariano e desapareceu; e 2,2 milhões de anos, o *H. habilis*. Era onívoro.

O *Homo sapiens* surgiu na África entre 200 mil e 150 mil anos AP. Era um longo período glacial. Quanto tempo? Há 1 milhão de anos, houve a saída da África para o Cáucaso: *Homo georgicus*. Descobertos em 1991, em Dmanisi, na Geórgia. Eram hominídeos primitivos com 600 cm^3 de crânio. São os hominídeos mais primitivos fora da África. As ferramentas encontradas mostram que comiam carne de animais mortos. Cem mil anos depois, foram encontrados na Ásia o *Homo erectus* e o *Homo floresiensis*. *Homo floresiensis*: chegou à Ilha das Flores, no Timor, há 850 mil anos. Na Europa, foram encontrados *Homo sapiens* e *Homo neanderthalensis*.

A Beríngia, como foi chamada essa ponte terrestre entre América e Ásia, ficou emersa de 27 mil a 10 mil anos atrás.

As coisas não estão fáceis hoje. Tento ligar para a FUMDHAM para conseguir o e-mail de Eric Boëda. Não consigo. Acabei mandando um e-mail para Niéde, depois de um ano de silêncio. Ela continua centralizadora... não autorizou a telefonista a me passar a informação.

Em 1998, Niéde Guidon se aposenta, após 22 missões franco-brasileiras. As missões sofrem interrupção nesse período, sendo retomadas apenas em 2008, coordenadas agora por Eric Boëda. O foco das pesquisas dele é diferente das de Niéde: ele está interessado na origem dos povos primitivos e suas tecnologias; ela buscava contextualizar as pinturas rupestres. Eu percebo que preciso ler os dois documentos do plano de manejo do parque. Urgente! Começo hoje... E contar a história do Zabelê. Quando foi? Tá tudo naquele processo do ICMBio.

26 de janeiro de 2016

Ontem foi um dia de vitórias: primeiro, refiz o contato com Niéde Guidon. Segundo, mandei um e-mail para Eric Boëda solicitando um encontro quando eu estiver em Paris. Isso me dá uma bruta responsabilidade, pois tenho que saber o que perguntar. Mandei o e-mail em inglês; cuidadosa, pedi à minha irmã para revisar. Fiquei feliz, meu inglês escrito vai bem. Talvez devesse treinar mais. Agora, esperar a resposta.

Continuei relendo o livro da Solange Bastos. Acho as informações importantíssimas e invejo o fato de ela ter escrito o livro em um ano, só estranho a maneira como os relatos são colocados. Niéde cita, no livro, que as estradas foram feitas em 1992.

O inverno! O inverno, no norte do país, no Piauí, vai de novembro a abril e é a estação das chuvas. A Caatinga fica verde. Lindo de se ver. Ontem, ao telefone, Gildete – a telefonista da FUMDHAM – me falou que estava chovendo. Bem, pretendo ir para lá, aproveitando uma promoção da Gol na última semana de fevereiro. O preço está pela metade: R$ 502,00. Em maio, uma data mais folgada, iria para R$ 1.160,00 pela Gol e R$ 1.245,00 pela Azul.

Ai, preciso estudar as Tradições, de novo. Mais um livro para carregar no Carnaval.

Esqueletos na Toca do Paraguaio
1998
7.000/100 anos AP nível IX de escavação.
8.670/120 anos AP nível XV de escavação (esqueleto feminino).

Levantamento fotogramétrico em seis sítios do Parque Nacional, feitos por uma equipe espanhola. Escaneamento das pinturas rupestres e reconstituição virtual em três dimensões, feitos no laboratório da FUMDHAM.

Projeto têxtil na região do Garrincho, implantado pelos ingleses, com mão de obra escrava. O que é isso? Mandei um e-mail para o André Pessoa sobre trabalho escravo no Garrincho.

27 de janeiro de 2016

André respondeu: "Nunca ouvi falar disso!".

Alívio! Por não precisar descobrir uma nova história

Novas informações estão sendo resgatadas da minha memória. A *Revista Clio*, de Arqueologia, fundada pelo historiador Armando Souto Maior, marido de Gabriela Martin. Gabriela Martin, arqueóloga espanhola, é fundadora da Fundação Seridó. É importante que eu tenha em mente que sempre que for falar de um achado, uma gravura, eu a localize precisamente dentro do seu sítio histórico.

Gruta de Chauvet, na França, descoberta em 1994. Pinturas de touros e de mãos. Datadas de 36 mil anos e as mais antigas do mundo.

Hoje ficou muito claro que vou dedicar um capítulo só às PINTURAS RUPESTRES. Vou falar das TRADIÇÕES, das novas tecnologias para entender as pinturas e do trabalho de conservação de pinturas – e o contexto em que as pinturas foram feitas. Principais atores desse espaço: Anne-Marie Pessis, Niéde e Conceição Lage. Vou ter que dar uma garimpada no que já foi publicado sobre isso.

Revista Clio, de Arqueologia.

Acabei de localizar a última edição – vol. 30, de 2015 – da revista. Ela é editada pela Universidade Federal de Pernambuco (UFPE). A matéria de capa é uma entrevista do professor Adauto de Araújo, morto em 6 de agosto de 2015 por câncer. Adauto estava na minha lista de entrevistas. Não deu tempo.

Análise dos parasitas encontrados em coprólitos (paleoparasitologia). Nos anos 1970 começaram as análises do material do BPF no parque. Descobrir os parasitas nos homens pré-históricos e os que foram introduzidos depois e assim contribuir para a fundamentação das interpretações teóricas sobre o povoamento das Américas: AA. *Revista Clio* V30N.

28 de janeiro de 2016

Ontem li a entrevista que o Adauto de Araújo fez para a *Revista Clio*.

29 de janeiro de 2016

Começo a trabalhar no Capítulo 5 – As Pinturas Rupestres. Isso significa ler tudo o que Anne-Marie e Conceição Lage fizeram. De quebra, Niéde também. Encontrei uma conferência de Anne-Marie no Congresso Internacional de Arte Rupestre, em 2004, sobre Patrimônio e Cidadania. Li e ela fala dos dois anos em que morou em Teresina, dando aulas na UFPI. O objetivo era formar mão de obra.

Isso para mim é novidade, considerar a Tradição Nordeste de Pinturas Rupestres como Patrimônio Cultural da Humanidade. Niéde Guidon ganhou no dia 2 de março de 2005 o Prêmio Faz Diferença, entregue pelo jornal *O Globo* às pessoas que não brincam em serviço. "Dentro do parque nacional temos um investimento de cerca de 20 milhões dólares. Hoje, é o melhor parque de pinturas rupestres da América", ela disse em entrevista ao jornal.

Muito além da pesquisa com Niéde Guidon e Anne-Marie, este artigo foi postado na sexta-feira, 4 de março de 2005, às 20:01, na categoria Reportagens pelo site *O Eco*: http://www.oeco.org.br/reportagens/10927-oeco_11639/.

Acabei de ler uma entrevista de 2005, isto é, de onze anos atrás. Niéde continua catastrófica e fala das ameaças de um assentamento. Acho que ele ocorreu, pois, quando fomos para a Serra das Confusões, tudo estava povoado.

6 de fevereiro de 2016, Casa das Hortênsias

Estou ouvindo Caetano e me preparando mentalmente para uma tarde de trabalho. A resposta do Boëda estava demorando, imaginei que minha mensagem tivesse caído na caixa de *spam*. Pedi socorro à Niéde, e ela retransmitiu minha mensagem a ele. A resposta veio poucas horas depois: ele me recebe em 30 de março, pela manhã!

Ulalá! Alegria pura! Responsabilidade pura!

Já tenho anotado o roteiro da entrevista, agora falta treinar os detalhes da gravação. Bia terá de me ajudar nisso. Vou levar Olga como intérprete.

Como o livro está estruturado na minha cabeça?

I | Nota do autor: falar do parque atual e do porquê de contar sua história.

II | O surgimento do parque: contar dos começos da história de Niéde e da Arqueologia naquele momento no Brasil.

III | Falar das missões franco-brasileiras coordenadas por Niéde.

IV | Atos do governo: a normatização do parque.

V | A FUMDHAM.

VI | As pinturas rupestres.

VII | As missões franco-brasileiras coordenadas por Eric Boëda.

VIII | A história do parque a partir de seu plano de manejo.

IX | São Raimundo Nonato no contexto do parque.

8 de fevereiro de 2016, Casa das Hortênsias

Plano de Manejo. Proposta da FUMDHAM, de 1991.

Ler a primeira parte do plano de manejo – realizado em 1991 sob a coordenação de Anne-Marie – me mostrou o real trabalho de Joel Pellerin de decifrar o relevo do parque e sua história geológica; e o trabalho de Laure Emperaire, no que ela chamou de "Missão Botânica", em 1988.

11 de fevereiro de 2016, Pindamonhangaba

Estava lendo o plano de manejo elaborado pela FUMDHAM em 1991 e coordenado por Anne-Marie Pessis quando percebi que tenho comigo apenas a primeira parte – a do diagnóstico. O segundo volume, mais trezentas páginas, está em SRN. A quem pedir? Fico com essa dúvida enquanto decifro todo o seu conteúdo.

UNIVASF – Curso de Arqueologia e Preservação Patrimonial, Campus SRN. Início: 2004. A primeira turma de cinco arqueólogos foi graduada em março de 2009. Funciona dentro da FUMDHAM através de convênio de cooperação científica.

Sociedade de Arqueologia Brasileira. O que é isso?

Acabei de descobrir que a regional Nordeste fez a III Reunião em outubro de 2014, em São Luís do Maranhão. Nesse evento também foi escolhida a nova diretoria da regional Nordeste.

O que me encanta (e me assusta) no processo de pesquisa são seus desdobramentos. Comecei lendo a proposta do plano de manejo e já estudei o curso de Arqueologia da UNIVASF; depois, a Sociedade de Arqueologia e agora o ornitólogo Fabio Olmos e sua viagem ao Butão. Céus, foco, Edna!

Fauna

São 37 espécies de mamíferos não voadores, 24 de morcegos – que são os únicos mamíferos voadores –, 207 espécies de aves, 19 de lagartos, 17 de serpentes e 17 de jias e sapos. Uma única espécie de peixe (piaba) vive em uma caverna cheia de água, no Baixão da Esperança. Site FUMDHAM.

15 de fevereiro de 2016, Pindamonhangaba

Deveria estar olhando o site da Casa das Hortênsias, mas também escrevendo sobre este texto. O que é mais importante? Considerando que o site precisa de fotos que só consigo abrir aqui, essa é a prioridade.

Pausa na Capivara...

20 de fevereiro de 2016, Pindamonhangaba

Pausa de cinco dias. O site da Casa das Hortênsias andou; faltam alguns detalhes, mas andou bem. Debora fez um bom trabalho. Agora volto para a Capivara. Vou tentar reler o texto da Niéde e reinterpretá-lo aqui. Tudo isso ao som do *Silk Road Ensemble Project*.

Povos caçadores-coletores.

(*Texto de Niéde Guidon extraído do plano de manejo de 1991*)

Quando e em que contexto os povos, que fizeram as pinturas rupestres, viveram? Foi um único povo ou houve várias civilizações superpostas?

Escavações em três sítios, abaixo, indicaram a presença do homem ainda no Pleistoceno, isto é, anterior a 11 mil anos atrás: Boqueirão da Pedra Furada, Toca do Sítio do Meio e Toca do Caldeirão dos Rodrigues I.

Na Pedra Furada, as datações indicam 50 mil anos. Ela diz que essas primeiras populações utilizaram a base rochosa próxima à parede de fundo. Local protegido por um amontoado de blocos caídos. A erosão foi sedimentando os vestígios da ocupação humana ao longo do tempo. Foram identificadas quinze fases de ocupação (camadas), agrupadas em três fases culturais.

27 de fevereiro de 2016, Rio de Janeiro

Calor de 36 graus, há um momento em que a gente não sabe o que fazer da vida; o cérebro derrete. Ainda tenho dúvidas se devia estar trabalhando aqui.

Antoine Lourdeau se especializou no estudo das pedras lascadas na Pré-História do Brasil. Foi treinado pelo francês Eric Boëda, especialista na matéria. Dez dias depois de defender sua tese de doutorado, prestava concurso para a Universidade Federal de Pernambuco, a UFPE. Passou e, em 2011, se fixou ali perto, no bairro de Boa Viagem. Lourdeau vem participando das escavações promovidas por uma Missão arqueológica Franco-Brasileira, sob o comando de Boëda. O grupo está dando continuidade aos trabalhos conduzidos pela brasileira Niéde Guidon na Serra da Capivara desde os anos 1970.

6 de março de 2016, Pindamonhangaba

Vou ler o artigo da *Revista Piauí*.

"Se houver uma lógica de retiradas nas lascas pode descartar a questão natural", Antoine Lourdeau. Eles estão escavando desde 2008 (2013) o Sítio da Toca da Tira Peia.

7 de março de 2016

Segunda-feira. Em menos de um mês eu tenho a conversa com o professor Boëda; tenho esse tempo para ler tudo o que ele escreveu. Há muito material publicado, muitas coisas sobre o seu trabalho no Brasil.

8 de março de 2016, Pindamonhangaba

Olga Nikolik, minha amiga sérvia que mora em Paris, me escreveu que não vai poder me acompanhar na viagem à Sérvia. Como assim? Montei essa viagem contando com sua companhia. Sabendo disso, Andjelka – que nunca foi boba – tenta me aliciar, se convidando a ser minha guia. Esta é mosaicista e acabou de vir dar um curso no Brasil; eu a contatei para informações. Agora, sabendo que estarei sozinha na Sérvia, tenta me convencer a contratá-la como guia.

27 de março de 2016, Paris

Chegamos a Paris, eu e Bia (minha sobrinha e companheira de viagem) no meio da tarde. Olga nos esperava no aeroporto e foi muito confortável ter alguém para decodificar os primeiros códigos do país: onde pegar o trem, qual a melhor tipo de bilhete... Fomos para sua casa em Mennecy, um pequeno município a 40 minutos de trem de Paris. Ah, um lugar muito charmoso, com casas de dois andares e muito verde. Estava frio, primeiros dias de primavera, todo mundo feliz porque as primeiras folhas começam a aparecer na paisagem. A renovação, como eles a entendem.

30 de março de 2016, Paris

Segunda pela manhã. Pegamos o trem com destino à Universidade de Nanterre. Está frio e chuvoso. Temos uma hora de trem até lá. Me isolei para reler o material base para a entrevista com Boëda.

Chegamos um pouco atrasadas na sala e o professor tinha chegado e saído, com o recado de que voltaria logo. Duas salas no terceiro piso de um bloco, mal sinalizado, foi difícil encontrar. Lá, todo mundo só conhece seu casulo... Esperamos uns 20 minutos (dois jovens pesquisadores que nos acolheram).

Professor Boëda chegou e – para minha surpresa – fala português. A conversa foi uma mistura de inglês, francês e português. Depois, Olga me censurou porque o chamei de você. São formais, usam o pronome *Vous* para conversas desse calibre. *Bem, já foi...*, pensei comigo mesma.

Como agradecimento, lhe deixei uma garrafa de cachaça de Paraty. Ele me perguntou se havia trazido os limões também, porque caipirinha com limão siciliano não é a mesma coisa. Olga de pronto interferiu, dizendo que ele encontraria os limões se fosse na *Faire Antillane*, mas não consegui entender onde ficava.

23 de agosto de 2016, Pindamonhangaba

Desde 19 de agosto voltei ao trabalho. Agora com uma proposta nova: recomeçar do zero e usar uma linguagem mais coloquial, usando muito a primeira pessoa. Estou gostando, estou escrevendo bastante. O melhor é que, depois de ficar mais de um ano parada, o texto sedimentou na minha cabeça e só o que é importante ficou. Tá fluindo muito bem.

29 de agosto de 2016

Insegura.
Será que é esse o caminho?

1º de setembro 2016, Casa das Hortênsias

Com 17 páginas escritas, estou tendo uma crise de criatividade. Fiquei o dia todo refinando o texto, acertando datas e concordâncias. Não sei se o texto está interessante... Estou brava comigo mesma por ter lido textos na cama, sem anotar o que era importante. Agora não sei onde estão e vou ter de ler tudo de novo. Fica muito repetitivo.

5 de setembro de 2016, Ônibus da Viação Joia, entre Capão Bonito e São José dos Campos

Resolvi voltar a Pindamonhangaba, primeiro pela chuva; segundo, porque estava precisando da internet para complementar o texto. Claro, eu ainda tinha material de trabalho lá. Tinha todas as missões para escrever, tinha o material do Boëda. Mas a produção estava diminuindo dia a dia, como se eu não soubesse continuar o primeiro capítulo – que é a história do parque. Não sei mesmo. No caminho, li o site da Unesco com a sessão ordinária em Cartago, na Tunísia, onde o Parque Nacional da Serra da Capivara entrou para a lista do Patrimônio Mundial. Claro, deu novo ânimo. Chegando a Pindamonhangaba vou ver o programa *Roda Viva*, da TV Cultura, em que Niéde é entrevistada; se não tiver sono, vou assistir a algumas entrevistas delas pelo YouTube.

Preciso de material recente. Tenho, também, a lista da Rosa Trakalo sobre os donativos... Preciso saber quando começou a faltar dinheiro no parque. Acho que a Niéde disse isso na entrevista da Cultura. Amanhã posso ligar para a Cida e ver como estão as fofocas da Capivara. O que eu ainda não sei é onde colocar o plano de manejo no documento e o que colocar. Isso me angustiou.

10 de setembro de 2016, Pindamonhangaba

Comecei a reescrever o capítulo das missões francesas.

17 de novembro de 2016

Mais de dois meses sem olhar para este projeto. Hugo, outro dia, me disse que trabalhar um pouco todo dia é mais eficiente. Não, é mais eficaz!

Eficaz porque a coisa certa a fazer é estar em contato com o projeto todo dia. Que trava é essa, céus? Quando a Andjelka chegou de Belgrado, em 20 de setembro, desde o aeroporto sabia que abandonaria a Capivara para usar toda a minha energia em mosaico. Foi uma escolha. Com seu ônus e bônus! Mas Andjelka já partiu há quase uma semana e eu estive por quatro longos dias em casa, com o computador aberto, sem tocar nele. Continuo me distraindo com muitas coisas e isso me desfoca. São os leões que tenho de matar todo dia. Como invejo a disciplina de outros, como a do Edson, por exemplo.

Mas mérito para mim: hoje recomecei. Parar de lamentar. Não sabia por onde começar. Continuar o que tinha escrito há dois meses era um caminho, mas lembro que havia entrado em um cipoal, sem saber por onde andar. Então, resolvi abrir o site da FUMDHAM e ver o que havia de novo. Havia um volume novo da *FUMDHAMentos*, de 2015. Decidi ler seus artigos para me aquecer. Pela manhã, no trabalho, li algo escrito por Niéde e quatro arqueólogas da FUMDHAM – não conheço nenhuma – sobre escavações em um sítio fora do parque com achados de carvão e pedra lascada de 9 e 10 mil anos atrás, sem chegar à base.

Agora à noite, li um material da Gabriela San Martim, *Tradição Agreste em Pernambuco*. Tá, fica solto, não sei onde colocar, mas considero como um reaquecimento. Ainda não estou muito focada, resvalo na superfície dos assuntos sem elaborar sua profundidade. Tá sendo desse jeito que está saindo.

2 de dezembro de 2016

Já é dezembro! Fiquei quatro dias na Casa das Hortênsias e só fiz mosaico. De novo foi uma escolha. Daí tenho o fim de semana livre e sozinha em casa. Preciso voltar a ouvir o Hugo: todo dia um pouquinho é melhor que a grande inspiração. Trabalhei um pouco no capítulo das pinturas rupestres. Juntar Anne-Marie à Gabriela e falar da tradição Nordeste.

FUMDHAMentos I; Anais do Congresso sobre o Povoamento das Américas, 1993.

4 de dezembro de 2016
Niéde publica uma atualização na *FUMDHAMentos II*, 2002, sobre escavações. Eu me pergunto se não são ainda dentro das missões; vou olhar as datas.

5 de dezembro de 2016
Pinturas rupestres

Não consigo abrir, neste computador, o capítulo das pinturas rupestres.

Hoje ficou muito claro que vou dedicar um capítulo só às PINTURAS RUPESTRES. Vou falar das TRADIÇÕES, das novas tecnologias para entender as pinturas e do trabalho de conservação de pinturas e o contexto em que as pinturas foram feitas. Na Revista *FUMDHAMentos II*, de 1992, há um artigo de Conceição Lage: *Contribuição da Arqueoquímica para o estudo da Arte Rupestre*.

O início da metodologia foi em 1986. Permite conhecer a composição físico-química dos pigmentos, a origem da matéria-prima, a técnica de preparo de tintas e a técnica na execução dos grafismos. Fornece a idade dos registros. Propõe como preservar e conservar o material.

1991: início do projeto de conservação dos sítios no parque.

Até 2002: recuperação de mais de 100 sítios.

17 de dezembro de 2016
Sábado

Linha do tempo para me contextualizar na Arqueologia.

4,6 bilhões de anos	Surgimento do planeta Terra
3,8 bilhões de anos	Surgimento dos primeiros seres vivos (estromatólitos)
3,67 bilhões de anos	Little Foot – África do Sul (*Australopithecus*)

3,2 bilhões de anos	Lucy – Etiópia (*Australopithecus*)
2,0 milhões de anos	*Homo habilis*
200 mil anos	*Homo sapiens*
40 mil anos	Datação na Pedra Furada
11 mil anos	Luzia – Lagoa Santa – Minas Gerais

Bem, essa tabela me ajuda a organizar a espacialidade das minhas pesquisas. Do volume I (1996) da *FUMDHAMentos*, usei e preciso reler os principais temas – lá está toda a controvérsia sobre o povoamento das Américas, em um seminário realizado em 1993. Do volume II, a matéria sobre Arqueoquímica e mais dois artigos: um da Gisele, outro da Niéde.

19 de dezembro de 2016

Ontem vi dois documentários sobre a Arqueologia da África do Sul.

20 de dezembro de 2016

Descoberto o *Homo naredi*, em setembro de 2015. "Um grupo de pesquisadores apresentou nesta quinta-feira (10), na África do Sul, os remanescentes fósseis de um primata que podem ser de uma espécie do gênero humano desconhecida até agora. A criatura foi encontrada na caverna conhecida como *Rising Star* (estrela ascendente), 50 km a nordeste de Johanesburgo, onde foram exumados os ossos de 15 hominídeos. O primata foi batizado de *Homo naredi*. Em língua sotho, '*naredi*' significa estrela, e *Homo* é o mesmo gênero ao qual pertencem os humanos modernos. Os fósseis foram encontrados em uma área profunda e de difícil acesso da caverna, na área arqueológica conhecida como 'Berço da Humanidade', considerada patrimônio mundial pela Unesco. Por se situar num depósito sedimentar onde as camadas geológicas se misturam de maneira complexa, os cientistas ainda não conseguiram datar o primata descoberto, que poderia ter qualquer coisa entre 100 mil e 4 milhões de anos.

"Estou feliz de apresentar uma nova espécie do ancestral humano", declarou Lee Berger, pesquisador da Universidade Witwatersrand de

Johanesburgo, em uma entrevista coletiva em Moropeng, onde fica o "Berço da Humanidade".

E voltando às pinturas rupestres...
Como já comentamos, a Tradição Nordeste nasceu na região da Serra da Capivara há cerca de 12 mil anos. E continuou sendo pintada pelos seis milênios seguintes. Em um período tão longo, era esperado que esse estilo fosse se modificando ao longo do tempo. Essas modificações permitiram que dois estilos ficassem bem caracterizados na Tradição Nordeste: Estilo Serra da Capivara e Estilo Serra Branca.

23 de dezembro de 2016
Enxaqueca hoje, vacinas ontem, tudo a confabular contra. Além do mais, preciso enxugar o texto das pinturas rupestres.

26 de dezembro de 2016
Chegando de Paraty e trabalhando embaixo do ar-condicionado. Acredito que finalmente entendi a Serra Talhada. Vou para ela.

27 de dezembro de 2016
Ontem engrenou. Hoje, calor de 34 graus e céu com cara de chuva à tarde. Preciso me concentrar para dar continuidade ao trabalho de ontem.

9 de janeiro de 2017
Segunda-feira
Ritmo, queridinha, ritmo. Quando trabalho todo dia, a coisa anda tanto na concatenação do raciocínio quanto no volume da escrita. Quando interrompo, demoro a voltar para o texto, demoro em buscar a concentração. Achei uma tese de Sonia Maria Campelo Magalhães, de UFF-Niterói, sobre as pinturas rupestres do norte do Piauí. Muito material interessante. Quatrocentas páginas para ler. Como sugestão do Hugo, trabalhe todo dia

com a meta de acabar o capítulo das pinturas rupestres. Hoje tenho a tarde livre. Vou focar.

Grafismos = formas de referências a figuras ou motivos pintados ou gravados em suportes rochosos. Termo usado primeira vez por Leroy-Gourhan.

11 de janeiro de 2017

Cabeça quente com os assuntos do cotidiano. Mas li toda a tese de Sonia Magalhães e adorei o texto da colocação da arte rupestre na perspectiva histórica. Vai dar trabalho, mas vou aproveitar e juntar com o texto da Pessis; deve ficar ótimo. Daí, junto com o texto da Conceição sobre conservação e alguma observação atual sobre os dias atuais. Ficará um capítulo legal com umas trinta páginas, suponho.

18 de janeiro de 2017

Idade do bronze: começou no Oriente Médio, por volta de 3.300 anos a.C., o uso da liga estanho + cobre pelos Sumérios.

31 de agosto de 2017

Meu Deus, sete meses sem olhar para esse projeto! Parei para cuidar dos detalhes da viagem à Ásia, depois para a viagem propriamente dita. Desde 30 de junho, sofro e morro de culpa por não mexer nesse trabalho. O longo hiato me assustava, me assusta e eu postergava o enfrentamento. Hoje a energia pareceu confluir...

Vou retomar o capítulo sobre as pinturas rupestres.

Mas preciso me aquecer. Olho todo o material estocado no *pendrive*. Achei a tese da Sonia! Reli o que havia escrito sobre as pinturas rupestres e odiei. Não as informações, mas o estilo literário. Tudo confuso.

Reportagem em 22 de agosto de 2016

NEXO JORNAL | Em entrevista ao Nexo, Niéde Guidon, a arqueóloga que preside a entidade, afirmou que de 270 funcionários em 2012, sobraram 30. Sem dinheiro para pagar salários, todos estão sob aviso prévio de demissão. Os funcionários das 28 guaritas distribuídas pela área do parque com o objetivo de identificar sinais de incêndios ou tiros – há marcas de balas em pinturas rupestres – já deixaram o local.

1º de setembro de 2017

Início do mês, me recomponho mentalmente para produzir. Produzir palavras que façam sentido. Há pouco acabei um mosaico de andorinha feito com pedra São Tomé. Tesselas e palavras! Eis meu mundo criativo. Todo o resto são gestos cotidianos repetitivos… Ontem fiquei atualizando-me com as notícias do Parque Nacional desde 2016. Hoje estou mais focada, volto ao capítulo das pinturas rupestres. Perdi a tese da Sonia, queria reler alguns trechos. Não sei onde a salvei nem em que nome.

23 horas: o dia não rendeu, fiquei na tese da Sonia, em que ela tenta traçar uma linha evolutiva da pintura rupestre, dizendo que ela não é competência exclusiva do *Homo sapiens*, porque foram encontrados pigmentos datados entre 400.000 e 200 mil anos (Twin Rivers), e isso nos faz ir na direção duma lenta aquisição de habilidades entre os vários hominídeos. Parece consenso, hoje, que a arte rupestre é atividade do *Homo sapiens* e existe em todo mundo e sua expressão deve ter começado entre 40 mil e 35 mil anos AP. Tá!

Mas isso é muito pouco, olho para a andorinha de mosaico em processo de finalização e me dá uma vontade louca de mexer com ela. Mas isso significa trabalhar com argamassa e preciso de um tempo grande para isso. Reservei a tarde de sábado para tal… mas me dá cócegas e me atrai muito mais que esse texto. Bem, vou dormir. Amanhã pela manhã (quando produzo melhor) vou escrever sobre os métodos de datação das pinturas rupestres.

9 de outubro de 2017

No site da FUMDHAM – eita sigla difícil de escrever! –, no último número da Revista *FUMDHAMentos* (este é outro nome pouco prático), há um artigo de Daniela Cisneiros e Pâmara Araújo sobre *Miniaturas*. Estou lendo, porque vou usar como tópico para o capítulo das pinturas rupestres. Faz calor em Pindamonhangaba e está uma seca longa, de uns quatro meses. Tudo está muito seco, empoeirado. Caiu uma aguinha na semana passada e só… No fim de semana estava em Paraty e descobri a cantora inglesa Ala.Ni. Boa surpresa! E ela é a trilha sonora desta noite...

De acordo com o banco de dados da FUMDHAM, 2016, o Parque Nacional da Serra da Capivara e seu entorno apresentam um total de 1.302 sítios arqueológicos identificados. Dentre estes, 1.018 sítios apresentam registros rupestres. Destes, há 941 sítios com presença de grafismos pintados, o que representa o universo da amostra.

10 de outubro de 2017

Pensei que iria começar a trabalhar logo pela manhã, mas minha cabeça ainda prioriza a contabilidade, as contas a pagar e os detalhes de Paraty – além de atualizar toda a comunicação. Então, só às 9 horas eu retorno ao modo de disposição das pinturas miniaturas na Serra da Capivara. O queijo da Serra da Canastra, iguaria do café da manhã, arde em meu estômago, e um novo surto de herpes acontece e arde a minha pele também. Estresse? Sempre é a causa... Duas probabilidades, todas em Paraty. Pessoas ou tarefas? Onde me estressei?

"A cabeça é o elemento mais constante na representação humana no desenho em miniaturas, seguida pelo tronco, depois pernas e braços. Pés, falos e adornos são menos constantes. O tamanho exige traços finos e precisos, na maioria com linha entre 1 a 3 milímetros, além de um suporte rochoso o mais liso possível, os frisos foram os locais mais comuns de pintura. A rocha foi o arenito, com exceção da Toca das Pedrinhas Pintadas."

14 de outubro de 2017

Não salvei o que escrevi ontem e se perdeu. Estava meio desorientada com a amidalite...

15 de outubro de 2017

Ontem, depois de terminar de escrever sobre as tradições, soube que havia terminado a lição de casa e pude desligar o computador em paz. Foi uma sensação boa. Retorno ao texto tentando falar sobre a datação das figuras.

4 de novembro de 2017

Sensação do tempo passando... Ainda hesitei por dois dias para abrir os arquivos, mas ao abri-los tudo foi voltando. O piano de Aziza Mustafa Zadeh faz o pano de fundo. Revejo minhas anotações. Dou uma passada em assuntos da Arqueologia do século 19; depois, um pouco de história da humanidade. Foram 10 milhões de anos para a diferenciação do Gênero Homo dos Primatas.

Migração para a América: Primeira leva antes da Era Glacial.
Segunda leva depois da Era Glacial.

O Boqueirão da Pedra Furada é um paredão rochoso de 70 metros de comprimento e 30 metros de altura. Foi pintado desde 12 mil anos atrás e realizado em épocas diferentes por diversos grupos étnicos. Há uma diversidade temática, técnica e da disposição espacial.

Revista FUMDHAMentos
Vol I. 2006 – Povoamento da América.
Vol II. 2002 – Mudança climática há 6 mil anos com extinção tardia da megafauna. Tinha mais animais, mais água, mais florestas e mais homens. Houve uma transformação dinâmica das águas e a adaptação do homem a ela.
Bem, fiz a revisão de minhas anotações e me livrei de algumas folhas manuscritas que estavam a engordar minha agenda. De novo, me disperso e abro o amplo leque da Serra da Capivara. O legal vai ser se conseguir fechar os métodos de datação hoje.

18 de dezembro de 2017, Pindamonhangaba

De novo, Parati engoliu minha rotina literária. Também houve a quebra pela viagem a Fernando de Noronha e todos os acertos emocionais que finalizam uma viagem. Pensava em retomar o texto três dias atrás, mas não sou fácil ou essa não é uma atividade fácil – e eu a postergo ao máximo, mesmo tendo que me dar conta dessa atitude. Vou falar de Conceição Lage, hoje, e preciso achar um texto em que ela se definiu. Achei o texto, mas não achei a fonte.

28 de abril de 2018, Pindamonhangaba

Gastei minhas energias nos dois últimos meses em terminar a mesa de mosaico azul; como se eu conseguisse fazer só um trabalho grande por vez. Encerrado o capítulo das pinturas rupestres – em algum momento tem de se dar um basta –, agora começo o Capítulo 6, em que vou falar das missões francesas sob a coordenação de Eric Boëda. Bom ter prazos, trabalhar sob pressão. Avança.

30 de abril de 2018, Pindamonhangaba

Ontem foi um dia dedicado à Mariana, a amiga-filha, e ao seu bebê de 10 dias. Gastei cerca de 6 horas para providenciar alimentação saudável para a família nesse período turbulento de adaptação a um bebê. Foi importante, prazeroso, mas muito cansativo. De novo, priorizei outra coisa que não fosse esse texto; essa é a dinâmica da vida. Um dia por vez, vivendo-o plenamente para coisas importantes e pontuais – ou apenas para dar conta da rotina do viver. Constato que preciso de um novo par de óculos de lentes incolores; seu custo proibitivo vai postergando a atitude. Agora vou à parte final do artigo do Boëda, publicado na *Antiquity*, em 2014, relatando a escavação do Vale da Pedra Furada. Ele escreveu o artigo em 2011, sem terminar a escavação.

Há quatro artigos importantes informando as datações, publicados por Niéde, em 1986 e 1989, e por Fabio Parenti, em 1996 e 2001. Depois da introdução, a descrição da escavação e seus achados. Fogueiras, carvões e indústria lítica. Foram analisados 294 objetos. Aprendi uma palavra nova: TAFONOMIA – estudo do processo de soterramento.

Conclusão: América do Norte e América do Sul foram ocupadas por migrações sucessivas, porém irregulares. Poucos indivíduos dispersos em grandes áreas, com contatos pouco visíveis entre eles. Ao longo do tempo, forte diferenciação cultural.

Outra coisa que me chamou a atenção no artigo são os coautores. Foram seis franceses, um espanhol, um chileno e cinco brasileiros: Gisele Felice, Niéde Guidon, outro de Cuiabá, Antoine Lourdeau, de Pernambuco, e Sibeli

Viana, de Goiânia. Significa que Eric tem braços nesses quatro centros de pesquisa – e ele vai usá-los para construir seu projeto Brasil.

Cerca de 15 mil anos atrás, a temperatura começou a subir em todo o mundo. A atividade solar, com a configuração planetária, favoreceu o derretimento do gelo. Temperaturas voltarem a subir cerca de 12 mil anos atrás, e em várias partes do mundo começaram a se desenvolver as primeiras civilizações e cidades.

1º de maio de 2018, Pindamonhangaba
Terça-feira

Ontem trabalhei bastante: além de terminar o primeiro texto de Boëda sobre a escavação de 2011, atualizei a linha do tempo e reli metade do primeiro capítulo. Não estou confortável com o texto desse capítulo. As informações estão colocadas sem pausa, uma após a outra. Agora, 9 horas da manhã, o desafio é colocar no sexto capítulo um resumo sobre a escavação de 2011 e suas conclusões.

15 de maio de 2018, Pindamonhangaba
Terça-feira

Ao som do flautista suíço, de 49 anos, Emmanuel Pahud, tocando a Fantasia nº 1 em A maior, de Telemann (assisti a um concerto dele na Sala São Paulo), reconecto-me com as civilizações pré-históricas que se espalharam pelo planeta, especialmente as que chegaram ao Piauí. Abro o artigo de Boëda e colaboradores – principalmente Christelle Lahay, da Universidade de Bordeaux, a garota que sabe tudo de termoluminescência para datação histórica de artefatos líticos. O artigo foi publicado em 2013 e é um estudo de caso sobre o uso da termoluminescência para o material escavado na Toca da Tira Peia. Localiza-se fora do Parque Nacional da Serra da Capivara e foi escolhido propositalmente pelas razões de não se contaminar com a polêmica datação do Boqueirão da Pedra Furada e também por ser constituído de outro tipo de solo, um maciço calcário.

O método do Carbono-14 começou a ser usado em 1950.

22 de maio de 2018, Pindamonhangaba
Terça-feira

Toda terça é dia de Capivara... que bom se assim fosse.

A Toca da Tira Peia. Foi escolhida a dedo, com condições tafonômicas e geológicas bem diferentes das escavações conduzidas por Niéde Guidon e usando técnicas de datação (OSL) inquestionáveis. Fora do parque, em Coronel José Dias. Esqueci como era o nome antigo quando ainda era povoado... muito mais sonoro. Situado no Maciço do Antero. Precisei abrir e espanar o velho *Aurélio*, em papel, para saber como se escreve maciço. A grafia francesa (massif) me confundiu.

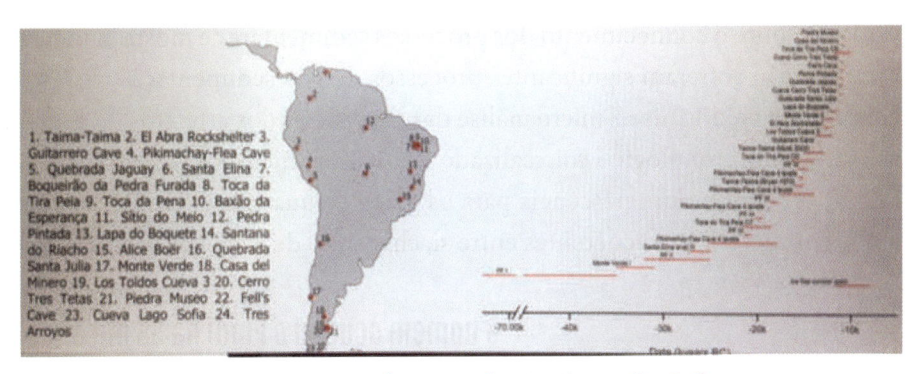

*Sítios arqueológicos da América do Sul
e abertura do corredor de gelo Beringea.*

Hoje rendeu!

Consegui escrever sobre a primeira escavação de Boëda no Brasil; a segunda já estava pronta. Aí, a função do blog é importante, pois o texto vem primeiro para cá, sem a preocupação de continuidade, apenas de documentar o que é importante. Se no mesmo dia eu consigo fazer a síntese, fica perfeito. Não preciso do retrabalho. Agora vou almoçar...

28 de maio de 2018, Paraty
Terça-feira

Exilada aqui devido a uma greve nacional de caminhoneiros, sem previsão de término. A ausência de uma liderança, da pulverização desta e de um governo fraco faz com que as negociações sejam ineficientes e, a cada momento, surgem novas reinvindicações. O foco agora é me conectar à internet e descobrir um artigo publicado em 2015 pelo grupo de Bordeaux. Não sei a senha daqui.

Agora começo a analisar o tal artigo, publicado na Revista *Quaternary Geochronology*. Os artigos pesquisados foram publicados em revistas diferentes: *Journal of Archaeological Science*, *Antiquity* e *Quaternary Geochronology*. Esse artigo fala da escavação do Vale da Pedra Furada, onde foram realizados estudos tecnológicos e funcionais (Boëda faz uma diferenciação que ainda não entendi bem entre estudos técnicos e tecnológicos de uma ferramenta lítica) demonstrando ocupações diferentes e sucessivas pelo homem naquela região.

Mais ainda, que os estudos geológicos e geomorfológicos lançaram novas luzes sobre o conhecimento dos processos sedimentares e mostraram que os níveis não sofreram significantes processos de pós-sedimentação. Isso foi confirmado pela análise e microanálise das superfícies dos artefatos de quartzo. O estudo cronológico foi realizado pelos dois métodos: radiocarbono (Carvões) e termoluminescência para os grãos de quartzo. Os resultados de ambos os métodos são coerentes entre si, chegando de 8 a 24 mil anos.

O homem ocupou o Piauí há 58 mil anos.

21 de outubro de 2018

Um pequeno artigo em uma revista desconhecida me colocou no eixo: este livro não vai sair se eu ficar esperando o momento perfeito para o trabalho; ele será a conquista do esforço de cada dia. Pequeno ou grande, cada passo acrescenta alguma coisa. Toda vez que eu consulto uma bibliografia, abre-se um leque de interesses que nada mais é que uma armadilha para se perder o foco. Mas, às vezes, eu fico em dúvida se ampliar o foco ajuda ou atrapalha.

22 de outubro de 2018

No Congresso Mundial da União Internacional das Ciências Pré-Históricas e Proto-históricas (UISPP), Boëda apresentou sete trabalhos, dos quais cinco eram sobre a Capivara. Seus colaboradores brasileiros foram: Sibeli Viana, de

UFG-Goiás, Marcos Paulo de Ramos e Lívia Lucas. Ele também trabalhou com um espanhol: Ignacio Clemente Conte, e os franceses de sua equipe.

Niéde apresentou dois trabalhos (ver depois).

Agora vou ler os trabalhos dele.

É, trabalhando, tendo a mente aquecida, as coisas vão fluindo... Ao ler as matérias apresentadas no 18º Congresso de Paris, descobri na bibliografia mais dois artigos dele que não conhecia. Anotar para pesquisar depois:

New Data on a Pleistocene Archaeological Sequence in South America: Toca do Sítio do Meio, Piauí, Brazil. PaleoAmerica 2, 286–302.

23 de outubro de 2018

Em 2015, na Revista *Quaternary Geochronology*, Boëda publicou um trabalho sobre as escavações do Vale da Perda Furada, complementando trabalho anterior publicado em 2014, na *Antiquity*. São dados complementares. Mais que isso, Boëda traz novas tecnologias de datação. Enquanto em 1978 Niéde Guidon e Fabio Parenti só dispunham do Carbono-14, a equipe de Boëda avança com a termoluminescência.

24 de outubro de 2018

Quarta-feira

Fica claro para mim que devo dar ênfase, no texto final, às técnicas de Boëda, no seu movimento pela América do Sul, no seu currículo e nas teses que orienta. Ele trabalha ou trabalhou em quatro lugares no Piauí; só consigo mapear três: Toca da Tira Peia, Vale da Pedra Furada e Toca do Sítio do Meio. Não me lembro do último lugar e, em nossa conversa em Paris, ele confirmou os quatro. Mapeei suas publicações até 2016, não achei nada em 2017. Falta avaliar os trabalhos que ele apresentou no congresso de julho de 2018. Falar também das teses. Penso que fecho o capítulo assim.

29 de outubro

Segunda-feira

Trabalho, mosaico e Alexandre.

30 de outubro
Terça-feira
Alexandre.

31 de outubro
Quarta-feira
Viagem à Casa das Hortênsias.

1º de novembro
Quinta-feira
Dia dedicado ao término do mosaico da Escultura de raiz.

2 de novembro de 2018, Casa das Hortênsias
Fiz a análise do hiato entre o último momento de contato com o texto e hoje. Oito dias! Em pelo menos dois dias eu poderia ter trabalhado. Já que a proposta é trabalhar um pouco por dia, o que me distraiu? Não tenho internet aqui, então tenho como ferramentas os textos arquivados. Bom, porque não abro novas frentes. Bem, vou afinar o texto das missões francesas.

3 de novembro de 2018
O sol saiu! O desejo é ficar lá fora usufruindo. Acordei às 5 da manhã e às 6 horas já estava em pé, trabalhando no mosaico. Duas horas para uma furiada no espelho branco. Às 9 horas, quando o sol iluminou tudo e o barulho das andorinhas ocupava o espaço, não resisti. Botei biquíni e adiei a proposta de escrever pela manhã.

Consegui chegar aqui depois do meio-dia.

4 de novembro de 2018
Horário de verão
Ontem o computador desligou e não conseguia mais ligá-lo; assustada, achei que havia morrido e que havia perdido o trabalho. Muito mais tarde, percebi que havia chutado o fio e desligado a máquina. Mas o *timing* já havia

passado... Eu me pus a ler um autor turco já conhecido: Orhan Pamuk, prêmio Nobel. Já havia lido *Neve* e *Istambul*. Agora leio o *Museu da Inocência* e me espanto com como ele pode escrever tanto sobre o cotidiano e as pequenas coisas do personagem. Faz um retrato da sociedade turca à época de 1975, mas está ficando enfadonho por não sair do lugar. Sua técnica é escrever sem nenhuma tensão, apenas narrando o cotidiano. Não fica fácil de ler. Mas volto ao texto das missões francesas. Com muitas distrações entremeadas, penso que escrevi a maior parte do capítulo das missões francesas. Agora é leitura e ver o que mais se complementa. Tenho de achar o quarto sítio escavado...

12 de novembro de 2018

Pois é, outro hiato, só que dessa vez bem menor e eu não esqueci nenhum dia deste texto. Apenas tive visitas, cirurgia e viagens.

Tese de doutorado de Gisele Felice em 2006, em História, na UFP.

Orientadora: Conceição Lage.

Tema: aplicação de procedimento metodológico na Toca do Garrincho, fora do parque.

A prioridade do trabalho foi o estudo das figuras rupestres dos abrigos de arenito, mas foram escavados/sondados maciços calcáreos.

10 de dezembro de 2018

Missão franco-brasileira do Piauí.

Ver o que tem no Facebook sobre esse tema.

"As descobertas antropológicas que atestam a ocorrência de, ao menos, duas correntes migratórias de populações com traços morfológicos diferentes que se sucedem bruscamente. É em função dessa ideia discordante que temos empreendido a retomada do estudo de um grande número de coleções, segundo um método particular: a tecnologia. Esse método, que progrediu consideravelmente desde alguns anos, permite definir melhor a maior parte das características técnicas presentes em um conjunto arqueológico e, assim, determinar, da melhor maneira possível, a tradição que se exprime por meio desses conjuntos." Não sei a origem dessa informação, esqueci de anotar.

11 de dezembro de 2018, Casa das Hortênsias

Não está fácil parir o texto. Ontem fiquei desconcentrada por causa da movimentação dos pedreiros e hoje, sentada na mesa desde às oito da manhã, morro de sono pelo despertar precoce; a concentração não vem. Vou em busca de um café e água fresca.

O que eu quero colocar no capítulo da missão franco-brasileira no Piauí é que é possível reconhecer linhagens tecnológicas ou ciclos de evolução, baseados nos princípios evolutivos daquela cultura. Ao sistematizar o estudo do fenômeno técnico dos produtos líticos, das pedras lascadas ou quebradas intencionalmente pelo homem, reconhece-se uma linha evolutiva direcionada para uma funcionalidade cada vez maior da ferramenta, partindo-se sempre do abstrato para o concreto. Isso chamamos de tendência evolutiva. HABITUS, Goiânia, v. 4, n.2, p. 673-684, jul./dez. 2006.

Bem, terminei o capítulo sobre as missões francesas no Piauí. Mais dados, só indo até lá.

7 de fevereiro de 2019 Pinda

Passei pela morte do Edson, meu companheiro nos últimos anos, pela temporada de verão em Paraty e por dois meses de uma longa onda de calor, quando a temperatura esteve acima de 33°C por todas as tardes. Talvez tenha chegado a 40 °C em alguns dias. Foi nesse quadro de luto e isolamento que uma ideia foi se cristalizando: ficar um mês no Piauí e terminar de escrever o livro lá.

10 de fevereiro de 2019, Casa das Hortênsias

Desde ontem começou o aquecimento para a grande viagem ao Piauí. Comecei a ler dois textos: o primeiro capítulo do livro e as primeiras informações do blog. Ampliei a linha do tempo. Na minha cabeça já se assentam a linhagem evolutiva dos hominídeos e os primeiros textos escritos, contando a história do parque. Agora vou preparar o almoço e volto. Voltei e o calor está intenso, a produção vai baixar... Nem fiz nada até as sete da noite, quando foi possível voltar a me concentrar.

11 de fevereiro de 2019, Casa das Hortênsias

Saudade do Edson. Com quem vou conversar quando chegar a casa sobre a insistência do Zé, o caseiro, em aplicar *Rand up* na grama e a minha resistência em dizer não? Ontem, quando lia o primeiro capítulo do texto final, tropecei na parte que fala das escavações do Fabio Parenti. Não deu mais para postergar. Fui me defrontar com o documento; está escrito em francês. Bem, o que interessa ali são as pedras, como catou, classificou e a conclusão. Vamos lá, então. Surpresa: Santa Elina, o sítio arqueológico, já tinha publicações em 1994 e 1995.

Guidon e madame Delebrias, 1986: parece que esse é o texto mais polêmico. O mais importante também.

Guidon e Parenti, 1987, publicação dos resultados da escavação do setor F do BPF. A escavação terminou em 1988, com publicação definitiva da sequência estatigráfica completa. Na tese do Fabio, há a informação sobre a ocupação do Piauí. Ler e, se achar interessante, colocar no livro. É interessante. Bati o olho na tese e não ajudou muito, as tabelas são complexas e não há um resumo com as informações que eu quero. Vou ter que olhar com mais atenção e foco. Talvez encontre essa informação em outro lugar…

10 de março de 2019

Domingo

Com a passagem comprada para o Piauí, agora é o momento de foco total. Passados 10 dias da crise de ansiedade aguda provocada pela Ana (qualquer dia eu conto essa história; é longa), hoje estou bem e sei que posso trabalhar um bom tempo. Pelo tamanho do livro, o projeto "A água e o berço do homem americano" deve estar pronto antes da viagem, não dá para carregar tanto peso. Estou transpondo para o meu texto a análise da situação das águas na sub-bacia do Rio Piauí, conforme a introdução escrita por Niéde, Luiza Alonso e Anne-Marie Pessis.

Talvez o texto saia com 2 ou 2,5 páginas; acho que é suficiente, uma vez que ele só é um tópico do capítulo sobre a FUMDHAM. O texto de introdução termina com as considerações de que "a construção de uma infraestrutura sanitária e ações de proteção ambientais tornarão a região atrativa para o turismo ecológico e cultural, a melhor opção de desenvolvimento para a região". Claro que não aconteceu nada disso, certo?

13 de março de 2019, Casa das Hortênsias

Alexandre, João, meu neto e Leandra, a namorada do Alexandre, foram fazer trilha de *buggy*, e eu aproveito a solidão para retomar o trabalho. Depois de uma noite intensa de chuva, faz um sol brilhante, e um vento agradável entra pela porta da sala e movimenta os sinos de vento na varanda. Ainda não estou concentrada, a noite maldormida ainda faz seus estragos e tenho muito mais vontade de ficar tirando a praga da grama que lidar com este texto, por mais interessante que possa ser. Vou tentar dar um acabamento na escavação da Lagoa dos Porcos.

14 de março de 2019, Casa das Hortênsias
Quinta-feira

Ontem não saiu nada, mas hoje – muito mais focada – vamos ao trabalho. Li um artigo publicado em 2012, em SRN, que atualizava as notícias; estava tão mal escrito que nada se aproveitou. Quando tudo estava perdido, o dia passado em leituras literárias, à noite, a concentração voltou. Li o que tinha escrito e gosto muito das informações que estão ali, mas vai ser preciso mexer no texto para dar uma articulada. Está muito desamarrado, eu contando os fatos conforme eles vinham à minha cabeça. Isso eu posso fazer sem internet. Mas sinto falta da pesquisa que confirma... Acho horrível ter de ir embora por causa disso. Vamos avaliar amanhã.

16 de março de 2019, Casa das Hortênsias
Sábado

Ontem fui à cidade para uma reunião da Fundação Florestal para a privatização dos atrativos do Parque Intervales. Uma tristeza! A entrega ao capital privado sem se dar ao trabalho do desenvolvimento local, sem pensar na sustentabilidade. Voltei tão cansada que só me sobrou ler um livro de Elias Canetti (*Uma Luz em meu Ouvido*). Elias Canetti, romeno, foi Prêmio Nobel de Literatura em 1981. Gosto do texto e admiro quando autores conseguem especular sobre filosofia. Nunca conseguiria escrever nada disso.

Sei que é possível trabalhar um dia neste texto sem recorrer à internet, mas me pergunto por onde começar. Começo colocando – como fonte de inspiração – uma foto da Toca do Arapuá do Gongo. Preciosa sequência de veados!

Pintura rupestre de veados na Toca do Arapuá do Gongo.
Fonte: Fumdham

O computador está um tanto manhoso esta manhã; o tempo está tão úmido que deve ter interferido em seus circuitos, e tudo leva muito tempo para abrir.

22 de março de 2019

Caverna de Chauvet, descoberta em 1994. Dezesseis anos depois da descoberta da caverna, o diretor alemão Werner Herzog escreveu, dirigiu e narrou o filme *A caverna dos sonhos esquecidos*, um documentário que mostra as imagens de arte parietal com a tecnologia em 3D, entre declarações dos cientistas (arqueozoólogos, espeleólogos, antropólogos) responsáveis pela exploração da caverna. Segundo o próprio Herzog, a tecnologia tridimensional, se utilizada como conceito, e não como adendo de um filme, pode transformar o cinema numa experiência única e original.

23 de março de 2019

Achei um tesouro: o INAPAS – http://www.pac.gov.br/noticia.

Toda a matéria a seguir encontrei no site do Ministério do Planejamento.

Instituto Nacional de Arqueologia, Paleontologia e Ambiente do Semiárido (INAPAS), que conduz o Programa de Identificação e Salvamento de Bens Arqueológicos do empreendimento (Transposição do Rio São Francisco). O Programa de Identificação e Salvamento de Bens Arqueológicos integra as condicionantes ambientais estabelecidas dentro do PISF e recebeu investimentos de cerca de R$ 80 milhões do Ministério da Integração Nacional (MI). Além do salvamento, a atividade tem o objetivo de assegurar o registro do patrimônio cultural arqueológico evidenciado durante a implantação da obra.

80 MILHÕES NA MÃO DE NIÉDE!!!

27 de março de 2019

Ontem, o arquiteto Dias Filho, autor do projeto do aeroporto da Serra da Capivara, me mandou um e-mail aceitando o pedido de entrevista para a próxima segunda-feira. Pediu as perguntas por escrito. Estou formulando-as e a pergunta que me vem é: por que não dá certo?

27 de março de 2019

Em texto e imagens incríveis, o fotojornalista e produtor cinematográfico André Pessoa publica com exclusividade no *Portal O Sertão* o ensaio fotográfico *O Caminho da Memória*, sobre o longa-metragem "Niéde", de Tiago Tambelli, com estreia confirmada para 4 de abril, no Festival Internacional É Tudo Verdade, em São Paulo. Nas imagens que compõem esse documentário, Pessoa mostra os bastidores da maior produção cinematográfica já realizada no interior do Piauí, em especial na Serra da Capivara.

28 de março de 2019

"Enrique Iglesias, presidente do BID – Banco Interamericano do Desenvolvimento – veio visitar a região. Ele ficou uma semana, achou maravilhoso, mandou um técnico do banco que ficou um mês aqui, que fez um relatório dizendo que a agricultura e a criação nunca dariam resultados econômicos, porque o solo é muito salgado, porque foi mar, areia, pedras e tem os problemas da seca, mas tinha um potencial turístico imenso e devia se investir no turismo. O Enrique Iglesias ficou tão impressionado que o banco fez uma doação de U$ 1,3 milhão, e foi com esse dinheiro que fizemos a infraestrutura. Depois, para manter, foi aquela coisa, antigamente era mais fácil, porque, por exemplo, a Petrobras nos fazia doações todos os anos e tinha a compensação ambiental, as empresas cujo trabalho prejudicam o meio ambiente eram obrigadas a fazer doações de uma parte do lucro para as instituições que protegiam o meio ambiente. Muitas delas nos escolhiam, inclusive a Vale do Rio Doce nos dava todo ano muitos recursos. Com isso pudemos manter o parque, tínhamos 230 funcionários cuidando das 28 guaritas no entorno do parque, todo um trabalho perfeito, fizemos as estradas, fizemos tudo." – Niéde Guidon

3 de abril de 2019

Portal Cidade Verde.com, em 11/03/219.

"O filme documental sobre a arqueóloga Niéde Guidon será lançado no dia 4 de abril na abertura do Festival É Tudo Verdade, na sala de cinema do Instituto Moreira Sales (IMS), em São Paulo. O longa metragem é do cineasta Tiago Tambelli que foi gravado por dois anos na região de São Raimundo Nonato, em diferentes etapas e ficou com duração de duas horas e vinte minutos. O lançamento em abril será uma *avant-première* para abrir o festival com sessão para autoridades e convidados. No Piauí, o filme será exibido no dia 5 de junho, no dia Dia Mundial do Meio Ambiente, no anfiteatro da Pedra Furada em comemoração ao aniversário de 40 anos da Capivara."

Estou em São Raimundo Nonato para a finalização do livro. Oxalá a gente cumpra a meta. Vou tentar de novo trabalhar com as informações do Fabio. Rendeu. A partir de um vídeo do Fabio, conseguimos montar um enredo. Vou escrever direto no texto formal.

4 de abril de 2019, São Raimundo Nonato
Quinta-feira

Acabei de colocar o trabalho do Fabio Parenti no texto. Ufa! Ele ficou muito tempo pendurado, pois sua tese era em francês, e eu não consegui obter os dados que queria.

BBC News Brasil, 12 de março de 2016
"No fim de fevereiro, o juiz Federal Pablo Baldivieso determinou provisoriamente que a União, o Ibama e o Iphan (instituto responsável pelo patrimônio histórico) repassem R$ 4,49 milhões para a manutenção e conservação do parque, e deu um prazo de um ano para que o ICMBio, responsável pela administração, elabore um plano de manejo." Para o magistrado, houve omissão dos órgãos em relação ao espaço.

5 de abril de 2019
Sexta-feira

Chove todo dia. Esta noite deve ter chovido muito forte umas 12 horas. Todo o centro comercial da cidade está alagado. O Rio Piauí, que vemos aqui da janela do escritório, já ultrapassou a vegetação das margens. Agora, meio-dia, a chuva parou, mas pode voltar a qualquer hora. Nunca imaginei ver a Caatinga tão molhada, apesar das descrições das chuvas torrenciais. Penso que um bom projeto de captação de águas de chuva ajudaria a resolver o problema da seca.

Ontem à noite, fiquei muito cansada e fui me deitar cedo. Dormi bem sem os pernilongos. Foi providencial ter comprado inseticida. Saí da cama às 8 horas, mas a sensação de cansaço persiste. Tinha vontade de não trabalhar hoje, ficar na cama lendo a biografia de Stefan Zweig. Refuto essa ideia, venho para o escritório e me sento em frente à tela.

Ontem, tive uma ideia para a estrutura geral do livro que vai ajudar muito: fatiar o primeiro capítulo e acrescentar outro, falando sobre o parque. Vai ficar melhor. Bem, coloquei a roupa na máquina de lavar, aproveitando o sol que apareceu em meio às nuvens. Tatiane, dona do apartamento, virá aqui na hora do almoço. Pedir cabides para ela e afiar a faca. Estou tensa com a queda da energia vital... Vamos ver como se comporta o dia.

6 de abril de 2019, sábado

Nem choveu ontem, apesar de o céu estar carregado de nuvens. Ontem, consegui sair para caminhar; pouco mais de meia hora e a parestesia do pé direito voltou. Talvez precise alongar antes e aumentar o percurso para resolver isso; vou verificar hoje à noite.

Ontem li um documento: *Plano de Emergência para o Parque*, realizado em 1994. Tem tudo! Resta saber como vou construir o texto. Acredito ter mais de 90% da informação na cabeça; o desafio é a construção do texto. Vou me esforçar para isso hoje.

22h45: hoje o dia rendeu; estou escrevendo o capítulo do parque, fatiando o primeiro capítulo e acrescentando algumas coisas de pesquisa. Estou otimista, achando que vai dar para acabar em duas semanas.

7 de abril, São Raimundo Nonato

Domingo

Xi, esqueci de ligar para Ana, minha amiga, pelo aniversário dela. Hoje foi um dia de ressaca pelo trabalho excessivo de ontem; passei umas nove horas sentada e escrevendo. Só consegui me sentar em frente à tela às cinco da tarde. Fiquei deitada a maior parte do tempo. Depois vim para cá e trabalhei no capítulo sobre a história do parque. Consegui localizar a tabela dos recursos e fiz um estudo dela. Consegui compreender os financiamentos. Trabalhei mais de cinco horas, penso que devo parar para render amanhã...

8 de abril de 2019, São Raimundo Nonato

Segunda-feira

Dias de sol, parece que a chuva se foi; há três dias o sol brilha com poucas nuvens. Mas há vento aqui no escritório.

9 de abril de 2019, São Raimundo Nonato

"No século 18, época da luta pela posse das terras, apareceu o jovem Vitorino Dias Paes Landim, que tomou conta desta região, expulsando os índios, construindo casas e roças para criação de gado. No século 19, o senhor Vitorino Dias Paes Landim recebeu do governador três fazendas: Serra Nova,

Boqueirãozinho e Serra Talhada. A fazenda Serra Nova, com valorização e extração de borracha da maniçoba, passou a chamar-se fazenda Várzea Grande, em 1º de abril de 1855." Prefeitura Municipal de Coronel José Dias.

10 de abril de 2019, São Raimundo Nonato

Josiane, a faxineira, esteve aqui e contou coisas interessantes sobre o cotidiano das pessoas de São Raimundo Nonato.

"Na zona rural, todas as casas têm cisternas de 16.000 litros com captação de água da chuva; na época da seca, caminhões-pipas da prefeitura as abastecem. Essa água é tratada com cloro em pedra fornecido pelo município ou com água sanitária, pelos próprios moradores. A gente usa um litro d'água na cisterna e deixa descansar uma noite e um dia. Se tem bichinho na água, a gente põe dois litros. Essas cisternas foram construídas pela Cáritas, organização ligada à Igreja Católica, com atuação em todo o Brasil. Aqui, no Nordeste, tem um projeto chamado "Um Milhão de cisternas", a partir da virada do século 20. Houve associações formadas para a construção e também se consegue individualmente.

Lá na casa da minha mãe, na Barragem da Onça, a Caritas construiu duas cisternas de 54.000 litros para usar em horta e para os animais. Cabra e ovelhas principalmente, galinha tem pouco. Eles constroem as maiores quando tem várias famílias juntas.

O SUS aqui tem postinhos na zona rural, na cidade, uma UPA inaugurada há três anos e um hospital regional antigo, com centro cirúrgico e cirurgias simples. Todos os municípios do entorno usam o hospital e a maternidade. Traumas ortopédicos (e são muitos devido ao grande número de motos e do seu uso sem o capacete de proteção) podem ser resolvidos aqui (2 ×/semana) com ortopedistas que vem de Teresina. Medicamentos e exames básicos de sangue e imagem (Ultrassom e Raio-X) também são ofertados pelo SUS.

Até janeiro de 2018 havia 10 médicos cubanos, pelo Programa Mais Médicos. Atuavam na zona rural e ofereciam atendimento e acolhimento muito melhor que os médicos brasileiros. Eles examinavam a gente; os médicos da UPA – Unidade de Pronto Atendimento – mal olham pra gente e já fazem a receita. Se havia um posto de saúde, eles atendiam lá, senão usavam a casa de algum morador que fosse maior e pudesse acomodar o povo."

Josiane de Jesus Souza

12 de abril de 2019

Análise da estrutura fundiária e da distribuição da renda no Piauí. São Raimundo Nonato é sede – de acordo com a nova redefinição geográfica do IBGE, em 2017 – de uma das seis regiões intermediárias em que foi subdividido o Piauí, compreendendo 21 municípios do sudoeste do estado. Em torno dessa região intermediária, agrupam-se duas regiões imediatas: São João do Piauí, envolvendo oito municípios; e São Raimundo Nonato, com 13. http://www.atlasbrasil.org.br/2013, IPEA

13 de abril de 2017

Sexta-feira

Fomos hoje para a Serra Branca. Estava um dia agradável com céu nublado e um vento fresco, muito diferente da visita anterior, em 2014, quando a temperatura deve ter chegado aos 40 graus e todos passamos mal, quase tivemos insolação. Falei com Ana há pouco, ela acaba de receber um diagnóstico de câncer de mama. Ainda está naquele momento de choque. Difícil. Difícil.

Ontem e hoje trabalhei na análise socioeconômica do Piauí. É desesperador. Pensamos e pensamos e não conseguimos ver alternativa alguma de desenvolvimento para a região. A única matéria-prima disponível é o couro dos caprinos e ovinos. Homens do Piauí são os brasileiros que vivem menos, segundo o Instituto Brasileiro de Geografia e Estatística (IBGE).

O IBGE divulgou, nesta quinta-feira (29), a pesquisa sobre a mortalidade dos brasileiros referente aos dados de 2017. O Piauí ficou na penúltima posição em expectativa de vida do país. O estudo revelou que o homem piauiense é o que vive menos no Brasil. A expectativa de vida dos brasileiros atingiu os 76 anos.

14 de abril de 2019
Domingo
Continuando a escrever, hoje sobre o aeroporto.

O Estado de São Paulo, 3 de setembro de 2011, 21h23, por João Domingos
O Aeroporto Serra da Capivara deveria ter um custo total de R$ 20 milhões, mas a obra já consumiu R$ 25 milhões e vai precisar de mais R$ 8 milhões para ser concluída – e não se sabe quando. A empreiteira Sucesso, que deverá tocar a obra até o fim, informou que não sabe quando recomeçará a trabalhar na construção do terminal. Por enquanto, mantém lá apenas um funcionário, que faz a vigilância da área. A Sucesso pertence ao senador João Claudino (PTB-PI).

15 de abril de 2019, São Raimundo Nonato
Escrevendo, corrigindo, reescrevendo. Por muitos momentos paro, buscando a palavra exata. Sinto-me nobre nesse momento, procurando a palavra exata; é o momento em que sou escritora de verdade. Às vezes, encontro a palavra e encerro a luta; noutras, me entrego derrotada.

16 de abril de 2019
Estou no processo do primeiro pente-fino dos textos. Pensei que isso fosse tarefa fácil, mas me consumiu mais tempo do que imaginava. Foi um dia e meio só para o primeiro capítulo. Agora não sei se vou para o das pinturas ou… vou debulhar o feijão-de-corda que me espera há dias na geladeira. Escolho o feijão. Voltei algumas horas depois. A temperatura tem aumentado dia a dia; as chuvas sumiram. Já faz 24 °C à noite; há poucos dias fazia 22 °C.

O dia passou muito rápido; era escuro quando fui ler o capítulo das pinturas rupestres; fiquei insatisfeita. Por sorte achei um artigo trilíngue que complementa as lacunas do meu texto. A meta é fechar esse capítulo esta noite.

17 de abril de 2019
Quarta-feira da Semana Santa

Descobrimos hoje que temos de deixar essa casa no domingo, ao invés de segunda. Como nosso avião só sai segunda à noite, de Petrolina, optamos por ficar mais uma noite em São Raimundo Nonato, em um hotel. Quebra um pouco a rotina, mas só de saber que iremos para um ambiente com ar-condicionado dá uma bruta alegria. Terminei hoje o capítulo sobre artefatos líticos. Gostei dele. Ontem, achei mais dois artigos interessantes que contribuíram muito.

Chegamos agora da rua. Tá uma lua quase cheia e uma brisa amena. Fomos até o Hotel Real reservar o quarto para domingo. Depois achamos aquela avenida beira-rio cheia de barzinhos. Paramos para uma cerveja. Lembrei que preciso fazer a contabilidade da viagem.

18 de abril de 2019, São Raimundo Nonato
Quinta-feira Santa

Compramos as passagens da Gontijo para Petrolina, saímos segunda-feira, às onze da manhã. Já há um clima de fim de viagem. Já é um momento de fazer ajustes. Ontem eu terminei o capítulo da indústria lítica e hoje tento rever o das pinturas rupestres. Achei um artigo de Alice Dias que vai complementar. É PDF, então não consegui fazer o copiar e colar. Depois achei outro mais recente de Pessis (adoro ler os textos dela, uma competência para escrever de maneira clara) e agora reescrevo tudo. Tatiane se ofereceu para nos dar carona até o hotel no domingo. Ótimo! Temos malas grandes, vai ajudar.

19 de abril de 2019, São Raimundo Nonato
Sexta-feira Santa

Tudo quieto, tudo fechado nesta cidade religiosa do sudoeste do Piauí. Até o sol está meio escondido sobre uma camada rala de nuvens. Acabei de falar com a Ana, que vive os dias de angústia, aguardando o laudo de uma biópsia de mama. O livro está quase pronto. Tem começo, meio e fim. Agora é refinamento.

Vou pesquisar hoje sobre o Pró-Arte.

20 de abril de 2019
Sábado de Aleluia

Ontem, por volta das 20 da noite, terminei o livro.

Terminei a primeira camada. Agora, é começar a segunda camada, na qual vou tirando os excessos, fazendo uma costura mais delicada. Acredito em umas quatro camadas de trabalho. Ontem, Eric Boëda, via e-mail, nos autorizou a usar uma expressão dele como o nome do livro. Uau!!!! *Ne pas problem*, ele escreveu.

Fiquei pensando, ontem à noite, se deveria mandar um e-mail para Niéde, pedindo para que faça o prefácio do livro. Talvez esteja na hora. Meu temor é ela se desligar da FUMDHAM e voltar para a França, como anunciou, e perdermos seu contato. Dentro de dois dias vamos embora; poderia ir hoje, não acredito que acrescente muito mais ficar aqui... Mas já está tudo esquematizado em termos de passagens; temos de ficar. Amanhã deixamos o apartamento da Tatiane e vamos para um hotel por uma noite, antes de pegar o ônibus para Petrolina. Hoje fiz feira: comprei uma vassoura de carnaúba, dois tipos de pimenta-roxa e dois sininhos, os guizos. Já arrumei o primeiro plano da mala. Preciso embalar Matilda, a onça de cerâmica. Vou presentear João com ela. Os dois guizos também...

21 de abril de 2019, Hotel Real São Raimundo Nonato

Saímos hoje da casa da Tatiane e viemos para o hotel por uma noite, antes de partirmos amanhã. Vou voltando para casa para trabalhar no que falta e depois fazer um contato com Betânia para arrumar o texto. Dei conta do meu trabalho, que alegria! A proposta era terminar o texto hoje.

25 de abril de 2019, Pindamonhangaba

Cheguei do Piauí há dois dias e não cheguei perto do texto. Foi um tempo de adaptação à rotina, 26 dias fora de casa! Estou um pouco trêmula de retomar o texto, principalmente o Capítulo 2, sobre as missões francesas. Devo precisar cortar muito. Vou trabalhar em fonte Calibre 12.

27 de abril de 2019

Paraty. Aniversário da Góia. Nem tenho o telefone dela.

Depois que João dormiu, às oito e meia, comecei a trabalhar no capítulo das missões. Surpresa, achei que estava bem pior. Estou cortando só o excesso de detalhes. Está gostoso de ler. Trabalhei 17 páginas das 26 escritas por quase cinco horas. Fiquei cansada agora. Vou parar. Estou sentindo falta do caderno de anotações... nem lembrei de trazer.

Hoje mandei um e-mail para a Niéde, depois de quatro anos de silêncio, pedindo-lhe para escrever o prefácio do livro. Respondeu na mesma hora, pedindo para ler o texto. Pedi 15 dias. Por isso, esse compromisso de trabalhar muito nesses dias.

28 de abril de 2019, Paraty

Domingo; o João ficou com a mãe. Dia livre, volto para a Capivara. Primeiro, duas horas com Leandra... Depois, um tempo grande no texto (me arrependi de não ter trazido os cadernos). E, pior, me envolvi com o mosaico. Há quatro horas, desconcentrei. Volto agora, fervorosa.

29 de abril de 2019, Paraty

Ficou a tarde nublada e eu consegui trabalhar na sala. Trabalho irregular. Estou falando do parque. No meio da tarde, falei com a Betânia e pedi a ela para fazer a leitura crítica do livro. Topou, mas não deu preço. Disse que a Lourdes continua editando lindos livros. Daí dá vontade de trabalhar mais rápido, ver o projeto pronto. Não vejo a hora de escrever a página de agradecimentos.

30 de abril de 2019

Ainda em Paraty. Acordei cedo para trabalhar enquanto João está dormindo. Ontem, depois que ele chegou da escola, não deu para fazer mais nada. Comecei a falar do trabalho de restauração da pintura rupestre no capítulo do parque, mas não sei se esse assunto não cabe em pinturas rupestres. Bem. Vou escrever o melhor que puder e depois; se for o caso, é só transpor. Foi interessante, porque fiquei um bom tempo pensando em como encadear o texto e – quando já estava fechando o computador, em pé no balcão – as palavras foram vindo redondinhas. Se João não tivesse chegado, faria mais...

Li e reli o que tinha escrito – e achei melhor jogar esse assunto para o capítulo de pinturas rupestres. João continua dormindo, e eu aproveito cada minuto disponível.

3 de maio de 2019, Pindamonhangaba

Ontem estava chateada por terminar o capítulo do parque de uma maneira um pouco negativa, como se os problemas reais dele fossem maiores que o prazer da visitação. Então me lembrei de que a coisa mais importante do parque – suas trilhas e tocas – não estava apontada. Trabalho para agorinha, para quem ler o livro ficar com água na boca. É muito extensa essa relação de todas as tocas disponíveis à visitação. Fiquei cansada pela concentração intensa. Como dar uma limpada no cérebro? Respiração, suponho.

4 de maio de 2019

Sábado

Terminei agora a revisão do capítulo do Parque. Nunca sei se devo escrever parque com letra maiúscula ou minúscula. Gostei do capítulo. Penso que está tudo lá. Melhor não. Se espremer bem ainda teria de contar da construção do circuito da maniçoba. Ainda tenho que escrever o ofício para a chefe do ICMBio, tentando pela última vez ter informações oficiais do contrato. Duvido que ela vá responder. Ela e também Beth Macedo, da FUMDHAM, tiveram reações negativas quando pedi valores de contratos. Como se eu pedisse a divulgação de um segredo! Céus, é dinheiro público! Há informações que nunca batem: número de sítios pesquisados, número de sítios abertos à visitação, valor da implantação do parque, cada documento fala de uma coisa...

Em meio a esse movimento mental, uma notícia ruim: minha amiga Ana, que ontem fez uma cirurgia para extrair um câncer de mama, teve um linfonodo positivo! Ruim, muito ruim! Tratamento mais agressivo.

5 de maio de 2019
Domingo
Totalmente focada na revisão do texto, fora dele só o essencial ligado à sobrevivência: alimentação, trabalho, alguma atividade física, algum contato social. Todo o tempo é passado no meu escritório, escrevendo, pensando, pesquisando, lendo. Estava muito insatisfeita com o capítulo sobre a FUMDHAM, estava pequeno e não demonstrava a grandeza, o gigantismo dela. Já estava escuro quando optei por trabalhar em tópicos. Foi um copiar e colar do que estava escrito que desconfigurou toda o *layout*. Não tem importância, isso é fácil de refazer.

Agora é complementar as lacunas...

6 de maio de 2019
Segunda-feira
Estou muito isolada e focada, tenho obrigação moral de finalizar essa revisão *as soon as possible*. Não me permito fazer mais nada, melhor: meu cérebro não permite. Tenho intervalos em que poderia fazer outras coisas, mas não há energia disponível para isso. Tudo está na Capivara. Questão de dureza, persistência... coisas assim.

I Ching – HSU
A perseverança traz boa fortuna.
É favorável atravessar a grande água.
Através do progresso o trabalho se realiza.

14 horas
Céus, o trabalho é muito maior do que pensei!!!

Nesta noite, sem conseguir dormir, fiquei repensando o capítulo da FUMDHAM. Divida em tópicos e hoje achei que seria muito simples terminar de falar sobre os eventos científicos da FUMDHAM. Não é verdade! Só estava pronta a conferência sobre o povoamento das Américas. Daí fui explorar a primeira reunião da ABAR, que engatou com a reunião da IFRAO!!! Céus, nem imaginava a importância do evento. Há de se ler, entender, filtrar e escrever...

Pânico!

21 horas

Escrevo, paro. Escrevo, paro. Comecei ouvindo a Sinfonia número 5 de Mahler, em que tem o Adagietto, usado no filme *Morte em Veneza*, melancólico, um bálsamo para a alma. Há dois dias não falo com a Ana, não falo com ninguém, não saio de casa, não faço atividade física... Só a Capivara! À tarde escrevi sobre os eventos científicos, sobre os culturais, já havia preparado em São Raimundo Nonato. Ainda falta um pedaço do encontro de arte rupestre e depois das parcerias. Falta o Museu da Natureza e os dinheiros da FUMDHAM. Tudo isso para acabar esse capítulo. Toda a pesquisa foi minha, todo o trabalho de criar as ligações, a produção do texto. Por isso estou cansada. São nove da noite e tenho a impressão de que não consigo produzir nem mais uma linha. Alexandre não dá sinais de vida há muitos dias, nem para saber como estou, nem para falar dele.

9 de maio de 2019

Hoje eu terminei o capítulo da FUMDHAM. Decidi que não vou tocar no assunto do INAPAS. Não vou falar o que não sei. Agora vou fazer a revisão das pinturas rupestres à luz duma nova possível classificação. Depois, ainda vou fazer a revisão do Piauí, à luz dos documentos do Raimundo. Quando eu relaxo um pouco mais, pensando que acabou, vejo que há inconsistências bem maiores que imagino. Esta noite vai ficar por conta das pinturas rupestres.

15 de maio de 2019, Pindamonhangaba

Quarta-feira

Tive uma crise de pânico agora: desde 22 de março trabalho todos os dias, todas as horas neste livro, e a cada dia ele se estende mais. Tinha como meta mandar o texto pronto ontem para Betânia. Revisei o capítulo das missões, arrumei aqui e ali, pois eu acho o capítulo mais chato e fiquei cansada para começar a revisão do parque. Achei que daria conta hoje, quarta-feira. Fui dormir e em algum momento percebi que o Capítulo 2 não está pronto. Tínhamos escrito apenas até a missão de 1989. Hoje cedo fui ao caderno e fiquei em pânico: há mais 10 anos de missões para escrever; o capítulo estava incompleto e eu não tinha me dado conta disso. Mais um dia de atraso.

Ontem, na pausa do almoço, fui às compras: em uma loja de cosméticos comprei shampoo, tinta de cabelo, hidratante e, no mercado, frutas, alguns legumes, frango e muita porcaria. Testei o leite de vaca Jersey no domingo e ontem o queijo coalho. Boa resposta! Agora, vou dar mais alguns dias e testar o queijo de Lagoinha. Hoje, pintei o cabelo e voltei a preparar o suco verde. Alguns respiros de normalidade entre o abismo de concentração que é a finalização desse livro.

16 de maio de 2019, Pindamonhangaba
Quinta-feira

Hoje, monsieur Boëda me enviou o artigo sobre a Barra do Antonião; é complexo; li, mas não sei se há alguma utilidade em colocar o texto no livro. Vou refinar o olhar. Quanto ao financiamento, nem uma palavra! Parece que informar o custo dos trabalhos é tabu! A FUMDHAM se calou, o ICMBio tergiversou e missão franco-brasileira ignorou. Não consigo imaginar a razão. É dinheiro de pesquisa, é trabalho sério, por que deixar essa lacuna?

Refiz todos os capítulos, foi o melhor possível. Consigo ver um fim no trabalho. Agora só preciso colocar o restante das missões e o artigo do Boëda. Esta noite, fiz outro pedido superformal para o ICMBio e nenhuma resposta. Também mandei um pedido para a Bianca sobre o ranking do parque. Nenhum retorno e já temos três dias. Céus, que dilema!

Ontem fiz contato com o jornal *Cidade Verde*, de Teresina. A jornalista Caroline Oliveira foi supergentil, mandou o material que ela tinha e hoje mandou outro, só que não consegui abrir. Pedi para reenviar.

De todo o trabalho, lamento não ter conversado com Anne-Marie Pessis. Além de ensinar muito sobre as pinturas rupestres, ela poderia me contar por que criou o INAPAS. Essa é a pergunta que não quer calar. Estamos no outono, e a temperatura melhorou muito, pela manhã já usamos manga comprida. Tempo tão agradável, adoro o outono.

17 de maio de 2019
Sexta-feira

Os planos não deram tão certo como pensei: ontem à noite, devido ao extremo cansaço, fui dormir cedo achando que hoje teria um longo dia produtivo. Não está rolando... continuo muito cansada. Comecei a ler sobre a missão de 1989, mas cadê a energia para criar o texto literário? Houve um domingo em São Raimundo Nonato que foi assim. Só consegui ficar na cama. Precisei de um *day-off*. Talvez hoje seja um desses dias. Bem, fui me distrair com jardinagem, limpar a areca que fica defronte da minha janela, embaixo do telhado, sem nunca receber água na chuva, então deposita uma poeira escura nas folhas, que eu ficava querendo limpar e adiar. Hoje consegui. Planejei até amarrar um dos ramos para ficar fora do contato do trânsito de pessoas.

18 de maio de 2019

Às 23h59, isto é, no último minuto do sábado, eu terminei a segunda revisão do livro.

Amanhã cedo, depois de resolver sobre o financiamento do aeroporto, mando o material para Betânia. Também escrevo para Niéde, Boëda, Raimundo... se der pique, Cristiane Buco e Anne-Marie.

6 de junho de 2019

Doce ilusão de que o livro estava pronto.

Também mandei outro documento para leitura da Betânia, no qual ela fez algumas sugestões. Agora está uma confusão total.

Já sei: vou ler os capítulos da FUMDHAM e do parque e reavaliar. Ai, dúvidas a cada vez que releio: quais os municípios que envolvem o Parque da Serra das Confusões? No documento oficial, apenas quatro, em outros documentos são 12.

Vou colocar aqui os conteúdos por capítulo para evitar duplicidade de informações.

O capítulo sobre o parque contém: referência à carta do governador; fac-símile da carta ao governador; primeiro uso da sigla UFPI; primeiro uso da sigla Incra; primeiro uso da sigla IBDF; primeiro uso da sigla Ibama.

Falo, na primeira parte, da criação do parque e suas leis, do pedido para a Unesco e da delimitação do parque. Falo dos conflitos, das ameaças de morte. Depois, o Zabelê e toda a história. Será aqui que vou colocar o depoimento da Mariana, aluna do Colégio Santa Cruz. Emenda de R$ 700 mil de Paes Landim. Plano de Manejo da FUMDHAM projeto Veredas.

7 de junho de 2019

Estava muito cansada, pois, além de trabalhar o dia inteiro, tive as visitas do Alexandre e Paschoal e, no fim da tarde, uma reunião com meu agente financeiro, pois escrever livros não é um projeto financeiro. É de prazer e criatividade, então alguém tem de se preocupar com as finanças que vão garantir meu envelhecimento. De comum acordo, adiamos o trabalho no texto. Hoje, espero terminar a revisão do capítulo do parque. Acho que já está enxuto, falta muito pouco. Falo sobre como o parque se estruturou e a manutenção. Estou organizando as referências e já me arrependi mil vezes de ter deixado os volumes dos planos de manejo e de ação emergencial no hotel em São Raimundo Nonato, porque estavam pesados demais.

Interrompi o trabalho muitas vezes, gratificante foi a filha de um paciente – Valéria – ter me procurado para contar da consulta do oncologista. Tirou um peso da família quando falou que a doença do pai não era câncer. Todo mundo fica aliviado quando não se tem câncer, mesmo que a doença atual seja mais grave que o câncer. É o peso da metáfora!

8 de junho de 2019

Sábado!

Estava ansiosa pela manhã ao ver a magnitude da revisão; trabalha-se, trabalha-se e sempre há muito o que fazer, numa tarefa quase infinita. Então, meus alimentos preferidos são o amendoim – porque é rico em triptofano (o precursor da serotonina) – e o chocolate, ambos substâncias estimulantes, a aumentar a sensação de bem-estar.

Está ficando claro que devo levar em conta as sugestões da Betânia de separar o texto das missões do corpo do livro. Nesses momentos de intensa concentração, quando é crepúsculo, quase escurecendo, sinto uma falta enorme do Edson. Apesar de geograficamente longe, ele estava sempre disponível para longas conversas noturnas. Quando a morte me roubou isso, ficou um vazio irreparável.

Quase meia-noite. Trabalhei muito hoje, refazendo aqui e ali, mudando a ordem dos capítulos, organizando as referências e repensando como contar as missões. Queria – em uma furiada – dar conta de tudo, mas estou exausta mentalmente. As ideias começam a se embaralhar e perdem a clareza. Hora de parar! Amanhã é domingo e tenho apenas o compromisso de assistir à Melissa, minha neta postiça, dançar na Festa Junina da escola. Se for esperta, a manhã poderá render.

Percebi um problema: não tenho informações suficientes para escrever sobre os esqueletos do Gongo! Problema!

9 de junho de 2019
Domingo

Consegui contato com a Andreia Macedo, arqueóloga da FUMDHAM, que me informou que foi Andréia Soares quem escavou o Gongo. *Fortunately*, tenho os contatos dela, mas pedi para a Andreia. Céus! Por que os nomes têm de ser tão parecidos? Fazer o contato primeiro, assim, quando eu ligar, ela já sabe do que se trata.

Agora, encontrei isto na *FUMDHAMentos VIII* – DENTES E CRÂNIOS HUMANOS, FÓSSEIS DO GARRINCHO (BRASIL) E O POVOAMENTO ANTIGO DA AMÉRICA, Évelyne Peyre, Jean Granat, Niéde Guidon.

10 de junho de 2019
Segunda-feira

Domingo, com a responsabilidade de ir ver a dança da Melissa na Festa Junina da escola, quebrou a minha concentração ao meio. Estava relendo alguns tópicos deste diário e vejo que o assunto mais frequente é o meu lamento sobre as minhas dificuldades em escrever. Tenho lido muita literatura quando preciso me livrar dos textos técnicos – e percebo que falar sobre o processo da escrita é uma obsessão de todos os escritores. Agora, lendo sobre o eslovaco Sándor Marai, ele também fala do processo da escrita. Claro, de uma maneira mais refinada. Falamos, falamos e é hora de abrir o texto. Hoje é um dia pesado, fim de tarde vou a São Paulo para acompanhar Ana em seu primeiro dia de quimioterapia. Essas interrupções de agenda atrapalham muito. Mas estar perto da Ana é a coisa mais importante agora.

Corrigindo o último capítulo sobre a história do Piauí. Tenho dúvidas se grafo o século com algarismo romano ou arábico. Muitas vezes acho o arábico mais fácil de compreender. Ah, a quimioterapia da Ana foi suspensa por questões administrativas do convênio, então cancelei a minha viagem a São Paulo e sobrou a noite livre para a revisão. E no mesmo dia recebi o laudo anatomopatológico de lesão de pele da minha irmã: *melanoma in situ*, com margem de segurança prejudicada!!!! Há de se conviver com sustos todo dia.

13 de junho de 2019

Combinei hoje um almoço com a Lourdes, a minha editora, para 28 de junho. Atualmente ela vive em Paris e, de quando em quando, passa algum tempo em São Paulo. Vou numa atitude assertiva de convencê-la a publicar o livro.

24 de junho de 2019

Ontem foi aniversário de minha mãe, se estivesse viva faria 93 anos... Nem me lembrei, ando com o calendário dissolvido na minha cabeça. As coisas não estão fluindo bem hoje, estou com dor – talvez uma distensão do fibular –, e isso atrapalha a concentração. Fui nadar cedinho para ver se melhorava, e nada! Agora tomei analgésico e aguardo.

Minha meta era encontrar Adriana Soares, a arqueóloga que escavou o Gongo – o sítio arqueológico cemitério. O e-mail que lhe mandei voltou, o celular não existe mais. Liguei para a FUMDHAM, e ela não trabalha mais lá. Transferiu-se para a UNIVASF. Liguei e ninguém atende... Será que na FUMDHAM existe o Caderno de Campo dessa escavação?

A dor passou. Consegui comprar café, tem uma caneca quentinha ao meu lado, o Sol brilha na primeira tarde de inverno, enfim, obstáculos superados para iniciar a conversa com o texto. Vou mudar a ordem do primeiro e segundo capítulos. Acho que fica melhor.

25 de junho de 2019

Hoje voltei para a aula de ioga e foi muito bom. Meditei em azul! Quase como construir uma sinfonia. Ontem consegui escrever a melhor imagem poética do livro: "escavar um esqueleto com pincel é como construir uma pintura pelo avesso!". Achei a imagem ótima: aquele que com o pincel retira a textura e o outro que, com o mesmo pincel, preenche o espaço. Preencher e esvaziar espaços! É muito literário.

Bem, nada de resposta do André Pessoa. Não sei mais onde procurar o documento de transferência da última parcela do aeroporto. Adriana Soares! Acabou de chegar mensagem da Andréa Macedo, outra arqueóloga da FUMDHAM, dizendo que vai conversar com a Adriana e ver se ela autoriza a enviar o número. Andréa é toda certinha! Não quis me dar entrevista sobre o trabalho do banco de dados, porque não tinha autorização. Gosto dessa postura que trava o meu trabalho. Ambivalente, mas ético!

Acabei de ter a resposta da Andréa. A Adriana não quer falar sobre isso. Como faço para ter os relatórios? Escrevi para Beth Medeiros, relações institucionais da FUMDHAM, solicitando o material do acervo. Agora é torcer. Fiz tudo certinho!

Pela manhã escrevi ao Jorge Harada, sobra a possibilidade de ele intermediar um contato com o Colégio Santa Cruz. Nada de respostas.

Ainda estou trabalhando no capítulo das pinturas rupestres, ele ainda não está redondo, não como eu quero.

Tese da Sonia

A ideia de um homem pré-histórico não mais dominado pela barbárie e simplicidade, mas dotado de uma complexidade mental, com gosto estético apurado. Há uso de pigmentos, gravação e perfuração de ossos e pedras desde o Paleolítico Inferior na Europa, África e Ásia.

21 horas

André respondeu. Gracinha! Passou o telefone da secretária do ex-deputado Paes Landim para apurar as verbas do aeroporto.

26 de junho de 2019
Quarta-feira

Acabei de falar com Jordânia (belo nome!), secretária do Paes Landim, em Brasília. Pedi os dados do convênio que repassa a última parcela da verba a permitir a finalização do convênio. Será ótimo se eu conseguir essa informação; ela é fundamental na discussão do custo do aeroporto. Talvez seja a informação mais importante que ainda falte conseguir, porque é imprescindível. Sem a escavação do Gongo o livro sai, sem os depoimentos do Colégio Santa Cruz, também, mas sem a documentação desse repasse de verba fica um buraco inadmissível neste tipo de documento.

Então, só me resta torcer...

Beth Medeiros, da FUMDHAM, acabou de me negar o acesso à escavação do Gongo; já havia me negado os recursos financeiros antes. Escrevi de volta insistindo e tentando sensibilizá-la. Não sei. Não sei. Que diferença de postura com Niéde Guidon, que sempre abriu tudo. Estou tensa e angustiada; isso me consome mais energia que deveria.

28 de junho de 2019

Ontem trabalhei muito; mesmo com a faxineira me interrompendo a todo momento, o trabalho rendeu. Havia falado com Betânia, a revisora do livro, na tarde anterior – e ela fez elogios entusiasmados ao livro, dizendo que ele será obra de referência. Uau!!! Nem era essa a proposta; só queria fazer o melhor livro possível. Outra coisa que ela falou foi que o longo tempo de trabalho, ao invés de significar algo negativo, permitiu que o livro amadurecesse. É verdade! Há um distanciamento da emoção, e eu sei exatamente o que devo colocar e o que é demais ou supérfluo.

Desisti do Jorge Harada. Por mim mesma, fiz um contato com o Colégio Santa Cruz; pediram para fazer o pedido por e-mail. Feito! Mas a melhor notícia de todas foi o retorno de Jordânia Paes Landim, a moça do nome bonito, dizendo a data e origem e destino do dinheiro para o aeroporto, a parcela final que eu não consegui encontrar em lugar nenhum. Mas deu o contato do gerente da Caixa Econômica Federal de Teresina, para eu pegar o número do convênio. Vamos lá. Ninguém atende o telefone, mas tanto ontem quanto hoje liguei fora do horário comercial.

Beth Medeiros não respondeu ao e-mail nem vai responder. Quando encaminhar o texto para Niéde Guidon, falo disso, nem vou me desgastar mais. Uma surpresa ruim, percebida ontem, no finzinho da noite: já tinha melhorado muito o último capítulo, mas isso se perdeu. Procurei em possíveis arquivos para ver se não tinha salvado em lugar errado, mas nada achei. Será que eu sonhei?

Já liguei mil vezes para o Marcelo Gidur, da Caixa Econômica Federal. Pelo menos, descobri que foi da agência de Teresina que saiu o dinheiro. Onde achar essa pessoa? Se fosse em São Raimundo Nonato...

Olha o que eu achei: 2013 – pesquisadoras Tania Santana e Adriana Almeida encontram em março, na Toca do Gongo 3, cemitério com 12 ossadas humanas de 3.500 anos, enterrados em urnas funerárias simples.

22 horas
Terminei toda a revisão. A maior parte das lacunas foi preenchida. Há, ainda, algumas células em branco, mas, como são informações técnicas, não vão atrapalhar as revisões da Betânia. Decidi anexar este diário, talvez possa ser publicado. Ver com a Lourdes ou Betânia. Vou incluir a Linha do Tempo também. Enquanto Betânia trabalha na revisão, vou ter calma para organizar as referências. Espero que eu consiga o prefácio de Niéde Guidon. Sei que fiz um bom trabalho, melhor – um grande trabalho. Essa sistematização de todas as informações demandou tempo, pesquisa e coragem. Ninguém fez isso antes.

Agora, acabou.

Vou mandar o texto para Betânia e amanhã cedo vou para Paraty. Preciso ver o mar. Preciso ver o João.

LINHA DO TEMPO

8-2 milhões AP	Surgimento dos primeiros hominídeos: Australopitecos	
3,2 milhões AP	Idade de Lucy - *Australopithecus afarensis*	Etiópia
2,2 milhões AP	Aparecimento do *Homo habilis*, a partir da evolução do Australopitecos. Era omnívoro	
1,8 milhões AP	Aparecimento do *Homo robustus*, a partir da evolução do Australopitecos. Era herbívoro e desapareceu	
1,77 milhões AP	Primeira Migração da África para a Geórgia: *Homo georgicus*	Descoberta em 1991
850 mil AP	Surgimento do *Homo floriensis* - Ilha das Flores, no Timor	
400 a 200 mil anos	Pigmentos em Twin Rivers	
200 a 150 mil AP	Surgimento do *Homo sapiens* na África	
40.000 AP	Início das pinturas rupestres em várias partes do mundo	
36.000 AP	Pinturas de touros e mãos na gruta de Chauvet - França	+ antigas
27.000 a 10.000 AP	Aparecimento de Beríngia - entre América e Ásia	
12.000 AP HOLOCENO	Fim da Era Glacial. Expansão humana e os primeiros núcleos habitados	
6.000 AP	Mudança climática com extinção tardia da megafauna. Houve uma transformação na dinâmica das águas e a adaptação humana a ela	

3.300 AC	Início da Idade do Bronze (Liga de estanho + cobre) na Suméria	
1534	Implementação das Capitanias Hereditárias no Brasil	
1600-1700	Colonização do Piauí – Ciclo do Couro (interior para litoral)	
1630	Invasão Holandesa em Pernambuco	
1654	Expulsão Holandesa em Pernambuco	
1718	Formação da Província do Piauí	
1762	Elevação de Oeiras a capital do estado	
1852	Transferência da Capital para Teresina	
1927	Descobertas de Folsom e Clovis	
1933	Nascimento de Niéde	
1950	Início do uso do Carbono-14 para datação	
1961	Chegada de Niéde ao Museu Paulista	
1963	Encontro com as fotos da Toca do Paraguaio	junho
1963	Viagem à Serra da Capivara	dezembro
1966	Partida para a França	
1970	Volta ao Brasil	
1970	Documento solicitando a criação das missões	
1973	1ª Missão	
1974	2ª Missão	
1975	3ª Missão	
1975	Carta solicitando a criação do parque	junho
1978	Criação do NAP – Núcleo de Antropologia Pré-histórica UFPI	
1978	Concluído o projeto de criação do parque – Dep. De Biologia UFPI	junho

1978	I Curso de Especialização em Arqueologia na UF do Piauí	
1978	4ª Missão	
1978	Chegada da Energia a SRN	
1979	O projeto do parque chega na esfera federal – IBDF	janeiro
1979	Decreto criando o Parque Capivara	junho
1980	Conflito com a indústria calcária	(?)
1981	Publicação da datação Clio	Recife
1982-1983	II Curso de Especialização em Arqueologia – NAP – UFPI	
1984	Liberação de 42,5 milhões de cruzeiros para a delimitação do parque	Nov Ibama¿
1984	Publicação das datações em *L'Anthropologie*	Paris
1985	Projeto piloto da Conceição – Baixão da Vaca	
1985	Liberação de 30 milhões de cruzeiros para a delimitação do parque	janeiro
1986	Mudança da moeda de cruzeiros para cruzados (27 de fevereiro)	
1986	Primeiros estudos NG na Toca do Gordo do Garrincho	
1986	Publicação por Niéde, *Revista Nature*, das datações de 32.000 AP	
1986	Viagem de Aureo Faleiros para avaliar demarcação do Parque	
1986-1987	Retirada da população do Zabelê	
1986	Criação da FUMDHAM	
1987	Início das escavações de Fabio Parenti	
1988	Convênio IBDF – FUMDHAM	agosto
1988	Início da Construção do Museu	

1988	FUMDHAM inicia gestões junto ao IBDF - PI para Unesco	setembro
1988	Missão Botânica no Piauí - Laure Emperaire	
1989	Construção da Passarela do BPF	Financiamento BB
1989	Início das ações educativas ambientais	
	Viagem de Niéde a Washington - convite ao presidente do BID, Enrique Iglesias, para visitar região	
	Visita de Enrique Iglesias - BID à Serra da Capivara	
1990	Término da demarcação do parque	março
1990	Conversão de Cruzado Novo para Cruzeiro	13/03/1990
1991	Início da recuperação de pinturas - Conceição Lage	
1991	Apresentação pela FUMDHAM de um plano de manejo do Parque	
1991	Tombamento pela Unesco	
1991	Início dos trabalhos de GPS - Cris Buco	
1991	Claude Guerin e Martine Faure iniciam pesquisas paleontológicas	
1992	Início dos NACs e das estradas no parque	
1993	Tombamento pelo IPHAN - portaria 54 16/03/1993	MINC
1993	Fabio Parenti publica trabalho (tese) datando carvões > 50 mil anos	GIF 9019
1993	Guérin e Faure publicam trabalho identificando 106 espécies de paleofauna na região	
1993	1° Curso de Guias	
1993	Chegada dos primeiros turistas	

1993	Conferência Internacional sobre o povoamento das Américas	dezembro
1994	Início da Cerâmica da Capivara	
1994	Assinatura de convênio de cogestão Ibama – FUMDHAM	18/03/1994
1994	Descoberta da Caverna de Chauvet – sul da França	
1995	1ª Parcela do BIRD	
1996	2ª Parcela do BIRD	
1997	Decreto desapropriando o Sítio Remanso para construção do aeroporto	N° 9778/ set
1997	Fundação da Ass. Bras. Arte Rupestre	
1998	Decreto criando Parque Serra Confusões	
1998	Aposentadoria de Niéde	
1998	Escavação da Toca do Paraguaio e descoberta de 2 esqueletos	8670 AP
1999	Niéde vem morar em SRN	
2000	Fim dos NACs	
2000	Visita de FHC	
2000	I reunião da Associação Brasileira de Arte Rupestre	
2001	Início do programa Pró-Arte da FUMDHAM	
2002	UFPI – I Curso de Especialização Profissionalizante em Conservação AR	junho
2002	Início do uso da TL e EPR para datação direta das pinturas rupestres	
2003	I InterArtes	
2004	Proposta de Assentamento Corredor Ecológico	
2004	I Encontro de Física e Arqueologia	

2004	Início do Curso de Arqueologia - UNIVASF	
2004	I Seminário Internacional de Preservação da Arte Rupestre	
2004	Carta Aberta ao Cientista do Futuro	
2004	II InterArtes Festival	
2005	Niéde ganha prêmio Faz Diferença - Jornal O Globo	março
2005	Licitação do projeto do aeroporto	setembro
2005	Criação do Mosaico UC pelo Ibama	
2006	Tese de doutorado em História de Gisele Felice sob a orientação de Conceição Lage - UFPE	
2006	II Simpósio Internacional sobre o Povoamento das Américas	
2007	Prêmio Itaú - Unicef	
2007	Contratação da empresa Executar Projetos - projeto do aeroporto	
2007	Início do Projeto "A água e o berço do homem americano"	
2008	Início da coordenação de Eric Boëda nas missões francesas	
2008	Construção da acessibilidade no museu - R$ 37.860,00	BNDES
2008	Fundação do INAPAS - comitê gestor	Ver site
2009	Global Rock Art Reserch	julho
2009	Formatura da primeira turma de arqueólogos	
2009	Mudança na lei de compensação ambiental	
2009	Reforma do museu - R$ 495 mil	CEF
2010	Início da escavação da Lagoa Uri de Cima PE	Até 2013
2010	Início da Escavação da Lagoa dos Porcos	

2010	I Festival de Cultura ACORDAIS - Pedra Furada- OI 180 mil reais	novembro
2011	172 sítios abertos à visitação	
2011	Projeto Água e o Berço do Homem Americano	
2011	Escavação da Lagoa dos Porcos	
2012	Fim da Escavação da Lagoa dos Porcos	
2012	FUMDHAM tinha 270 funcionários - Nexo Jornal	22/08/2016
2012	Descoberta de novas pinturas no Baixão das Andorinhas	
2012	1° Encontro com Niéde em SRN	dezembro
2013	Liberação BNDES - Museu da Natureza	13 milhões
2014	III Reunião Sociedade Brasileira de Arqueologia, São Luiz	outubro
2014	1.347 sítios catalogados	
2015	Inauguração do aeroporto	novembro
2015	Fim do convênio FUMDHAM - ICMBio	
2016	Início de voos Teresina-Picos-SRN	
2016	Fechamento do parque	16 agosto
2016	Demissão de 27 funcionários por falta de recursos	fevereiro
2016	Proposta de Inclusão do IPHAN e governo do Piauí no convênio de manutenção do parque	setembro
2017	Realização da Ópera da Pedra Furada	julho
	Fim dos voos Teresina - SRN	
	Incêndio na Serra Vermelha	
	Assassinato de um guarda por um caçador	
2018	18 Congresso Internacional UISPP - Paris	junho
2018	Instituição da Comissão Conjunta de Monitoramento	Portaria 237 - ICMBio

2018	Inauguração do Museu da Natureza em Cel. José Dias	18 de dezembro
2018	1.354 sítios arqueológicos catalogados com 204 sitios abertos à visitação, 17 com acessibilidade	
2018	Eleição do governador Welington Dias – PT	
2019	Concurso de fotografia de ex-caçadores	ICM-Bio
2019	Início das gravações da WEB serie Pé no Parque – O ECO	abril
2019	Fest Museu – evento para recursos do Museu do Zabelê	abril

BIBLIOGRAFIA

1. LIMA, N. C. (Org.). **Páginas da História do Piauí colonial e provincial**. Teresina: EDUFPI, 2020.
2. LIMA SOBRINHO, B. **O devassamento do Piauí**. Rio de Janeiro: Companhia Editora Nacional, 1946. Disponível em: http://brasilianadigital.com.br/brasiliana/colecao/obras/385/o-devassamento-do-piaui. Acesso em: 4 jan. 2023.
3. STANGERUP, H. **Na trilha de Lagoa Santa**. Rio de Janeiro: Editora Record, 1999.
4. FETZ, M. Expedições científicas no século XIX: o universo da ciência e a diversidade cultural. **Caderno de Campo**, Campinas, jul. 2013.
5. SAMPAIO-SILVA, O. O antropólogo Herbert Baldus. **Revista de Antropologia**, São Paulo, v. 43, n. 2, p. 23-79, 2000. Disponível em: www.scielo.br/pdf/ra/v43n2/v43n2a04. Acesso em: 4 jan. 2023.
6. OLIVEIRA, A. S. N.; BUCO, C.; IGNÁCIO, E. Dois documentos, uma região, nossa história. **FUMDHAMentos**, São Raimundo Nonato, v. 1, n.1, 2020.
7. FERREIRA, L. M. Território Primitivo: a institucionalização da arqueologia no Brasil (1870 a 1927). **Revista de Arqueología**, v. 21, n. 1, 2009.

8. DRÉVILLON, Elizabeth. **Niéde Guidon: L'aventurière de la préhistoire**. Paris: Librarie Arthème Fayard, 2011.
9. MARCHESOTTI, A. P. A. **Peter Wilhelm Lund**: o naturalista que revelou ao mundo a Pré-História brasileira. Rio de Janeiro: E-papers, 2011.
10. FUNARI, P. P.; NOELLI, F. S. **Pré-História do Brasil**. São Paulo: Contexto, 2002.
11. FERREIRA, L. M. Território Primitivo: a institucionalização da arqueologia no Brasil (1870 a 1927). **Revista de Arqueología**, v. 21, n. 1, 2009.
12. BUCO, E. **Turismo arqueológico região do Parque Nacional da Serra da Capivara**. São Raimundo Nonato: FUMDHAM, 2011.
13. FUNARI, P. P. **Arqueologia**. São Paulo: Contexto, 2003.
14. OLIVEIRA, A. S. de N. Catingueiros da Borracha: vida de maniçobeiro no sudeste do Piauí 1900-1960. **FUMDHAM**, São Raimundo Nonato, 144 p., 2014.
15. PESSIS, A. M. Imagens da Pré-História: Parque Nacional da Serra da Capivara. **Clio Arqueologia**, São Raimundo Nonato, v. 28, n. 1, p. 85, 2013.
16. BASTOS, S. **O Paraíso é no Piauí**: a descoberta da arqueóloga Niéde Guidon. Família Basto, 2010.
17. FIGUEIREDO, Diva; PUCCIONI, Silvia (Org.) Consolidação estrutural da Toca da Entrada do Pajeú. Parque Nacional da Serra da Capivara. Diagnóstico e proposta de intervenção. Cadernos do Patrimônio Cultural do Piauí. IPHAN. Teresina. 2009.
18. GUIDON, N.; NUNES, L. B. A.; PESSIS, A-M. **A água e o berço do homem americano**. [S. l.]: Petrobras, 2011.

SIGLAS E ABREVIATURAS

ABAR – Associação Brasileira de Arte Rupestre

Anac – Agência Nacional de Aviação Civil

AnTET – Anthropologie des Techniques, des Espaces et des Territoires au Pliocène et au Pléistocène (Antropologia das Técnicas, dos Espaços e dos Territórios do Plioceno ao Pleistoceno)

APP – Área de Preservação Permanente

ARENA – Aliança Renovadora Nacional

Beta Analytic – Beta Analytic Archaelogical Laboratory

BID – Banco Interamericano de Desenvolvimento

BNDES – Banco Nacional do Desenvolvimento

BP – Before Present (Até o presente)

BPF – Boqueirão da Pedra Furada

C-14 – Carbono-14

CNPq – Conselho Nacional de Desenvolvimento Científico e Tecnológico

CNRS – Centre National de la Recherche Scientifique

CPT – Comissão Pastoral da Terra

Comar – Comissão de Aeroportos do Ministério da Defesa

CPRM – Serviço Geológico do Brasil (antiga Companhia de Pesquisa de Recursos Naturais)

EHESS – École des Hautes Études en Sciences Sociales

Embrapa – Empresa Brasileira de Pesquisa Agropecuária

ESR – Espectrometria de Ressonância Paramagnética

FCA – Fundo de Compensação Ambiental

FINEP – Financiadora e Inovação e Pesquisa

FIOCRUZ – Fundação Oswaldo Cruz

FNMA – Fundo Nacional de Meio Ambiente

FUMDHAM – Fundação Museu do Homem Americano

Fundep – Fundação do Desenvolvimento da Pesquisa

GIBSON – Laboratório de datação de amostras – França

GYF – Laboratório Arqueológico em GYF-sur-Yvette França

IAC – Instrução de Aviação Civil

Ibama – Instituto Brasileiro do Meio Ambiente e dos Recursos Naturais Renováveis

IBDF – Instituto Brasileiro de Desenvolvimento Florestal (extinto)

IBGE – Instituto Brasileiro de Geografia e Estatística

ICMBio – Instituto Chico Mendes de Conservação da Biodiversidade

IDEB – Índice de Desenvolvimento da Educação Básica

IDH – Índice de Desenvolvimento Humano

IFP – Instituto Federal do Paraná

IFRAO – Internacional Federation of Rock Art Organization

INAPAS – Instituto de Arqueologia, Paleontologia e Ambiente do Semiárido do Nordeste do Brasil

Incra – Instituto Nacional de Colonização e Reforma Agrária

Interpi – Instituto de Terras do Piauí

IPARJ – Instituto de Pesquisas Antropológicas do Rio de Janeiro

IPEA – Instituto de Pesquisa Econômica Aplicada

IPHAN – Instituto do Patrimônio Histórico e Artístico Nacional

IUCN – União Internacional de Conservação da Natureza
LRMH – Laboratorie de Recherche des Monuments Historiques
MEC – Ministério da Educação e Cultura
NAC – Núcleo de Apoio à Comunidade
NAP – Núcleo de Antropologia Pré-histórica
OEA – Organização dos Estados Americanos
OSL – Optical Stimulated Luminescence
Parna – Parque Nacional
PIB – Produto Interno Bruto
PIEMTUR – Empresa de Turismo do Piauí
PISF – Projeto de Integração do Rio São Francisco com as Bacias Hidrográficas do Nordeste Setentrional.
Pronapa – Programa Nacional de Pesquisas Arqueológicas
RAIS – Relação Anual de Informações Sociais
Seinfra – Secretaria de Infraestrutura do estado do Piauí
Siconv – Sistema de Gestão de Convênios e Contratos de Repasse
SIG – Sistema de Informações Geográficas
SRN – São Raimundo Nonato
Sudene – Superintendência de Desenvolvimento do Nordeste
TL – Termoluminescência
UFPE – Universidade Federal de Pernambuco
UFPI – Universidade Federal do Piauí
UISPP – Unión Internationale dês Sciences Préhistoriques ET Protohistoriques
Unesco – Organização das Nações Unidas para a Educação, a Ciência e a Cultura
Unesp – Universidade Estadual Paulista
UNICEF – Fundo das Nações Unidas para a Infância
UNIVASF – Universidade Federal do Vale do São Francisco
URCA – Universidade Regional do Cariri
USP – Universidade de São Paulo

GLOSSÁRIO

Arqueologia: ciência que, utilizando processos como coleta e escavação, estuda os costumes e culturas dos povos antigos através do material (fósseis, artefatos, monumentos etc.) que restou da vida desses povos.

Baixão: baixada, depressão do terreno.

Caatinga: vegetação típica do Nordeste brasileiro e de parte do Norte de MG, em que predominam plantas xerófilas, como árvores e arbustos que perdem as folhas durante a estação seca, frequentemente apresentando espinhos, e também cactáceas.

Caldeirão: depressão em rocha, que retém água de rio e de chuvas.

CROA ou caroá: planta (*Neoglaziovia variegata*) da família das bromeliáceas, nativa do Brasil (NE), de poucas folhas que fornecem longas fibras, de grande resistência e durabilidade usadas para tecer, principalmente redes.

Etnologia: ciência que estuda os fatos e documentos levantados buscando uma apreciação analítica e comparativa das culturas.

Europas: tipo de abelha.

Holoceno: é o período mais recente do tempo geológico. Iniciou-se depois da última Era Glacial há 12 mil anos atrás.

Jadeíte: pedra semipreciosa de coloração verde (Silicato de alumínio e sódio).

Lesma: pedra lascada pelo homem de formato peculiar.

Líticos: conjunto que engloba as pedras lascadas pelo homem.

Maria Preta: tipo de inseto.

Paleofauna: fauna que existiu no período geológico do Pleistoceno Superior.

Paleontologia: ciência que estuda as formas de vida existentes em períodos geológicos passados, a partir dos seus fósseis.

Pleistoceno: ou Era do Gelo, foi a época geológica que durou de 2,6 milhões de anos a 12 mil anos atrás, abrangendo o período recente do mundo de repetidas glaciações. A época do Pleistoceno é a primeira na qual o *Homo sapiens* evoluiu e, no final da época, humanos podiam ser encontrados em quase todas as partes do planeta.

Raspador: ferramenta pré-histórica confeccionada a partir de pedra lascada pelo homem com uma das superfícies cortantes, usadas para raspar.

Sambaquis: formação arqueológica característica do litoral brasileiro originada pela acumulação de moluscos marinhos, fluviais ou terrestres realizada por habitantes do Brasil no período pré-histórico, em que frequentemente se encontram ossos humanos, objetos de pedra, chifre e cerâmica.

Tafonomia: estudo dos processos que ocorrem após a morte de um organismo até a sua fossilização.

Tembetá: qualquer adorno labial (excluídos os *botoques*) confeccionado com material duro (osso, concha, pedra, resina endurecida ou madeira) e de conformação variada, usado pelos indígenas em orifício no lábio inferior.

Toá: pigmento natural de cor avermelhada, retirado da terra. Óxido de ferro.

Toca: abrigo natural em rocha.